给你一束光

精神胎记

中国作家的生活现场

青年报社 编
李清川 主编
陈仓 执行主编

百花洲文艺出版社
BAIHUAZHOU LITERATURE AND ART PRESS

图书在版编目（CIP）数据

精神胎记 / 青年报社编；李清川主编. -- 南昌：百花洲文艺出版社，2019.5
（对话百家）
ISBN 978-7-5500-3251-4

Ⅰ. ①精… Ⅱ. ①青… ②李… Ⅲ. ①作家 - 访问记 - 中国 - 现代 Ⅳ. ①K825.6

中国版本图书馆CIP数据核字(2019)第076553号

精神胎记

青年报社 编　李清川 主编　陈 仓 执行主编

出版人　章华荣
责任编辑　蔡央扬 郝玮刚
书籍设计　方 方
制　　作　周璐敏
出版发行　百花洲文艺出版社
社　　址　南昌市红谷滩新区世贸路898号博能中心A座20楼
邮　　编　330038
经　　销　全国新华书店
印　　刷　江西华奥印务有限责任公司
开　　本　710mm × 1000mm 1/16　印张 20
版　　次　2019年5月第1版第1次印刷
字　　数　240千字
书　　号　ISBN 978-7-5500-3251-4
定　　价　66.00元

赣版权登字 05-2019-100

邮购联系　0791-86895108
网　址　http://www.bhzwy.com

光能繁殖

李清川

现在回想起来，我们酝酿在《青年报》新创一份文化类子刊，是在2016年春节前，甚至更早一些时候。说“论证”是不准确的，其实无需“论证”现实境遇都是尴尬的：在那个冬天，纸媒没落成了大众话题，文学式微也常见诸讨论，此时抱残守缺，以纸为阵地、以文学立足，我们似乎是在逆流而上。但是我们宁愿逆流而上，也不愿意顺势而下，因为在理性思考中我们发现，在文化多元和节奏趋快的大时代，青年更加需要定律与方向；在个人梦被自由放大的际遇下，青年比任何一个人群更加需要文化的力量。

2016年4月，《青年报》迎来第一万期出版，我们将《新青年》周刊正式落纸。之所以选择“新青年”为名，我们并无攀附之意，我们“新青年”的“新”，是思想的新，也是文化的新；我们“新青年”的“青年”，不仅是意欲照射到的目标，也是力求寻找的光源。如何赋予这份子刊以魂呢？我们以为，关键是要有眼光。我们这样比喻，文学家、文化学者、文脉传承和弘扬者，就是灵魂的塑造家。因此，我们以他们的最新作品为主线，开设《上海访谈》《自白》《重读》《旁评》等栏目，约请青年写作者进行同题创作。在文人、文章、文脉、文鉴这一逻辑下，我们致力捕捉那些既可以沉淀为历史的，又可以预见未来的文化视点，关注那些不是流行的，不是潮头的，但一定是动态的，是发展的，有力量的，有灵性的，是年轻人走着走着就会迎面相遇的。我们想做的，就是给你一束光，让它照着赶路者的某个方向。

到《对话百家》系列丛书启动编辑工作时，《新青年》周刊已经出版了133期，不觉中，我们用心陪伴了三年时光。在岁月长河中，这光景不过只是个瞬间，但如果有耐心，你就会发现这一瞬之中的永恒——要是以130多位作家为坐标点编绘一张中国当代文学地图，是不是可以观察到中国文学的当下特征和前进方向？是不是能触摸到社会发展和文化进步的某些趋势？更为关键的是，因为有更多、更深广、更具代表、更有期望空间的作家加入，这一文学地理的建构还在继续。

一路走来，我们对中国文学的过去、现在和未来，越来越有信心，而这无疑来自作家和读者。

平素里我们与文坛大家的交往，更多是在文字中相见，这种由文字及情感的共振，不免伴生仰视和忐忑。是作家们的宽容、诚恳和磊落，让我们始终温暖。联系贾平凹时，他正在武汉授课，身体很疲惫，但得知我们“等米下锅”，他在凌晨配合完成了采访。同样的情境下，迟子建在忙于家事，阿来在藏区调查，王跃文在基层参加活动，李佩甫在创作新作……我们的高频访问从未陷入“独坐悲双鬓，空堂欲二更”的不安，真是个奇迹。

每当周五收到陈仓发来的清样，我都会想，每一位作家执着的文学故事和丰厚的人生体验，都无异于一支支拧开的手电，在他们的言谈间，光就会自然发散出来。张炜在谈到长篇小说《你在高原》创作时说，如果不写完这部作品恐怕一生都不会安宁，为此，他耗时二十二年，写下450万字，流了很多眼泪。麦家的长篇小说《解密》经历了十七次退稿，他并没有因为挫败而迟疑，还将其解读为“每一次退稿对我个人而言都是打击，对作品来说都是‘打铁’”。以平朴为人和谦逊姿态为人称道的陈忠实，在生前接受采访时常会强调，他不是大师，这不是谦虚，而是远远不及大师的格。

另一方面，读者始终是我们关注和连接的重点，是我们的情愫所系，源源不断给我们以持久力量。在社交网络活跃的当下，他们用传统的书信和电话，表达着对作家、作品和《新青年》周刊的偏爱。他们中，有作家、评论家、大学教授和媒体同仁，更多的还是青年学生和普通读者。他们中有人要跨年度、跨地区订阅报纸，有人想购买全套报纸收藏，还有人，只为说一句“我喜欢”。“天涯海角非远，银河夜夜相望”，如此鼓励下，我们既欢喜在心，又感重任压肩。

光是有方向的，光也能生出光。事实上，我们编辑出版《对话百家》系列丛书，还有为中国文学保存温暖历史的一点野心。客观说来，受出版形态、地域限制和传播时效影响，对话类文本的阅读体验还需优化和释放。我们希望，通过必要的梳理整理，去满足部分读者深入阅读的需要，也为文学研究者提供一种参考。这种利用纸媒积攒“光”，再借助书投照“光”的愿景，也让我们在工作之余悄然完成了一次历史记录和思想沉淀。

我们知道，出好一套书，出一套好书，并不比办报简单，恐怕还会复杂一些。《对话百家》系列丛书能够与读者见面，我们要向每一位作家致谢，向提供过帮助的朋友致谢，尤其要感谢百花洲文艺出版社的工作团队，他们倾注了热情和心血。春节前，出版社的策划、编辑团队专程来到上海，我们有过倾心一晤，他们对内容修订、装帧设计、市场推广提出了高水平意见，做了细致安排。我们都相信，有文学相伴的人生是美好的人生，被文学注入的时代是有灵魂的时代。这样的共识是幸福的，既有各自职业的坚守，也有来自文化的传承。

最后还要做几点说明：一是每卷本目录中的作家次序，大致遵从了姓氏笔画排序。姓氏传自祖先，即便是笔名也代表着文字的血统，所以是天赐的，是自然的，自然的方法应该就是科学的方法，也因此呈现出老幼相携、结队出发的友好气象。二是关于作家、作品的介绍信息，依据了报纸首发的资料，没有进行全面更新，因为作家一直都在路上，很难等到一个最终的结论。三是从报纸到图书的形态转化中，出于平衡新闻性与文学性，兼顾传播功能和阅读体验，去除了随时间推移而失去效力的部分内容。以上处理，如有不妥或者疏漏，还请予以理解和谅解。由于能力和目力所限，不免会有遗憾和失误，也希望得到各个方面的谅解。

2019年，是五四运动100周年，还是新中国成立70周年，我们以此致敬历史。遥想百年前的《新青年》杂志，提出“自由的而非奴隶的，进步的而非保守的，进取的而非退隐的，世界的而非锁国的，实利的而非虚文的，科学的而非想象的”，吹响了五四新文化运动的号角，成为历史进程中一个明亮的符号。

历史的门槛都连接着新起点。2019年6月10日，《青年报》迎来了创刊70周年的纪念，我们也以此送给《青年报》和她的读者。追溯历史，勇于尝鲜，绝不墨守，是《青年报》和青年报人最鲜明的特质，这种内生的创造力，也是今天的我们传承火炬、接续发展的重要支撑和精神力量。愿由此开端的新的路上，我们总有希望，充满发现。

（作者系青年报社党委书记、社长，中国作家协会会员，上海市新闻工作者协会常务理事）

文学属于青年

陈思和

1917年，陈独秀携带着他主编的《新青年》杂志移师北京，在北京大学发动了史无前例的“文学革命”。是年一月，《新青年》第二卷第一号发表胡适的《文学改良刍议》，二月，发表陈独秀的《文学革命论》，白话文学运动承载着思想革命的使命，席卷全中国。两年以后，1919年，《新青年》的思想启蒙直接唤醒了大批知识分子和青年学生，为了应对巴黎和会的外交事件，五四运动轰轰烈烈地爆发了，中国由此进入新的历史阶段。

陈独秀在上海创办《青年杂志》（后改名《新青年》）之初，仅仅是一个励志型的青年思想杂志。北上以后，短短几年就办得风生水起，获得了全国性的成功。什么原因？北京大学是第一个原因，那是全国优秀青年云集之地；提倡“文学革命”是第二个原因，新文学以其新鲜活泼的语言和形式，深深吸引了大学里的青年学子。新文学浪潮与青年运动相结合，便可创造一个崭新的时代。

新文学浪潮与青年运动紧紧联系在一起，在社会上产生了革命先锋的影响。我曾经把新文学运动领袖们的出生年份列出来：鲁迅是1881年出生的，李大钊是1889年出生的，就是我们今天所谓的80后；胡适出生于1891

年，傅斯年出生于1896年，属于90后；陈独秀是1879年出生，也就是70后的“尾巴”，但他已经担当了新文化运动的主将。新文化运动里几乎没有50后的作家。康有为生于1858年，严复生于1854年，他们在新文化运动兴起时已经被看作是过时的人物。而正是陈独秀、鲁迅、李大钊、胡适这样一批70后、80后和90后的青年知识分子，开创了现代中国的新纪元。

他们所开创的时代，真正是青年的时代。

上面这段议论，是我在读李清川、陈仓主持编辑的《对话百家》系列丛书书稿时，由衷想说的话。他们两位都是有文学情怀的媒体人。我与陈仓相识于复旦大学的课堂里，他来约我做一个访谈。他告诉我，青年报社创办了一个《新青年》周刊，每期用七八个版面来介绍一个当代重要作家，那时已经推出的就有贾平凹、陈忠实、张炜、余华、刘醒龙、欧阳江河、周大新、李佩甫等等，向青年读者展示当代文学的风貌。我被他们的编辑理想深深触动，我知道《青年报》是一家面向青年人的资深媒体，拥有大量的青年读者，由它来隆重推介当代文学，将会产生不可估量的影响。

新世纪的中国文学正处于一个转型更替的关键时期。我在前几年写过一篇文章，题目叫做《从“少年情怀”到“中年危机”》。我的意思是：从五四新文学发展而来的现代文学，原来就其本质而言是青年文学，它含有强烈的文学先锋因素，表达了中国青年在各个历史阶段的社会情绪和审美形态。但是新世纪以来，随着社会发展的稳定和文学功能的变化，更形象一些说，文学已经进入了“中年”阶段。其标志之一，对照百年前的新文化运动，如今在文坛一线创作的活力最强、影响最大的作家群体，依然是1950、1960年代生人，他们经过了三十多年的写作实践，形成了成熟的世界观与写作风格，艺术上也日臻完善，他们是延续五四新文学传统的一代作家，但他们毕竟已经不是青年了。而真正反映着大多数青年社会情绪的文学，却被遮蔽在资本渗透下的网络新媒体、文化市场、大众娱乐等尘霾之中，还没有发出真正的光彩。我把这种文学状态称之为“中年危机”。

因此，如何弥合这两大类文学的健康因素，有效地把五四新文学的传统与当代社会生活以及新媒体新技术结合起来，推动新一代的五四精神传人的诞生，把新文学传统的生命活力延续下去，让更多的文学青年了解和认同前辈作家的创作心声和生活态度，在新形势、新环境、新媒体中凝聚起新的力量。这对我们所有不同年龄层次的文学工作者来说，都是一项极其艰巨的任务，但也是光荣的使命。

在这个意义上，我对青年报社编辑出版的《新青年》周刊，自觉运用大众媒体来向青年读者推介当代著名作家的工作，充满敬意。他们选择的当代著名作家艺术家，是五四新文学传统的自觉继承者，弘扬他们卓越的创造性劳动成果，总结他们在文学上的精神血脉，扩大他们的创作影响，对于传承新文学传统的血脉有着重要的意义。也许他们现在做的工作，只是一种堂·吉诃德式的风车大战，但终究是“石在，火种就不会灭”，人文精神需要代代相传。

现在青年报社把《新青年》周刊上的130余位中国作家的对话录编辑成书，这是非常有意义的工作。我希望这套六卷本的书能够获得更多的青年读者的喜爱。是为序。

（作者系著名评论家，复旦大学图书馆馆长、文科资深教授，上海市作家协会副主席）

目 录

弋　舟

弋舟，1972年生，江苏无锡人。著有长篇小说《我们的踟蹰》《蝌蚪》等五部，小说集《刘晓东》《我们的底牌》等八部，随笔集《犹在缸中》等两部，长篇非虚构作品《我在这世上太孤独》。曾获鲁迅文学奖、郁达夫小说奖、鲁彦周文学奖、敦煌文艺奖、黄河文学奖、茅盾文学新人奖。

作家可以为神代言

选择文学作为自己的生活方式，弋舟说这是一件迷人的事。文学能够让他在一饭一蔬，睡去与醒来，这些充斥着我们生命的事情上获得自由。他安心于前往语词的秘林深处，并时刻警醒自己不忘思考，不草率，不挥霍自己的才华。在讲述故事时既重视审美，又追求智慧。他说，一个小说家，在不惮于以恶想象这个世界之外，还应当对于这个世界葆有一份暖意，这也关乎小说家的教养。

我们还是循例先来回望一下你的所来之路吧。你是从什么时候开始文学创作的？在今天，选择成为一个作家往往意味着以文学作为一种生活方式，对你来说，这种生活最为迷人的是什么？

德南好，这样的话题所谈非少，但能与谈得来的朋友一起聊聊，从来都是愉快的。我将自己严格意义上的创作起点算在2000年。一方面，新世纪伊始，这个年份，多少会给自己一些“万象更新”的心理暗示和激励，仿佛自己由此便开始了新的历程；另一方面，1999年我写出了《跛足之年》，这部长篇对于我个人而言，意义非凡，它在某种程度上指认了我所面对的世界，由此，“三观正确”，我觉得我可以去踏实书写了。重要的还在于，从此以后，我自认自己写作时的感受，开始脱离了先前的那种“业余”状态，进入到一种更加自觉和清晰的阶段，我将之称为“严格意义上的创作”，以此来区别那种即兴的、业余的、文艺青年式的写作。

当然，这种“严格意义上的创作”，就是在说我从此以“作家”这个身份来认同自己，明确了自己的身份和“专业”。我这里所说的“业余”和“专业”，肯定不是指那种约定俗成的职业区别，而是指一种内在的、具有严格分野的写作状态。我觉得，选择成为一个作家，非但今天，昨天乃至明天，可能都意味着一种生活方式的确立。这也正是我向你强调“专业”的原因——它成为了你的生活，当然需要一份严苛的确认。以此为生活方式，痛苦与幸福并举，但我并不想格外夸大这种生活与其他生活的不同，我觉得，本质上讲，在有限的生命里，“怎么活”，无论如何，都大不过“必须活”。于是，现在让我来归纳这种生活的迷人之处，我的第一反应即是——它使我可以睡到自然醒。不是吗，一饭一蔬，睡去与醒来，正是这些事物充斥着我们的生命，在这些事情上获得自由，怎么会不迷人呢？

你说的我非常认同。在我个人看来，以文学作为一种生活方式，首先是精神上的，包括读与写这两个层面，并且跟一个人的心性有关系。心性决定了这样的精神需要。也许有的人平时特别忙，可是在忙碌过后，不读读文学作品，总会觉得不快乐。写作亦同样如此。写作的生活就像你所说的，是“痛苦与幸福并举”。写小说本身就是一件痛苦的事情，尤其是从现代以来，许多小说家都有一种共识，要着力揭橥世界与人心之恶。这一方面跟世界的局势有关系，一战与二战的发生，让许多人对人本身产生了巨大的怀疑与不信任。写作不再是着力于塑造自由意志与生命意志昂扬的主体，而是必须往深渊里走，要“揭出病苦”，要写人的非理性的、幽暗的一面。这时候，写作者自身其实也是被痛苦所笼罩着。不过对于有的作家来说，如果不写作，则“痛苦”会变得异常巨大，难以承受。这一方面跟心性有关，另一方面，只要坚持写就可能为困苦找到一个出口，不必一直闷着，以至于窒息。借助写作，一个人可以宣泄多余的、负面的情绪，从中得劝慰、得力量。也有的作家，是将写作视为一种志业的，即希望通过自己的创作来为文学世界增添形象，提供新的感知世界的方式。以文学作为一种生活方式，还包括职业的层面。我有好几个朋友原本都有别的工作，薪酬不错，可是干着干着就辞职了。在今天成为一个职业作家所面临的压力其实也很大，尤其是试图保持精神独立、不一味跟着市场趣味走的作家。可是做别的工作，确实让他们觉得倦怠。志业与职业的完美平衡，当然是最理想的状态，但也最不易得。在这个问题上，像你能做到“睡到自然醒”，心安，得自由，无论如何是令人羡慕的。

的确，写作是关乎心性的事情，仿佛命定，甚至都不是一个自我选择的结果。这么说，听起来有些宿命感，也几乎是陈词滥调，但结合我自己的经历与经验，我只能这么诚实地表达。十多年来，我差不多是一步一步自然地走到了今天——逐渐脱离体制，逐渐依靠阅读与写作一天天地度过岁月，逐渐看清楚了自己的志向，逐渐认可了一己的命运。有时候我自己都感到奇怪，在这个物质力量如此迫人的时代，我怎么会没有冻馁之虞？结论我懒得去细查，只有默默感激，感激那种大能的力量供应着我的一切所需，让我可以这般活下去。

现代小说发展到今天，整体的精神气质是偏于幽暗了，这或者可以说成是它的使命使然——如果小说艺术有它的使命的话。在这一点上说，今天成为一个小说家，可能格外需要有一颗强健的心，你得能够扛得住，起码得像卡佛那样，即使生活充满了挫败，作品里也满是灰败，也得熬下去，至少活下去，不至于让写作与生活合谋将自己戕害与吞噬。至于怎么熬和怎么活，修为的方式可能五花八门，每一个成熟的小说家都会找到自己的方式。

作家的身份，对现在的你来说已确凿无疑，我想在这个基础上接着问一个问题——你很强调作家的教养，那么成为一个优秀的小说家，应该具备哪些方面的教养？

说到一个小说家的教养，我觉得首先他需要有着正确看待自己天赋的能力。天赋必定是成就一个优秀小说家的前提，但许多禀赋特异的人正是倒在了自己特异的禀赋前。如何看待自己的天赋？你既需要尽早地确认和张扬它，又需要长久地警惕和怀疑它，而这种能力，在我看来，便事关教养。胸怀一颗骄傲的心，又能不断地修正自己，这正是教养体现之两极。其次，所谓教养，它必定是发生在文明的传承之下，一个优秀小说家的教养，除了来自小说这门艺术的哺育，还需要人类一切文明的熏陶和源自生活本身的煎熬。他可能是极富个性的，但他个性的背面，却是对于共性的洞察；他需要世事洞明，也需要人情练达，但这些又不足以妨碍他时时生出冒犯世界之心；他哪怕以粗鲁为能事，也得看起来是那么回事。这些都取决于小说家“平衡”的能力，而这份能力的获得，完全事关教养。教养既是潜移默化的，又是自觉的——常怀一颗“自觉”的心，这便是一个优秀小说家所应具备的起码教养。

你所说的平衡的能力和自我认知的能力，大概对于每个行业的人来说都是必须具备的，文学这一行当也同样如此。简单说来，就是要知道自己适合做什么，怎么样才能把它做好。这几年我一直在做文学批评，也参与文学栏目的主持或编辑方面的工作，跟年轻作者打交道比较多。有写作天赋的作者其实并不少，真的让人忍不住赞赏，同时我也有一些担心，就是有的作者过于信赖禀赋，写文章时洋洋洒洒，写完后不会认真打磨，修改，直接就交付出去。我遇到的一些作品有思想或艺术的火花，可是不成熟的地方也多。毫无疑问，这些年轻作者是有才气的，可并非像他们所想的那么大。才子幻觉或才女幻觉使得他们把写作看得过于简单，无法自我突破，持续前行。其实哪怕是有天纵之才的人，也经常会下苦功，暗自用力，不是一味依靠天赋。有天赋，且有教养作为支撑，借此能真正认识自己，也才能走得长远。

可能我谈得有些空泛了，但“教养”实在很难一两句说得清楚。你所说的现象，简单讲，也可以算作缺乏“写作教养”之一种。不锤炼，草率，挥霍才华，这些都是写作所忌讳的，而那种平衡的能力，正是在于对这些毛病的克服之上，它是基于自信与自省之上的清醒，这里有傲慢，也有着毋庸置疑的谦卑，对于任何一方的偏颇，都是一个小说家教养的欠缺。

在中国当代作家中，同时写作中短篇和长篇小说的比较多，当然也有作家是专门写其中一类，比如蒋一谈，多年前写过长篇小说，但最近几年一直是以短篇小说作为表达方式。短篇、中篇和长篇小说的写法并不一样，在你的作品中，我觉得写得最好的是中篇，像《等深》《所有路的尽头》《我们的踟蹰》等，都是我个人非常喜欢的。其次是短篇，像《锦瑟》《随园》等等，也是我很喜欢的。在你看来，中篇、短篇、长篇在写法上有哪些差别，又有哪些共同之处？

长中短篇的异同，这个问题太大了，它们之间的差别大到难以细数，而共同之处，我认为它们都在本质上向写作者要求着才华。有一个说法——长篇写作是对作家体力的考验。这个说法意义不大，仿佛将作家的写作等同于某种粗蛮的劳作，而这两者之间的差异是显而易见的。写作之事，在我看来，关乎心灵，关乎心灵，还是关乎心灵，它只是，也只应当是一件心灵的工作。相反，我倒是觉得长篇写作是一件很“养人”的事情，它可以令你在一个相对较长的时间过着一种相对稳定的创作生活，内心萦回在某种固定的情绪里，你即是世界，世界即是你，那段时间，作家是在“创世”。所以，有个时期，张楚身体不好，我就劝他去写长篇好了，没准会养病。中短篇写作可能和我们的创作环境有关——文学刊物时刻向你“勒索”着，因此多少染上了些“急功近利”的味道，有些人创作量惊人，这个实在值得我们警惕，时不时问问自己吧，你写下的那些东西，有价值吗？

我们接着谈谈长篇的话题。莫拉维亚曾说过，“长篇小说的共同特性中至关重要的，乃是我们称之为思想意识的存在，或者说，即叙述的骨肉围绕其而凝聚成的主题骨架……决定一部长篇小说之所以成为长篇小说的各种东西，全都溯源于思想意识。”你也曾经写过《蝌蚪》《跛足之年》《春秋误》《战事》等多部长篇小说，你是否认同他的观点？在你看来，要创作一部成功的长篇小说首先需要解决哪些问题？

这段没有上下文的话，我理解起来恐怕有些吃力。写作从来都是“思的事情”，在某种意义上，作家甚至只是一个器皿，语词降临，通过你，它会自在自为地呈现。这么说，可能降低了一个作家的主观能动性，但当一切你之所以成为作家的条件都具备后，这种“放空”，恐怕又是最高的境界了。在我看来，创作一部成功的长篇，首先需要解决的是那段时间的吃饭问题——这不是玩笑话。

莫拉维亚所强调的，大概是作家在“思的事情”上有自己的独创，也就是说作家有独特的“三观”。“三观”从根本上决定了长篇小说的气度、气象。在这方面，我跟你的看法有所不同。固然，作家在创作中要承受“语词降临”并“自在自为地呈现”这个过程，可是这个过程中“思的自觉”也很重要。中国作家时常过于依赖具体的经验，以及建立在具体经验之上的感受，却欠缺新鲜的或雄厚的“思想意识”。在这样一种语境下，强调“思想意识”或“思的自觉”还是有意义的。

不错，“思的自觉”这个说法很好。我所说的放空，可能也是基于对自己的矫正，在创作中，我往往可能陷入的歧途是“运思过度”，最近刚写完的小长篇《我们的踟蹰》，就有这方面的困境。但是，这并不表明我赞成抹杀作品中思想的力量。人总是缺什么补什么。以“思想”为起点，还是以“经验”为起点，恰是检验作品高下之分的基本准则之一，正如你所说，我们的作家倒在这个准则之上的比比皆是。

谈小说，尤其是长篇小说，很难完全避开故事。你是讲故事的高手，我好奇的是，你如何看待故事在小说中的位置？

故事当然重要——可它真的那么重要吗？这个问题也长久地为难着我。前不久重读了《族长的秋天》，马尔克斯这位自诩“讲故事的人”，原来也会把故事讲得这么不像故事。故事太“紧迫”，而小说需要让紧迫的故事舒缓下来，它负责注水、稀释，就好比一只气球，故事是气球未充气时的状态，它只是一张皮，当小说负责向这只气球鼓吹后，它膨胀了，于是不但从外观上变得圆润，重要的还在于——它变得轻盈了起来。

在你的作品中，故事吸引人，但是又有气息绵长、节奏舒缓的，我首先想到的是《所有路的尽头》。这篇小说篇幅较长，可是读下来一点都不觉得累。因为之前已经读过你的不少作品，对于这篇小说，我是有心理预期的，兴趣也主要不在故事上面。故事的基本功能和形态其实是单一的，俄国学者普洛普曾经做过这方面的研究，他曾经对俄国100个民间故事做了非常细腻的分析，认为故事的基本功能只有31种。后来许子东曾用类似的方法来分析小说，指导他的学生来解读金庸，据说屡试不爽。我个人觉得，作家把他的知识、观念、技艺等等全都融化在故事当中，用故事来表达，这是小说最基本最常见的写法，也是最难的写法。不过，故事的确不是小说的全部，小说家个人腔调的形成，其实也有赖各自的语言，还有对故事节奏的把握。

是的，故事其实是有限的，而小说，完全有赖于小说家讲故事时的腔调，无限的那一面就在此处形成。但当一个小说家成熟后，编织出一个自洽的故事，又是对他最大的考验，这同样关乎小说家“平衡”的能力，就像一个智者，他会像一个白胡子老头一般给我们讲出朴素的童话，而一个毛头小伙子，总是不免会显得声色俱厉一些。在美学上，两种风格各擅其长，但那个白胡子老头的说服力，无论如何会强大一些。就是说，将故事讲好，是一件更考验人智慧的事情。

在你的中短篇小说中，有一类并无清晰的时代背景，有意赓续由余华、苏童、格非、北村等作家所构成的先锋小说的传统，注重形式和叙事实践，追求文化和哲学意义上的深度。但一时代有一时代的先锋文学，现在的文学语境和社会语境均发生了很大的变化。在你看来，怎样的文学在今天才称得上是先锋文学？

“并无清晰的时代背景”，这类小说从艺术的品相上看，会显得高级一些，但一味蹈虚又是非常危险的。先锋有些恒定的标准，但不同的局面下，的确又有着不同的跑位。以小说艺术的准则为根本，艺术地对着时代发声——这就是我如今的先锋观。那种对于时代的罔顾，是我如令格外不能容忍的；当然，以小说的名义对时代非艺术地呐喊，也同样令人厌恶。

你会特别强调先锋文学的思想性吗？在你看来，今天的先锋作家在思想方面应该具备怎样一种素质？在你的视野之内，今天有哪些作家称得上是先锋作家的？

如果说上一波“先锋”在着力张扬着“技术”，那么，新一波“先锋”，无论如何是该着力在“思想”上了。当然，这不是一个非此即彼的选择，两者的结合，才是我们最佳的诉求。今天的先锋在思想上应该具备怎样一种素质呢？也许，他应该重拾19世纪那些前辈们对于万物的悲悯。说到同行，总是令人为难，说两个吧——陈希我，蒋峰。陈希我隐约还有着上一代先锋的气息，而蒋峰，代表了未来，他们拆解这个尘世的能力都很强，同时又能够很好地重新建构。

你的作品有很浓的抒情意味，尤其是中短篇，往往以诗作为题记，有着诗一般的美感和节奏，是可以用来朗诵的。另外，我觉得你的作品还有很强的反讽意味。这种反讽和抒情的辩证与平衡，是你的小说非常吸引我的地方。我个人倾向于把反讽视为是一种否定性的、迂回的运思方式，暗含着对所指向的词与物、秩序的不认同。在中国的社会语境中，反讽是非常重要的运思方式，是一种指谬的武器。不过，我对此也抱有警惕——如果反讽者仅仅是拥有一种解构的、否定的武器，而缺乏一种肯定性的内在价值作为皈依，那么反讽者所做的，就不过是让一个千疮百孔的世界化为更为荒凉的废墟。反讽者呢，最终也难免被虚无主义与怀疑主义所裹挟，所湮没。作为小说家，你如何看待反讽？为什么会这么强调诗性或抒情性？

你这个问题的提出已经是很好的回答了。我曾在一篇文章中写道“给予这个世界一些劝慰性的温暖”，正是发自这样的反思。如果我们写作的时候，将读者假想为我们的某位亲人或者朋友，那么我们的书写便一定会有这样的倾向。当亲人和朋友遭遇不幸，我们除了要帮助他看清这不幸的根源，是不是多少还需要给予一些“劝慰性的温暖”呢？尽管这种劝慰看起来也许常常是无效的乃至是轻率的，但这种态度，起码是我们应当给出的。反讽的确是我们这个语境下创作者的利器，但“反讽之后”又如何，实在值得我们严肃思辨。我觉得，一个小说家，除不惮于以恶想象这个世界之外，还真的应当对于这个世界葆有一份暖意，这在我而言，也是小说家“教养”的题中应有之义，于是，你应该理解我何以如此强调诗性与抒情了。

你说的这些，也让我想起你在《食不厌精或者酒囊饭袋》这篇创作谈中说的一段话：“写作的过程中，那种‘戏仿’的乐趣始终令我兴奋，这也让我再次确信，游戏精神，亦是小说艺术基本的题中应有之意。但是且慢，此中有辩证，一味游戏，显然只会令这门艺术走上邪路。在我看来，所谓满纸荒唐言、一把辛酸泪，才是这门艺术内在的从业尺度。”如今很多青年作家其实都有充沛的甚至是过剩的游戏精神，擅长反讽，个个都是段子高手，但需要警惕的是在游戏之外对庄重的盲见，对任何精神性的事物都不再心怀敬重。这其实也是蛮可怕的。

对，当我们赞成一方面时，往往并不表明我们对相反一方的反对。这同样事关“平衡”、事关“教养”。在今天，也许我们格外需要警惕的是——不要被时代的痞子派头劫掠而去。在我而言，我只承认文学的一个底色，那就是它的庄严与矜重，只有在这个底色之上，我们才可以去勾画五彩斑斓的表象。其次，当然我们也需要警惕道貌岸然。这就是文学意义上的“不走老路，不走邪路”。

你的《等深》《而黑夜已至》《锦瑟》等作品都有很重的罪感意识。刘再复和林岗曾经认为，从现代以来，很多中国作家都习惯于把文学看作是启蒙与救亡的手段，重视文学的批判功能。然而有不少人，在试图“揭出病苦、引起疗救的注意”时，是把自我完全排除在外的。作家的潜在主体在小说中只是审判者或受害者，不需要承担任何的罪与罚，而诸位小说中的人物，除了“时时解剖别人”，也“更无情面地解剖我自己”。这种罪感意识是如何生成的？在你看来，罪感意识对作家主体的生成有什么意义？

“自罪”于我而言，是生命成长的必然，也是我如今写作的根本动力之一。当一个人审视世界之时，首先从审视自己开始，你的一切感受才变得“及物”和可靠，这个时候，你的“主观”才是可信的、有生命质量的，由此，你的批判与褒赏，你的爱与怕，才经得起甄别和筛选。同时，文学对于作家本身，意义也才真的得以呈现。你可以从它那里获得抚慰，可以向它吁求和哭诉，可以请求它来为你伸冤和辩难。这个时候，说得极端一些，作家即可为神代言了。他会不由自主地被某种使命感所驱使，由此也会变得清洁一些，有力一些。

最近几年，你每年都会出版不少新书，不断有新作问世。我觉得坚持写作和开始写作是同样艰难的事情，上手之后，上路之后，持之以恒地写作甚至比开始学习写作的难度要更大。写作经年，对你来说，继续前行的动力主要来自何处？是否有遇到什么困境？

开始写作岂能难过坚持写作？持之以恒地吃喝玩乐都是天大的难事。就像我们前面所说的，写作于我们，如今已是生活本身，而生活，往往不由分说到无需什么动力我们都需要继续下去，就好比呼吸，除了来自肺部本身的动力之外，还需要我们额外找到一个什么理由吗？写作的困境当然此起彼伏，比如，写过《刘晓东》之后，我就再也无法以同样的方式去书写了，我和那种方式如是亲密，却要在蜜月之时，与它作别。这就是一个小说家恒定的困境吧，他需要不断地割舍与离弃。

你如何看待作家和读者的关系？你所理解的理想读者应是怎样的？

我刚刚给一位读者回了信——他寄来了我的一本书，要求我签下名字寄还给他，并且，他还附了一页稿纸，请我给他写下一段话，他说“希望以后能够激励自己坚持读书，也为女儿以后留下希望”。我觉得，他就应当算作是我所理解的理想读者吧。我知道，十有八九，他对我小说的感受超过了我写作之时的预期，但这不重要，重要的是，他由此获得了阅读的快感，并生成了某种无害的愿望。除此而外，我们还能奢望读者什么呢？

设问人：李德南 评论家，中国现代文学馆客座研究员

马金莲

马金莲，1982年生，宁夏西吉人。主要作品有小说集《父亲的雪》《碎媳妇》《长河》《1987年的浆水和酸菜》《绣鸳鸯》《难肠》，长篇小说《马兰花开》《数星星的孩子》。曾获鲁迅文学奖、郁达夫小说奖、《民族文学》年度奖、《小说选刊》年度奖、《朔方》文学奖、《飞天》十年文学奖、茅盾文学新人奖、全国“五个一工程”奖、全国少数民族文学创作骏马奖，以及中国作家出版集团优秀作家贡献奖。

我的财富是苦难中的温暖

马金莲师范学校毕业，因为找不到工作，在家待业好几年，其间嫁到了另一个山沟里给人家做媳妇，开始承担更繁重的农活，常常苦得站不起来。在西海固的生活，是上天对她的考验，从一个小女孩到大姑娘再到小媳妇，一路延续下来，还好没有妥协，没有被生活的艰辛淹没，并且在后来的写作中，这些苦难之中的温暖，都成了她构思的源泉，成为她文学写作的财富。

在我印象里，你发表的第一篇小说是《夙愿》，那时还在学校读书。当时为什么会想到写小说、发表小说？家里人对此怎么看？说说你第一次发表小说的情形。

对的，那时候我18岁。在一所师范念一年级，学校文学社举办征文活动，我拿起笔写了这篇文字，投出去竟然获得了一等奖，很受鼓舞，接着我用稿纸把这篇文字认真誊录了，寄给我们市的刊物《六盘山》，两个月后刊登出来了，标签是小小说，还有20块钱的稿酬，看着稿费单子，觉得无比激动，这可是我用自己的笔挣来的第一笔稿酬啊。家里人不知道我在学校学着写作了，当我放学后把样刊带回家，父亲看了，弟妹们看了，都没说什么，在我们那个村子里，生存、为生存进行的劳作始终是第一位的，别的都是其次，而这个时候的父亲，已经被艰苦的生活压得失却了年轻时候对文字的那份喜爱，他显得漠然，所以我在一家杂志发一篇文字，有什么意义，对于别人来说好像没什么意义，至多只是属于我一个人的内心的喜悦吧。

你的第一部小说集是《父亲的雪》，这本书我读过，读的时候不止一次想到艾青的一句诗，“为什么我的眼里常含泪水，因为我对这土地爱得深沉”。你的大部分文章写了你熟悉的那片土地上的生存艰辛与苦难。你为什么会对这片土地和生活在这片土地上的人们如此情深？

其实，更多时候我愿意将自己生活以及写作的范围界定在西海固这样一个称谓里，因为它包括了西吉，是更为宽泛的一个概念，我喜欢这个称谓。我为什么要写这里的人和事呢？其实这是个不用回答的问题，因为每一个人写作的出发点都是他所熟悉的生活，而我的生活就在这里，生命三十余年的历程都是在这里度过的，我熟悉这里的乡村生活，熟悉这里的生活方式，我亲历和目睹过这里人们的欢喜与悲伤，从另一个角度来说，不写这个我还能写什么呢，靠想象写东西我不行，觉得假，也没兴趣。这本书中收录的是我最初七八年创作的一些作品。整体来说显得比较单薄和幼稚，带着明显的在写作中摸索的痕迹。不过那时候对写作怀着更单纯纯粹的感情，所以每一篇都倾注了很真实的感情，所以我始终珍惜这些并不成熟的作品。

你觉得文学对你意味着什么？

刚开始写作那几年，文学就是很自然的一种存在，内心有想法了，想写了，就拿起笔写一写，不想写了就照旧过日子，从来没让文学影响自己的生活，有时候觉得为文字付出那么多很累，有时候又觉得充实，文学就是一个很好的忠实的朋友，可以倾吐心声的人，所以想不离不弃地呵护着它，一年又一年。可是一路走着走着，文学就成为我难以舍弃的一份坚守，从2000年开始到现在，已经坚持18年了，所以，无论如何，这份爱好已经成为生命中最珍贵的一部分。

你在创作中受哪些作家作品的影响比较大？受中国传统文化影响较大还是受西方文学影响较大？或者说你的文学修养来自哪里？

我小时候阅读的范围基本上都是中国传统的一些读本，所以要说影响，还是中国传统文学的更多一些吧。大概来说我的文学修养来自三个方面。一是家庭。我父亲和小叔都很爱阅读，虽然他们没有拿起笔来写作，但是我小时候家里有很多文学读物，从《水浒传》《西游记》到聊斋故事再到民间故事集等，还有一些评书，像《连环套》、杨家将的故事、呼家将的故事、薛仁贵父子征战东西的故事，等等，不胜枚举。后来父亲见我热爱阅读，还专门给我订阅了《中国少年儿童画报》，那本小刊物给童年的我留下了很深的印象。二是来自民间故事、传说等的熏陶。我小时候外祖母、太爷爷、爷爷等都健在，奶奶更是一个讲故事的能手，漫漫长夜里，老人们用我们最朴素的方言土语，讲述着一个个生动有趣引人入胜的故事，有来自祖辈流传下来的，有听来的，还有的是讲述者亲身经历过的奇事、趣事。我都当作故事来听，常听得津津有味，沉溺其中。这些民间口耳相传的故事和人生经历，沉入到我的童年记忆里，深深地沉睡过去。直到有一天写作的时候，我才发现这些其实早就融入到我的生命感悟当中，再也难以分割。三是来自西海固文学的影响。西海固文学早在20世纪90年代就已经被提了出来，先后走出了全国有影响的作家石舒清、郭文斌、了一容等。我初学写作的时候就受到了西海固作家的影响，从他们的作品中汲取了一定的营养，但是作品中打上了他们的烙印，今后如何超越他们也成为我必须克服的难题。我觉得自己的语感是在大量的阅读中不知不觉培养起来的。尽管我一直没有意识到这一点，但是大量阅读确实给我积淀了很好的文学素养。我觉得对自己文学素养影响更深的是家庭，是生活，是我从小耳熟能详的民间故事和传说的浸染。

按题材划分的话，你的写作属于80后中的乡土派。我想你之所以这些年都坚持写乡土，是因为你熟悉乡土，而且我知道，你生活的那片地方历来有着“苦甲天下”的说法，你是否也像你作品里描写的那样吃苦、挨饿，受过贫穷的考验？能简要介绍你生活的环境吗？

我出生在西海固群山包围的一个山村里，这个村庄就是我后来不断书写的扇子湾。22岁之前，我一直在扇子湾生活，除了去学校上学，暑假都是帮父母务农，寒假在村庄里陪伴家人过着寂静的日子。村庄交通不便，小时候我们要去集市上，十多里山路靠步行和毛驴驮载，后来才有了摩托车和农用三轮车。没有自来水，人畜用水靠的是村庄中间水沟里的一眼清泉。夏季用水量大，大家需要一大早排队去担水，冬季泉口结冰，厚厚一层，蹲着是舀不到水的，我们就给水瓢装上巨长的木柄，这样才能伸进泉眼去。我们的童年是在很散漫的环境里长大的，那时候这里极度不重视教育，女童教育更是薄弱，所以村庄里的女孩子基本上都不念书。我们夏天帮父母干些力所能及的农活，拔柴、割草、除草、放羊……小脸蛋被风吹日晒得粗糙而褐红。冬天大家就在一起学习做针线。总之，和现在的孩子比起来，我们过的是一种很自由很散漫的童年，没有学习任务，就在大自然里接受着磨炼。

我父亲是乡文化站的干部，正是因为这个有利条件，才为我童年时候阅读大量书籍创造了条件。母亲等人都是农民，亲戚也都是农民。我们把农民叫做泥腿子，想想其实挺形象，常年在地里劳作，两腿自然是粘着泥土的，这泥腿子很形象地表达了生活在底层的一个群体的艰难和苦难。

每一个在西海固山村出生并长大的孩子，都要经历一个被生计磨砺的过程。尤其像我生在20世纪80年代，我父母一口气生了四个女儿，在家里劳力缺乏的情况下，我们这些女孩子自然得像男孩子一样去挑起劳作的担子。我很早就学会了女孩子必须会的活儿，后来还像男孩一样承担了一些繁重的苦活儿，比如赶着牲口犁地，在陡峭的山路上拉架子车，往车上抬粮食口袋，赶着毛驴去磨坊磨面，等等，都是需要比较大的气力的。家里孩子多，土地少，那时候没有挨饿，但是吃得不好，尤其20世纪90年代初西吉连着几年大旱，庄稼基本颗粒无收，我们姐妹都在县城上学，家里开支很大，在一段时间我们的日子过得很艰难。和别的80后相比，我们西海固山区的孩子，真的生活在完全不同的世界里，我们经历的不仅仅是偏僻落后，还有苦难对生命个体的考验和磨砺。后来我师范学校毕业，因为是中专学历，找不到工作，我在家待业好几年，其间嫁到了另一个山沟里给人家做媳妇，那时候开始承担更繁重的农活，因为我是一个大人了，要像每一个成年男女一样从事劳动，靠自己的双手养活自己。相比之下，亲生父母还是比较娇惯我的，有些很繁重的活儿舍不得叫我们干，但是到了婆家，不存在这一说，我割麦子，跟着丈夫、小叔子、弟媳妇，一趟一趟，常常苦得站不起来。跟着婆婆做席面招待客人，守在寒冷的小厨房里一忙碌就是一整天，晚上洗完锅灶解下围裙，一双脚早就冻麻木了。西海固的生活，对我的考验，从一个小女孩，到大姑娘，到小媳妇，一路延续了下来。还好我没有妥协，没有被生活的艰辛压垮也没有被淹没，并且在今天的写作中，这些经历都成为了构思的源泉，可以说那样的经历就是我今天文学写作的财富，值得倍加珍惜。

你后来离开农村，到城里工作。这种离开是否对你的写作产生了影响？你现在的生活和写作状态如何？

2007年至2010年，我在乡镇工作三年，眼界得到了开阔，对社会有了比较复杂的认识。2010年秋进入固原市民盟，算是离开了乡村，在真正的城里工作和生活了。离开了乡村，再回头看，眼界和从前有了差异，也许身在其中的时候，有些事物是看不清楚的，只缘身在此山中，而一旦拉开距离，就能更冷静地思考，更成熟地表达，所以这几年我的文字比之前有了深度更加成熟。当然，离开农村，感觉与生活远了一步，幸好我的亲人们都还在农村，我一有空就往老家跑，婆家、娘家、亲戚，我需要关注农村的变化和人们内心的变迁，需要紧紧抓着生活的脉搏，不能与生活有隔膜。现在，生活是老样子，上班、带孩子，周末回老家。感觉生活稍微比过去自由了一些，有一点属于自己的时间看书和写作了，这是很奢侈的，是来之不易的，是从前想都不敢奢想的。所以我很感激，生活、命运、身边的人、遇上的每一个好人，我不敢懈怠，想趁着年轻再写几年，多写点比较好的文字出来。

很多人说你延续了萧红文脉，你如何看待这一评价？

刚开始听到的时候有点愣，因为我之前除了一篇叫做《蹲在洋车上》，没有看过萧红别的作品，听到这个说法，我对她有了兴趣，找来所有的作品认真读了，对这个女作家真是由衷敬佩和同情，敬佩她的才华，同情她的遭遇。如果要在我们之间寻找什么共同点的话，那么，我觉得肯定是我们都天然地具备了一种凭着本能抒发和表达的愿望，并且将这一本能表现在作品里了。我们的写作，都完全地出于一片赤诚吧。

我特别喜欢《生死场》和《呼兰河传》，尤其后者，是我枕边常放用来随时翻阅的精神食粮之一。

在文坛逐渐崭露头角的过程中，你最鲜明的感受是什么？请通过一些具体事件和人物勾勒一下作品受到读者、编辑、评论家等各方反馈的情况。

我目前出版了六本中短篇小说集，第一本《父亲的雪》前面已经说过。第七本是即将出版的中短篇小说集《珍重》，这是我近两年作品的结集，也是目前很期待的一个作品集。

总之，我感觉坚持写作的过程，就是沿着一条路爬一座山的过程。付出的不仅仅是时间，还有精力、耐心、恒心，和一以贯之的热情。就拿《长河》来说吧，它最初由五个部分组成，《民族文学》编辑哈闻看了后建议我删除最后一个，同时给我分析了原因，另外又提出了很多修改意见。我认真地思索了这些意见，进行了修改。对比初稿，我真是很感激哈闻老师，没有这样精心的修改，《长河》能否获得后面的多家选载和获奖，真的就不好说了。我觉得需要继续保持低调，保持沉默，把时间和心血默默地倾注在写作本身之上，写出扎扎实实的好作品来。

中篇小说《长河》可以说是你目前为止的代表作和创作小高峰，几乎提到马金莲的人都会提到这部小说。请谈谈它的酝酿过程、最初构想和创作过程。

这篇作品和我的很多作品一样，是手写的，初稿写在一个旧教案本的背面。开始的时候连题目都没有，只是被村庄里新近发生的一起车祸触动了心弦，想表达点什么，表达什么呢，还不明晰，就那么忙忙碌碌划拉着。第一个故事，伊哈的故事，其实是有原型的，是我小时候送过埋体的一个人，他死后身后留下了三个孩子一个很老实的女人。女人自然是再嫁，而孩子活得很受罪，念书的时候和我一个学校，常常见到他们赤裸的脚板和一脸的泥土。伊哈的故事写完后，觉得好像意犹未尽，想说什么呢？没说清楚。想祭奠呢，还是怀念呢，还是警觉呢，或者是反思呢？感觉都不能简单概括。犹豫中又写了第二个故事，也是有原型的，是个男孩，从小心脏病，12岁时候按照医生预料的那样去世了。这样一个生命，匆匆地离去，我们除了惋惜，还能做点什么呢？我一边纠结，一边写。到了第三个故事，好像一发不可收拾了，想要表达的东西也明朗了，我就是要写死亡，我们西海固的山村里的死亡，朴素的清洁的简单的悲伤的死亡。这个作品断断续续写了两年，最后的关头，我忽然觉得这死亡就是一条河，长长的河，所以题目有了。

你非常擅长讲述死亡，在对死亡的情态进行刻画的同时，你对死亡的概念与意义也有所叩问。你似乎对“死亡”这一题材有着特别的执着？

我小学三年级时二奶奶肝硬化去世，五年级时三奶奶肝炎辞世，初一时太爷爷口唤（伊斯兰教用语，这里表示人的去世），2001年我唯一的弟弟病故，两年后爷爷无常（佛教用语，这里表示人的去世）。这都是和自己息息相关的亲人。还有更多的人，大家也在死亡。就在我们的村庄里，还有邻近的村庄。我们回族有一个习俗，有人去世了，鼓励大家去送葬，送葬是行善的好事。所以从小到大，我参加过的葬礼其实很多。在各种各样的葬礼上，我看到了不同的哭相，听到了不一样的哭声，感受着大家对死亡的看法和感叹，还有领悟。总之很小的时候，我就知道生命苦短，人生不易。这样的题材，我心里不安。写出来，其实是帮助自己克服一种对死亡的恐惧感吧，毕竟这一命题是每个人都需要面对的。

你非常关注那些以柔弱顺从的姿态去抗拒旧观念或者强大命运以及严酷自然环境的女性，在《碎媳妇》《风痕》《搬迁点上的女人》《绣鸳鸯》《离娘水》《旁观者》等作品中，你通过塑造一系列的女性形象传递出一种强烈的女性意识与自我生命关照。那么你如何看待自己作品中的这种女性关怀意识？

有一点大家都注意到了，就是我们西海固作家群有一个相对优良的传统，就是每一个人都对文学很尊重，是以接近于痴迷的态度去对待的，相对落后的封闭的环境，造成了我们相对奇特的文学状态，我们集体呈现出一种内敛、安静的状态，远没有外界的浮躁和喧哗。而我作为一名女性，不自觉地就会更加关注身边的广大女性，走进她们的内心世界，把她们写进文字，定格在纸上。就在书写过程中不自觉地流露了一种女性关怀意识。

方言化的语言风格是无心插柳还是刻意为之？

刚开始写那些年，是无心插柳。到了如今，也就开始注意这个问题了，也有人已经向我提出了这个问题，希望我能更多地融入西海固方言。我会试着做相应的尝试，但是，也要把握好一个度。方言适当用一点，能为文字增色，使语言活泼、生动，有趣味；但是，采用多了，会给读者，尤其西海固之外的读者，带来阅读障碍，损害文字的流畅感和整体美感。所以我觉得这是个需要不断摸索实验的过程。

你的作品有许多是对20世纪六七十年代农村生活的追忆，写苦难好像在西海固作家笔下很常见，谈谈你对这一现象的认识吧。

我的文字都是关于村庄的，可以毫不夸张地说，我的灵感的源头，很多都来自于我最初生活的那个村庄。我感觉，只要村庄屹立在大地上，生活没有枯竭，写作的灵感就不会枯竭。但是，也有人劝我调整，不要再重复写苦难，因为西海固作者的作品，给人一眼就看到西海固贫穷的影子，有千篇一律的印痕。甚至有人说，西海固作家都是一个路子，鲜有新路。我知道，千篇一律的苦难故事，势必给人造成审美疲劳。可是，生长在这样的土地上，并将生命里将近三十年的时光留在这里，不写苦难，那我写什么？还能写什么？我们本身的生活，就是一段苦难的历程！我觉得我始终舍不下这片土地上人们的淳朴和善良，舍不得生我养我的西海固。我一直沿着苦难的路前行。何去，何从？一段时间之后，我释然了。不是写苦难有什么过错，问题在于我的笔触不够深入，远远没有挖掘出苦难背后的东西，情节深处那些人性中闪光的鳞片，或者需要批判反思的病垢，都是需要往更深处开拓挖掘的。《绿化树》也写苦难，《心灵史》同样在写苦难。近来，我专门抽时间回过头打量了自己这些年写出的文字。它们的内容可以概括为两个时间段，前者是20世纪80年代之前的故事，后者是我后来经历的生活。我之所以留恋很久之前的时光，是因为我小时候家里有好几位高龄老人，太爷爷，外奶奶，爷爷，奶奶，这些老人都是从岁月的坎坷中一步一步走过来的，他们经历了很多日月更迭和社会变迁，他们本身的经历就是一个个精彩的故事和一个个感人的传说。我的外奶奶尤其具有传奇色彩。我的奶奶又是个说古今的能手，我陪伴她的每一个夜晚，都是在她讲故事的氛围中入睡的。被这样的故事熏陶着，那些远去岁月里的故事和那种馨香的味道早就嵌入了我的记忆，当我后来开始写作的时候，自然想起了它们。而老一辈人身上具备的质朴和纯粹，对生活的热爱，对信仰的坚守，让今天浮躁的我们感到汗颜。所以，我敬仰那些已经远逝的人们，之所以写那些时光，就是为了表达一种敬意，也是对我们今天生活的一种对比和反思。同时，我是一个80后，我也会写今天我们的生活。去年的《一顿浆水面》《平安夜的苹果》《三个月亮》等作品就是尝试。

2014年长篇小说《马兰花开》获了全国“五个一工程”奖。它是你的第一部长篇小说，对于这部作品你自己有什么想要表达的？

因为在我所有的中短篇里写的几乎都是目不识丁的妇女，或者已经远去的日子里的故事，这一回我决定写一个当代回族女性，她接受过一定程度的教育，对生活、人生有自己的理解和追求，但是，这样一个女性在我们那里，命运还是可能会对她进行一系列严酷的考验，比如失学了，比如嫁人了，在一个大家庭里开始女人的人生历程。这个历程在男人看来很自然，很平淡，常见到司空见惯熟视无睹的程度。但是，对于女人来说这就是生活，就是生命历程，嫁人怀孕生养拉扯孩子，柴米油盐，婆媳妯娌关系，磕磕碰碰，小小的欢喜和悲伤，小小的哀怨和渴望，哪怕最普通的女人她也在经历这样一个过程，她也可能会体验这样的滋味。这就是生活，西海固当下妇女的生活。我写了李万山一家人的生活状态，同时以副线形式描写了李家的邻居马柏云一家的生活，以诸多情节和生动活泼的细节，讲述回族人家在现代社会生活中的巨大而细微的变迁和发展。同时我试图展现大量独具特色的回族生活画面和风俗、宗教生活等。我渴望让作品读来充满暖意，让人感觉生活是如此不易，又是如此美好。但是，限于年龄和人生阅历都有限，对生活和很多事情的认识还是有很大局限性的，所以这部作品还是不够成熟的，只能说是一个尝试吧。总之是一部倾注了心血，怀着敬重心态完成的作品。

既然已经来到城镇，是否考虑逐渐将写作题材拓宽到城镇？请谈谈今后的创作方向？

随着生活环境的变动，我对生活的了解、认识和感悟也在不断更新、加深，我想，我以后的写作不会狭隘地界定在乡村这样的一个范畴，而是会试着突破、融合，毕竟在当今普遍城乡一体化的社会里，就连我们这偏僻的西海固，人们的生活也发生着很大的变化，一个作家要跟上时代的脚步，就要不断尝试和突破。我也一样，需要努力，再努力，近年来开始尝试突破乡土题材，例如《旁观者》《听见》《平安夜的苹果》《我的母亲喜进花》《低处的父亲》等中短篇小说就是。今后的创作方向，还是以自己熟悉的乡土题材为主，但是将乡土和城市题材的界限打破、融合等尝试还是会坚持，每年完成三到五个中短篇在期刊发表，同时创作乡土题材长篇小说。

设问人：赵依 评论家，《人民文学》编辑

双雪涛

双雪涛，1983年生，辽宁沈阳人。主要作品有长篇小说《聋哑时代》《天吾手记》《翅鬼》，小说集《平原上的摩西》《飞行家》。曾获华语文学传媒大奖最具潜力新人奖、汪曾祺华语小说奖、华文世界电影小说奖首奖、《小说月报》百花文学奖、《南方人物周刊》年度青年力量奖、单向街书店文学奖年度青年作家奖等。

东北风大有雪无法成就我

双雪涛在小说中塑造的人物已不算少，到底谁才是他特别想成为的人呢？双雪涛表示，他不太想成为笔下的人物，因为他虚构了他们，知道他们的痛苦，也知道他把他们置于何种不适的境地，“所以我还是继续做任性的创作者，做人物的水源”。

印象中，《跛人》较早进入我的视野，第一念头是它与《十八岁出门远行》可能存在什么渊源。后来注意到你曾说，“如果没有先锋文学，没有余华、苏童、格非那批作家的作品，我是不可能写作的。”文字的渊源，说到底是一种“唤醒”。而对于一个作家，尤其是一个优异的作家，可能被不止一次唤醒，也可能被迥然的东西唤醒，我们就从这里谈起吧。

《跛人》是个挺短的东西，我写得蛮顺溜，好像是用了两天的时间，触发这个小说的东西是我当时读的一本外国书，大概是里面的某句话，现在我想不太起来了。《十八岁出门远行》我很早读过，远行这个东西很多人也都写过，每个人都写得不太一样，《跛人》的故事可以用“十八岁出门远行”概括，但是两者在我心里没有直接的关联。不过我萌动写作的念头确实跟一直阅读余华有关系。苏童，格非，马原，我都看，我觉得如果我的性格里一直暗藏着某个关于小说的定义，也许这个定义孤悬多年，当我阅读了他们的作品，我发现他们实现了我心头模模糊糊的关于小说的乡愁，然后刺激我自己也来试一试，这可能就是兄说的“唤醒”。

先锋的影响复杂而微妙。批评家张清华曾指出之所以看重先锋文学，“一方面是因为它们代表了我们时代文学的精神难度、思想高度，也代表了在艺术探险上曾经达到远足之地”。而恰恰在思想高度、艺术探险、精神难度，以及传统的焕发与生长性上，人们对中国当代先锋文学有不少议论，甚至苛责。如今，你怎么看待先锋文学的实绩与不足？弥足珍贵的是什么？或者说，你是怎么看待“先锋”的？

我一直觉得用一个概念概括一批作家是简省的方式，利于立论和思考，但是对于作家来说，肯定都不想这么被放在括号里。这些作家每个都迥然不同，如果细说，可能要说很长，变成了读后感。姑且把先锋看作一种精神吧，我一直不觉得其是一种文学流派或者方法，如果从精神上来说，我自己一直从这里头受益，那是一种活泼的、不蜷曲的、不陈腐的、不随大流的精神，我觉得对于先锋文学的议论，包括我自己，也曾批评过先锋文学的根基不牢，但是现在回头看，我觉得这样有点站着说话不腰疼，在那个时代，这些作家确实依靠着自己的才华创造了一批非凡的作品，对后来人产生了巨大的影响。而先锋文学的继承问题，我觉得跟后来的文学人的锐气和才华有关系，能继承多少，能在此之上开拓出多少，跟每一个个体有关系。

一般而言，科幻、推理、奇幻、武侠等会被归入通俗或类型文学，其实，这些作家作品不乏先锋性，刘慈欣和金庸一样都展现了自我的颖利与雄强，而好的作品总是一往无前、打破边界、融会贯通，甚至无法归类的，对此有什么感受或见解？尤其在最初的创作过程中，你对这些因素的借鉴与探索是比较明显的。

毫无疑问类型不能限定文学，就像地图不能真的代表城市。我是金庸先生的读者，也是刘慈欣先生的读者，我觉得多亏了有他们，我们的文学才更有生机一些，很难想象没有这样的作家，我们的文学和文学圈会变成什么样子。作为读者，我是希望有更多这样的作家出现，是读者的福气，也是唤醒很多人去思考文学本真的机会。我一直把自己当作自由人，想写什么想怎么写，尽量由着自己来，我喜欢的东西会流入我写的东西，我觉得这是流露，不是方法。

对一个作家而言，与文学场域一样重要并且相互融汇的是地理场域。东北是特立的存在，从萧红以及萧军，到当代的迟子建乃至赵松等，诗歌领域还有王小妮等，王兵的纪录片《铁西区》堪称杰作……你是否有意识地辨认或思考过自己的作品和所处的天空以及大地的关系？当然，好的文本将超拔于初始的文化氛围。

我一直有一个狭隘的想法，一个地域无法成为一种美学，只有你处理材料的方式和你思考这个区域的方式，和材料结合起来，才有可能成为一种美学。后者在我看来更重要，因为我们早已过了风俗性文学的时期，福楼拜的时代就已经跨过，他写的外省，不是因为外省而卓越，是因为他的写作方式。东北风大，有雪，人也有独特的性格，这些无法成就作家，也无法一直帮助一个作家，在我身上东北人的性格可能显著一些，好的坏的，都有，我也经常与之搏斗，这些可能是会一直伴随我的东西。

东北有一定的基督教氛围，你的作品中也屡屡出现这种因素，典型的就是摩西分开红海，以及《大师》里的十字架。也有人说中国的作家作品缺乏宗教的力量，缺乏爱，在创作之中，这是否也是你自然而然或着力要注目或呈现的？

宗教的力量不是文学的必需，但是爱可能是，至少我觉得是。我作品里的宗教因素，主要还是关于信仰，关于信念和爱，没有用更深的东西，我觉得应该有人会比我做得更好。从另一个方面看，如果就写写简单的事情，不用宗教元素，就能散发出一种崇高的感觉，可能是更困难的，有作家鄙视崇高，其实崇高非常难写。我觉得中国作家的东西里缺乏爱，是由很多因素造成的，主要可能是觉得在现实生活中爱是无力的，在精神层面爱是初始的东西，因此觉得在爱上做不出什么文章来。我个人比较在乎情感的浓度，比较在乎人物的情感寄放处，可能是因为我还暂时不是一个虚无主义者，觉得这些事情有意义。

还有另外的“信念”或“意义”，譬如在《大师》里就有体现。关于这部作品和阿城《棋王》的比较很多，注定还会有人说下去。你有过回应：“《大师》和《棋王》有很大的关系，具体关系是，时间上，《棋王》在前面，《大师》在后面。”

阿城是我特别喜欢的作家，虽然东西不多，但是都经得起看，在那个时代，写出“三王”这样的东西，必须得勇气和才华兼备才行，可能还得有点清者自清的自信。《大师》写人，《棋王》写道，前者是个小东西，后者是个大东西，大东西在前面，已经经过时间检验。《大师》写于平稳的现在，不需要多少勇气，也尚未经过时间检验，这是区别。

作者的风格很重要，而如何让小说中的人物有自己清晰而独特的声音也非常重要，《平原上的摩西》在这方面是极成功的，瑕疵可能也与此相关。三年后来看，自己有什么话想对那个自己说吗？

当时写《平原上的摩西》没有多余的想法，就是想写一个有意思的东西，这个结构我觉得有意思，就开始写了，试着往前走。成功和瑕疵，我其实都没那么在意，因为那是我当时能拿出来的全部水平，我尽力了，水平不到，有些地方写得有问题，有些地方还可以，都是一个作品自个儿的命运。我比较怀念的是当时跟《收获》一起改稿的过程，确实是又艰苦又充盈，现在我对那时候的自己说什么呢？保持那个弱小的自己吧，才能看到很多柔软又多姿的景象。

有著名学者指出你的小说可解读空间复杂而广阔，特别是小说中感伤主义情调和对超验无常事物的想象能力令人欣喜；也有年轻评论家觉得你的作品除去东北因素，以及村上春树、王小波等因素，自己的独特贡献并不很大，经不起做减法……我们不妨谈一谈所听闻的赞与弹，以及自己的思忖。

我觉得夸奖和批评都是好事，夸奖给人信心，批评让人警醒。我自己也经常阅读评论，写自己的看，写别人的也看，很多都挺有意思。但是作为作家不妨把这当作游戏，就像当年有很多作品，没有几部能留下来，评论也一样，我挺期待更复杂的更有文学性的评论，而不是快捷的三言两语的评论。写小说的出发点是叙述，写评论的出发点是见解，两者都需要诚，也需要好的文法，这两点都做到的人不多。对于批评我的言论，我觉得都有道理，因为我也经常在肚子里批评别人，我也知道批评是怎么回事儿，所以都比较理解。

你是否愿意谈谈可曾从某种批评中得到营养或策励？

比如我看到有读者说我的推进对话使用比较多，也有朋友跟我说，我的短篇小说容易在后半部节奏变快，好像突然跑了起来，也听到有同行说我还是比较传统，算是从中国古典文学中学习而来的，我觉得都有道理，也都有营养。对话的使用确实是双刃剑，对话比较容易出效果，但是也容易控制不住节奏，没有凝结度，不是标准的叙述体，密度太高容易使小说不够瓷实。我开始写作的时候就在想这个问题，所以用间接引语比较多，想把小说纳入到叙述的河流里，但是这不能从根本上解决问题，还是应该更沉稳一些，不要过多地追求便利。我确实在中国古典小说里学了一些东西，主要是形物状人，我觉得这样的策励提醒我，我应该去再多学一点，骨子里我跟《水浒传》的传统很亲。

“水浒”这个说法来日我们也许可以展开谈谈。有人问你对短篇小说是怎么看的，你说“汪曾祺的短篇小说写得比鲁迅好”，这话怎么理解?

我还不太焦虑，因为这些区分还是外部给的，长篇当然费时，短篇比较轻巧，费劲的一定更重要，这是常识。但是，是不是要追求这个重要，也因人而异，是不是随时都要追求这个重要，也因人而异。我觉得一个作家还是应该平衡日常工作和野心，要不然自己会乱。汪曾祺的短篇小说肯定是好，具体和鲁迅谁好，这是一句夸张的话，鲁迅先生的东西屹立在那里，不用我说，大家都知道是什么样的高度，只是从个人来说，我可能读汪曾祺的遍数更多，以重读的次数作为标准的话，汪对我来说影响更大。我觉得汪曾祺小说对于我来说有一个非凡的意义就是养人，每次读他的小说，都会放下心头的烦事，感到一种温润的东西，因为我本身是个挺急躁的人，所以汪老对于我来说可能是一味药。

《水浒传》的传统是活泼的传统，是动词的传统，是两斤熟牛肉的传统，是江湖和义的传统，也是以人物为主要着力点的传统，这些都是我特别喜欢的。

包括前面提到的某些作品，以及《跷跷板》《北方化为乌有》等，迷案和死亡一直是你作品中的一种聚焦，或一种支点，不过，事物往往有双刃，那些开辟道路、引人注目的东西也会构成审美疲劳或累赘，有无类似的担心？

我倒不太担心，如果我兴趣在，我还会写，如果我兴趣不在，我就去写别的。一个作家的工作有时候包括发呆和等待，看看什么东西会找上你。我觉得你说得很对，迷案作为支点非常省心，因为它很容易聚拢思考和排兵布阵，无论是在迷案中写迷案还是从迷案出发超越迷案，都是有的放矢，便于结构一个中短篇小说。但是我个人对迷案的兴趣还在，并没有完全写够，我希望把迷案的内涵扩大些，“名者，实之宾也”。迷案不等同于罪案，迷，可能对我还是有诱惑的，可能我会逐渐把案淡化，把迷发展，但是这是粗浅的想法，也许也会写比较清朗的东西，也希望自己能有这个放松的胆识，散文化的小说我自己挺爱读，但是写得比较少，也许以后会试试。

“迷”在“罪与罚”之外还有着一种未明。你笔下人物的一句话给我印象较深，“警察就是给人‘擦屁股’的。”有时，我甚至在想，警察是否可以说是你的重要“分身”之一？代表了你生命中微妙的痛感之力，容纳了你的关怀、行动性、正义思考，以及某些警醒。

我很喜欢这段总结，要比我自己总结得好，大概是这个意思，我本人是个行动上的矮子，臆想上的高个儿，所以缺啥补啥，警察这个身份带给我一种行动的牵引力。警察明显是一个工种，但是他所面对的是复杂的人类社会。自己也是沉重的肉身，这些东西都是我好奇的，我过去在银行工作，虽然和警察的工作相距万里，但是那种自由和不自由，那种自我和体制的分歧，还是有共通的地方。我自己也喜欢读好的侦探小说，喜欢私家侦探这种类型，警察当然不是私家侦探，但是可以借鉴一些，也就是把警察的个体性提高，这也是我觉得好玩的地方。

对于你，可以用“迅速崛起”来形容，面对猛然而至的声名如何进一步进取并不那么简单，人可能膨胀变形，还有就是琐事和种种人情等，不知你是怎么处理的。

首先提醒自己别想做好人，我觉得做好人，做周到的人这件事情，会给一个作家不小的压力。另外就是提醒自己别太把自己当回事儿，一个三十多岁的人如果就开始着手维护自己的名声，那往后的路真得累死，因为本来就不是什么坚不可摧的东西，作家很脆弱，起起伏伏很正常，现在这个时代要求作家老得蹦出来提醒别人自己的存在，我觉得不必要顺应这种要求，作家不是车，是树，还是尽量别跟着人跑。

《刺杀小说家》《北方化为乌有》等作品里，“小说家”作为人物在文本中不断凸显，有时被质疑甚或消解，这是否隐隐折射了你的某种美学倾向?

我是个写小说的，有时候我观察自己，有时候我也观察别人，我没有规划，好像规划就是倾向，我确实没规划，这段时间觉得这个有意思，就试试，天地那么宽，多试试多好。小说家这个身份是虚构者，同时也在生活，是白日梦的制造者，同时也深陷俗务之中，与警察一样，虽是特殊职业，不过也有人类的共通处境可以挖掘。其实人人都是做梦的人，人人的内心和现实世界都有沟壑，小说家可能极端一些，不过也没有到离地飞起的程度。

张悦然曾说你的小说内核通常关乎善和美，“相对于外层的沉重、现实，那个内核是如此地浪漫主义和虚幻”。我们也可以从你的作品中看到魔幻或荒谬的部分，不过在一些人看来“浪漫主义”和“虚幻”再往前走一步也是值得警惕的……

“在一些人看来”好像是一个陪审团的宣告，要警惕的东西很多，我觉得最应该警惕的就是胆怯，老想着“在一些人看来”，可能就要坏事。我一直觉得浪漫不是错处，虚假的浪漫可能不太好，无奈的无用的浪漫我觉得倒蛮有意思。魔幻是一个魔幻的词，我自己不太用，我还是比较愿意说，想象。人的精神有很多面向，其中一个是想象，不能说是唯心的，但是至少也是有想象的权利。我觉得作为作家应该珍惜这种权利，做的有多完善是一方面，首先不能告诉自己有危险，因为很多时候，危险就是创造。

很多作家说不考虑读者，不过我觉得你不太一样，你注重“有趣”，甚至强调作品带来的“生理反应”，你的小说在阅读上有一种愉悦感、速度感。在你心目中，作家探索与读者阅读之间最佳的状态是什么？

最佳的状态是作家真诚，读者信任，这个东西其实不容易，因为现在都爱说，营销，好像读者很好骗，我觉得读者不好骗，当然也有人一直骗一直写，这是本事。我希望小说能够带给阅读者一种愉悦，这种愉悦和好看有细微的不同，比如我作为一个阅读者，我看到一个句子写得那么好，就得到了愉悦，我看到一个词语用得这么妥当就得到了愉悦，比如我看鲁迅给许广平的信里，把许广平叫作小刺猬，我就不知为何得到了愉悦。我希望我自己的小说也能提供这种方面的愉悦，心向往之吧。

很多愉悦都源自一个作者的准确性与洞见。具体到创作过程，罗伯-格里耶说“难的是小说的第一页”，也有人说是第一句，还有人表示在于一个形象或一个思想的杀出重围，对你而言呢？

对我而言难的是找到那个令我激动的装置，小说内部的装置，很多时候我的工作就是在黑屋子里摸索，想要摸到那根灯绳，如果摸到了，后面的工作就比较容易，这个比喻我记得不太准确，也许是苏童或者是某个前辈作家说的，我觉得于我非常贴切。如果找到了这个装置，后面的修改其实是比较舒服的过程，如果没有，即使有一些高级的句子，我也觉得比较艰苦。

灯绳的说法应该是来自苏童。写作时遇到困难，有的人像导演那样“等云到”，有的人想办法放空自己，有的人求诸别的文本的激发……你有什么独特的释解或重启的方式？

我是愿意去运动，踢踢球，跑一跑，尤其喜欢在户外运动，跟空气、地面、太阳和云彩一起，写作大抵是个反人体力学的工作，过多地依仗大脑，有时候让身体的其他部分活跃，可以让大脑谦虚一点。

你塑造的人物已不算少，谁是你特别想成为的人，抑或哪个人物初衷甚妙，终究力有所不逮而抱憾？

实话说，我不太想成为我笔下的人物，因为我虚构了他们，我知道他们的痛苦，我也知道我把他们置于何种不适的境地，所以我还是继续做任性的创作者，人物的水源。我觉得《天吾手记》里的李天吾我没有写得特别好，我初衷挺好，但是完成得一般，问题可能在于我给他的负担太重，想让他完成的事情太多，他后来有点烦，不太愿意和我做特别亲密的朋友。不过因为写了这个人物，才有了后来一系列的人物，李天吾有点像家族的长子，承担得比较多，自己不太幸福，但是弟弟妹妹都生活得挺好。

我觉得你是一个非常幸运的作者，也是一个很有痛感的作者，这两者有着相互的推动。不过我有时也会想，幸运之星不会一直照耀，而痛感随着自身经验的消耗，以及身体、身份等因素的变化也会升降，有没有想过类似“革命后的第二天”这样的问题？

幸运是一个玄妙的词，这里面也包含着一些磨难、孤独和等待。我觉得也许我不会一直幸运，但是痛苦可能会一直伴随我。因为我的内心和外部世界是高度不协调的，很难感到舒适和不紧张。我对现在的时代和文学环境都有自己的看法，这个看法我不宜老说，还是放在工作里去呈现。革命的第一天可能是建立，革命的第二天其实是毁坏，因为作家的建立其实就是在毁坏里不断地实现，革命的第三天可能是责任，我现在经常提醒自己，标准要坚持，对人要宽容，前者对我来说不难，后者对我来说不易。

说到“责任”，也许还涉及意识形态和现实困境等复杂问题。索性再进一层而言，其实也可视为一种荡开去。即，你有无特别无力、怀疑自己的时刻？又或者，虚无是否曾将你照耀？

我经常怀疑自己，如果不怀疑自己，我会怀疑自己出了问题。但是也有很多时候，我觉得我可以继续自己的工作，因为我多数时候选择相信自己的判断。好心的朋友提醒我注意自己的言行，实话说，我不太容易做到，因为一旦因恐惧而改变自己，就会进入你说的虚无。观察一下我们现在的世界就会发现，有些人勇敢，是因为聪明，有些人胆怯，是确实胆怯。我希望我自己不要掉入这两种方式，一生匆匆而过，我愿意平静地生活工作，我也愿意保有对工作和精神自治的尊敬，不太愿意接受危言和暗箭对我的改造。

我们来谈一个“术”的问题，它是一种素常的信息，但也可能“暴露”一个人的生命形态或思维方式。那就是你的写作方式、工作习惯，甚或癖好是什么？

我通常上午工作一会儿，下午放空放空，晚上如果可以，看看上午的东西，能多写一点就写一点，如果不能，就稍微改改。我工作时吸烟，很少喝酒，不听音乐，也不怎么使用手机。我有一个癖好，就是写作的时候把写作当作一件私人的事情，公开的时候把写作当作一件公开的事情，这类似于一种唯心的法术了，不足为训。

谈到文学奖，未免老套而乏味，但是一个创作者往往是孤独而脆弱的，需要“肯定的火焰”。你怎么看待文学奖，无论是国内的还是那些较为辽远的世界性奖项？

我觉得得奖首先都高兴，因为有虚荣心。但是面对文学奖的态度，就是谁认真谁就输了，现在的奖琳琅满目、种类繁多，作家总能找到适合自己的奖，还是平常心比较好。世界性的奖，听着当然更高大，但是，是不是更有说服力，也很难讲，因为既然是奖，本质都是一样的，是人颁给人的，人是复杂的动物，一群人在一起就更复杂，还是别太当回事儿为好，有这个时间不如去写点东西或者跑跑步。

人工智能AI，迅变的日常，飞沙走石的时代，等等。这一切改变生活，同时也影响书写，你的紧迫感与独特思考主要体现在哪些方面？

我觉得微信比较吓人，人现在都过度交流，过度交流倒没使人更加亲密，有时候倒更加疏远。过去很难想象，一个人和另一个人会因为点赞的事儿打起来，我听过好几个朋友因为这种事情犯嘀咕。

我觉得在这个人人自恋的时代，作家还是清醒一点比较好，不要随着众人一起跳入这个洪流里。写作说到底是一件质朴的事情，这个质朴的含义有很多，主要一条是用手和头脑完成，不去借助其他东西。

设问人：木叶 评论家，诗人

文　珍

文珍，1982年生，湖南娄底人。著有小说集《柒》《十一味爱》《我们夜里在美术馆谈恋爱》、台湾版自选集《气味之城》等。曾获老舍文学奖、储吉旺文学奖、华语文学传媒大奖最具潜力新人奖、《上海文学》奖、西湖·中国新锐文学奖等。

我不希望仅仅被界定成“女作家”

文珍给人的印象是深刻而耀眼的，不仅仅因为她是老舍文学奖历史上最年轻的获得者，还因为她在和人交往当中的那种直接和温暖。她说，这给她带来了很多困扰，让她吃了足够多亏，也很容易得到朋友甚至陌生人的信赖，“我不太愿意对人倾诉，宁可宣泄在小说里。在生活中我希望以明亮面目示人，不要给任何人造成负担”。

你之前出版过两本短篇小说集《十一味爱》《我们夜里在美术馆谈恋爱》，是最年轻的老舍文学奖得主，是华语文学传媒大奖最具潜力新人奖得主，同时你不仅仅是作家，也是我的同行，人民文学出版社的编辑，这种感觉很特别。这本最新的小说集《柒》据说是关于七个热情故事，我的阅读感觉，更像是七个热情破灭的故事。书的装帧加深了我的印象，封面是象征着生机的绿色，枝叶像春天。内封是黑色的，给人非常内敛和冷静的感觉。我想问问文珍，关于书名有什么特殊含义吗?

说到同行，可能我们这个行业和大家想象的有点不一样，彼此都知道做书是一件非常辛苦的事情，同行并不相轻，反而惺惺相惜。回到刚才的问题，叫这个书名，可能和我个人特别喜欢“七”有关。我出生在七月，阿拉伯数字“7”造型简单又有曲致，由刚直的线条构成的，同时又很像一个问号。七在各种宗教里也是一个神圣数字。你说这是七个热情消逝的故事，时间其实是其中最大的因素，会造成情感的改变，处境的改变，还有我们自我认知的不断变化，以及热情到底能在怎样的意义上存留多久。鲁迅先生说过，中国女人有母性、女儿性，唯独没有“妻”性，“妻”是被社会性别建构出来的角色，而“妻”与“柒”同音。

你说过女性身份是一种原罪。我在读《柒》的时候，脑海经常浮现出七宗罪：贪婪、饕餮、骄傲等等，最后收入书里的七篇文章也有这层指涉吗?

可能会有一点联想，但不是每篇或者每个人物都精确地对应一宗罪，比如说《暗红色的云层在黑暗里》，里面就同时包括贪婪、骄傲等。佛教还有七苦，生、老、病、死、爱别离、怨憎会、求不得。都是虚指，和文本不是一对一的关系。

我们都是文学编辑，知道短篇集的开篇对整本书的意义非常大。可能会选择最吸引读者的一篇，或者选择在这段时期最成熟的一篇作品。《柒》为什么用《夜车》开局？这个故事对你有什么特殊的意义吗?

首先它从写作时间上来说是第一篇，以此先定下一个基调，其他篇目都是后来慢慢生长出来的，好比一辆夜间巴士停在那里，等其他乘客慢慢上车再往前开。这篇的内核也和我以前的小说不太一样，希望质疑各种公众号或者鸡汤书构建出来的“爱情保鲜”等诸如此类的陈词滥调，认真地审视一下我们这个时代定义的爱情的问题。《夜车》里老宋的出轨，不仅仅是“渣男”二字就可以定义的，后面有很多深层原因。有彼此的误会，也有尚未磨灭的真情。被妻子发现后又罹患绝症，我试着把这个看似不可解的情感矛盾放在一个更大的生死难关面前，看妻子理所应当的愤怒怎样变得没那么理所应当。事实上，也许激情会变质，但两个人曾相处过的时间是无法抹杀的，不可能因为突发行为就让所有情感积累化为乌有。这是一个设置有点残忍，但底色是温情与怜悯的故事——甚至有人说太温情了一点。但我自己很喜欢它。

说完开篇再说布局，短篇的布局甚至比长篇小说更重要。《柒》里的七个故事虽然都是独立的，但可以看出是有前后承接关系的。比如说前面的《肺鱼》，还有《你只是一个年轻人》，都是一段表面平静的婚姻之下的悲凉和不幸，简直可以当成续集来看。最后两篇《风后面是风》与《开端与终结》，则是在尝试探讨更为复杂的人与人之间的关系。但是在这些关系背后，都是女性挣扎的自我泅渡。其中有一篇是不太一样的，就是你刚才提到的《暗红色的云藏在黑暗里》。你的小说以前基本上都是女性通过婚姻和爱情作为镜子来反观自我的过程，但是这篇“暗红色”跳过了爱情，探讨的是男女间的友谊和背叛，这是一个新颖的角度，也是一个很难写的角度，但是你写得非常好。为什么会创作这么一篇和其他主题不太一样的小说？

你特别喜欢这篇有点在我意料之外，看上去如此温柔，丝毫也不剑拔弩张……有一个可能，就是你我都是好学生，在求学的那些年有一个共同点，不太容易感觉到性别的困扰。不知道你理科成绩怎么样，我是拿过高中全年级的文理科双料第一，不过也是拿了第一之后不久的一天，我经过外班听到一个不认识的男生突然大声说到我名字，说文珍怎么可以物理第一，下次考试一定要打败她。我这才第一次意识到，噢，原来女生物理考第一是会刺激到男生的。还有我读高中时是寄宿的，每个周末都要回家，但回校的公交车站离学校有一段路，大概要走个十几分钟左右，而且一路大太阳无遮无挡的。因为我在深圳读高中，有一年夏天特别热，我妈就让我带一个很重的凉席回学校，正发愁下车怎么办呢，就在小巴车上遇到了一个很殷勤的男生，他说“一会儿我帮你搬到学校去”。就这样攀谈起来，这人突然说到，“最近有一个变态你知道不，每门课都拿第一，无论哪科的老师都在说她，让人很生气。”我听了以后不敢接话。他说着说着，突然想起来问，“你是哪个班的？”我说“二班的”。他说“你和那个变态一个班啊，你叫什么名字？”逼到眼前了，我只好承认我就是那个变态。大家可以想象那一刻我俩都无比尴尬，那个男生下车直接跑掉了。我拖着凉席在太阳地里走的时候那个悔啊，心想要是他晚一点问就好了，或者我骗他说我不是文珍呢。可是我又不会撒谎，觉得三年都在一个学校，他总归会知道我是谁的。本来这件事就这样过去了，结果到了高三冤家路窄，这个男生和我分到了一个班，但成绩还是非常差，基本上都是倒数，这样我就有点理解他对好学生的敌意了，尤其还是一个女生。高三第一学期末发生了一件事，我被大家怂恿参加了校运动会，本来也没想那么多，非让参加我就报了跑步，因为其他项目更差得要命。不料平时锻炼太少，发令枪一响，一起跑就狠狠地摔了一跤。这一跤除鲜血淋漓之外，还摔出一个仰慕者——就是那个骂我变态的男生，说没想到一个好学生还愿意为班级做贡献。从此就四处宣称暗恋我。从这件事可以看出来，一个男生对一个成绩好的女生可以有多少复杂的心理变化，简直是我日后许多遭遇的缩影。他第一眼看到我，愿意搭讪，甚至慷慨地提供帮助——出于体力方面的优越感——聊着聊着，聊高兴了，会告诉你有一个女生跟你不一样，一点儿都不柔弱，物理还敢拿第一。当知道我是那个女变态之后，气急败坏，怎么办呢，只能立刻拂袖而去；之后过了很长时间，终于接受一个女生成绩比大多数男生都好这个事实后，突然发现这个读书狂在读书外还愿意参加集体事务，一下子又刮目相看，给予了过分夸张的好评。在这里头，很多误解和偏见其实是跟我本人一点关系都没有的，这个人从来没有了解过我，当然我也不够了解他，我只是从他的例子中看出很多有趣的转折，也反映了很多大众心理。

你似乎不太喜欢“女作家”这个名号？

25岁工作后，经历的事变多。一开始大家会对你特别友善，会觉得你是刚刚毕业的女生，看上去也不讨厌；慢慢地，从某一天开始，你会发现同龄的男性开始渐渐把你当成假想敌，竞争对手，又假定你有某种他们不具备的性别资源，会莫名地生出被迫害妄想症。这在出版行业还好，也许因为女性的细心天生就比较适合干编辑工作吧，所以这个领域的知名编辑很多都是女生；但在写作领域，坦率地说，我遇到了很多不够公正大气的男同行。这里头隐形的歧视链是很严重的，我就当面听一个男小说家说过，“写小说是我们男人的活”——潜台词“你们女生写写散文就好了”。因为小说也是强势文体嘛。如果实在没办法阻止女性写小说，那么，至少可以把所有女性写作者，都冠以“女作家”的名头，就好像有一个职业专门就是女作家，而不是作家。你只配和其他女作家竞争，女小说家和女小说家竞争，女诗人和女诗人竞争。可能20世纪90年代末本世纪初的身体写作风潮还没有完全被忘掉，说到“女作家”，总归会有一点暧昧和不够尊重的感觉。在任何领域，当一个女性努力取得成就后开始强调其性别，都并不是非常友善的事。很简单的例子，只要说一个作家是美女作家，那么这个作家很多无关生理特征的严肃的个人抗争，就都被这个轻浮、波普、庸俗的标签遮蔽了。“暗红色”就是在这样的感触中写出来的。虽然小说中的善恶较量，并不完全停留在性别斗争层面，还事关两个质地不同的创造者的价值观的碰撞。

对于在职业前加“美女”两个字，我的感觉也是一样的，包括很多新闻都是美女后面加上一个什么，看到这样的新闻我都不会去看的。

刚才你讲到高中，我非常惊讶我们有类似经历。我高一第一场物理考试考了全班第一，我同桌是个男学霸。考试的最后一题非常难，全班只有我和他做出来，有人觉得我是抄他的，让我挺委屈的。但是我的同桌站出来，他说不一样，我们两个人的解题步骤不一样，那个时候我非常感激他。大家都说男女之间没有爱的话就是竞争，但是这时候我感觉到友谊的温暖。我们被保送到不同的学校，后来也没有太多联系。但我不知道，如果继续做朋友，这段友谊发展下去会不会像“暗红色”一样？为什么最喜欢这篇，因为我觉得它确实跳出了男女之爱的局限，而在一个更大的格局之下写世态、写人情。这是我近几年看到的极少数能用很高的眼界看待个人与周遭复杂关系的一篇优秀小说。这个小说原来是有另外一个结局的，但是后来删掉了，你能聊一聊吗？

的确曾有过一个4000字的结尾。这两个有竞争关系的画家，此后依然都还在这个圈子里，那么十年之后相遇究竟会如何呢？我试想了一下他们见面的场景和表情，虽然写出来了，还是决定删掉。因为我怕现在的我还想不到，想不真。女主人公也有自己的问题，也就是之前我说的骄傲。这其实是七宗罪里面最大的。清高和善良共同作用，就必然导致某种程度的自以为是。目下无尘，完全是从自己理解他者，无法理解另一个人成长背景塑造出的功利心，而同时又强迫自己当一个圣人。

我对曾今这个人很感兴趣，她有很高的天资，起点高，平台高，大有前途。但她就是无法真正融入身边世俗的圈子，会在饭局当中显得很笨拙，更多时候她愿意保持沉默。她聪明、敏感，但并没有利用自身优势去换取实际利益。我觉得她更像一个局外人，一个冷眼旁观者。局外人的形象在你的小说里似乎经常出现，《肺鱼》其实讲的也是一个婚姻当中的局外人。虽然是以丈夫视角来叙述，但真正的主人公是妻子，一开始就讲到丈夫在给妻子读一段文章，特别有意思的是，妻子还没听完就打了一个哈欠，但肉身仍然“端坐在饭桌的对面”，这让我想到了“今天妈妈死了，或许是昨天”。这种对世界惊人的钝感和疏离，在这个妻子身上也同样存在，对她自己认为非常荒谬的婚姻的下意识的隔离。你对这个局外人的形象有什么看法？你会觉得女性身份是主流世界的局外人吗？

我刚才在想并不是女性是局外人，可能这些主人公更大的共性是“知识分子”。所谓的边缘人或多余人，其实一直是文学的母题之一。我们现在的社会发展如此原子化，阶层日渐固化，上升渠道单一，但总会有少数个体不接受规训，不接受外界规定自己要扮演的角色。这些人就是异类，就是所谓的边缘人。

更多时候，我们习惯了当一个精明的现代都市人。高考选怎样的专业、学校，孩子应该上怎样的幼儿园和小学，到陌生地方很自然地打开APP搜索最近能找到的美食，一切都高效、精准、不浪费时间。但是这个商品社会又提供了过分多元的选择，不允许自己试错的心理和市场的供大于求，造成了每个人和社会相处的方式选择非常单一，就是相信绝大多数人的判断，不动脑筋，不自己甄别，买书看网站排行榜，买东西看大众点评，这种盲信，造成了资源的快速过度集中，旱的旱死，涝的涝死。而因为标准和监督机制的缺失，好和坏之间的鸿沟又的确存在。所以也没办法指责大家不敢试错。

我这样说也同样适用于婚姻。20世纪七八十年代恋爱早已自由，却开始有很多“剩男剩女”，这就导致很多90后早早开始相亲，试图赢在人生起跑线上。而其实70后80后也有很多都是相亲结婚的。不管结果如何，反正先结一次婚，堵住家长的嘴。这种照顾所有人情绪，唯独不在意自己的牺牲心理，往往就造成了很多悲剧。因为恰恰这是不能听别人意见的，吃一顿饭不过一顿饭，但结婚、生子，乃至于其他人生大事的选择，都是如人饮水冷暖自知，都是要花一生的时间来面对后果的。也许两个人根本谈不上天造地设，在并不合脚的情形里，依然要像车轮一样往前走，遵守这个原子化社会的一切规范。一个不够幸福的婚姻里，男性心思过于活络，无疑会被冠以渣男之名；但女性同样也面临很多的条条框框，我身边很多受过高等教育的女朋友都曾经被婆婆说过根本不像一个当妈的。我们现阶段的思想文化建设真是远远落后于物质文明发展。在这样的情况下，可能会有很多敏感的受过教育的人觉得以这种避免试错的方式来追求利益最大化的生活根本不值得一过，理想和梦想的差距造成的痛苦就这样发生了。他们会自动地被边缘化，会自认为是“不合时宜”的人。

我记得有一个评论家曾经说过，一个好的作家应该有着敏锐的视角和局外人一般疏离的心态。《柒》里面你自己最喜欢的作品是什么？

《夜车》。《暗红色的云藏在黑暗里》我也喜欢。

那么回到我们都喜欢的这篇。有一段我印象很深，就是讲女主人公曾今和她这个后来背叛她的男性朋友薛伟，谈到共同认识的一个女画家。薛伟的表现非常有趣，他说“她那么帮我，我从来没夸过她画得好，我还帮她改过画”。聪明如曾今，如果我朋友跟我说这样的话我会立马觉得有问题，这已经为后面的构陷埋下伏笔。但曾今被他的才华和表面上的愤世嫉俗打动，找了各种理由为薛伟辩解，这种行为在写男女之爱的小说里是很罕见的。女性一般对朋友会比对爱人更加包容一些吗？

就我自己而言是这样的，尤其是女性朋友可能还要更好。因为我是和男孩一块长大的，我觉得相较男生而言，女生的确更加复杂、敏感和容易受伤，我希望保护她们。我小时候特别喜欢看武侠小说，经常被里面的肝胆相照义薄云天打动。但是我对女生好，很少被伤害——当然也不是完全没有；可如果把一个男生当哥们，会经常遭受挫折。也许异性友谊暧昧的成分真的会更多一点，一不留神就会过界，完全无爱，又很容易翻脸无情。真正值得信任的男闺蜜，包括GAY（男同性恋）蜜并不多。很多长时间的异性友谊，都可能有一方承受更多，更喜欢对方一点，所以才会更努力把界限维持好。我到现在都不是很确定到底男女之间有没有纯粹的友情，而这个小说里曾今为什么会那么宽容，主要是看到两个创作者一起努力，她犯了以己度人的错。

你的小说里面有自己的影子吗？我自己在读小说时隐约会觉得有一些，但又不完全像。其实你看起来是履历耀眼的作家，一路走来都非常顺利，给朋友的感觉也特别贴心和温暖，经常把自己好的那一面展现给朋友。可是你的小说写的却无一不是在非常痛苦地经历着内心的失衡和坍塌的知识阶层。你觉得一个正常的社会状态或者友谊状态，人与人之间的关系应该是什么样子的？

我可能是一个老派人，还蛮喜欢写信的。经常会有和别人和盘托出心底所想的愿望，至今仍然相信一定程度的理解是可达成的。有时候会被说公开发言过于坦诚，或者说对同行的批评太直接了，这当然给我带来很多困扰，因为我高估了人和人的可沟通程度。也是吃了足够多亏，才意识到理想中的高山流水是可遇而不可求的。不过祸兮福倚，也很容易得到朋友甚至陌生人的信赖，受过伤，但得到的爱更多，也知道很多他人不为人知的秘密。也许是听得太多了，我知道其实倾听者起不到什么作用，最多也就是帮助舒缓罢了，有时候负面情绪听多了自己还很沮丧。这样我就不太愿意对人倾诉，宁可宣泄在小说里。在生活中我希望以明亮面目示人，不要给任何人造成负担。

我们知道你生在湖南，长于广东，在中山大学金融系念本科，又到北大中文系读研究生，之后就定居首都。你生活和成长的经历都是在大城市。我觉得这也是为什么你从一开始创作到现在源泉一直不断，能把都市人内心非常细致地表现出来的原因，因为写的是非常熟悉的群体，又兼具南方的古典，北方的大气。你对生活过的这几个城市有什么要分享的吗？

我出生在湖南娄底，它是20世纪70年代才设市的一个新型工业小城，因为附近有矿。所以我没什么在乡村生活的经历。10岁左右到深圳，可以说是第一批留守儿童。深圳作为我见识的第一座大都市，很多小镇青年去城市读大学时初次感受的震撼感，我在10岁时就体验到了。那时深圳还有月票制度，凭20块钱的月票，几乎大多数公交车都可以坐。我逃学就是不停地上公交车，又下公交车，在这座陌生、巨大、让我感觉新异的城市一个人漫游，这也是我自己到现在都非常喜欢的方式。在我看来，深圳是一个非常殷实的移民城市，也许稍微有点太现实主义了，大部分移民都是追求物质成果而来。广州有足够深厚的粤文化底蕴，相对会好些，但比起深圳的制度自信、物质自信、速度自信，又过分保守低调了，比起北京上海来则更不自信。只有一次，我罕见地看到了广州人的团结一心，某年南方电视台要统一成普通话播音，本地人在报纸上发表了很多文章抗议，说要保卫粤语。而北京给我的第一印象完全误导了我——我2002年秋天第一次到北京来考察，正赶上下雨，空气湿润，清凉，非常宜人。后来到北京才发现，这个城市很少下雨，冬天也不怎么下雪了，春天倒是一直有很大的风。不过，我一直很爱北京。

我从小在南京长大，读的南京大学，毕业又在南京工作。而不是像你这样，在成长阶段会有不断改变，让你能够比照和质疑过去和现在。我的整个认知的过程都发生在南京，它的文化底蕴非常丰厚，也是一座比较温和的城市。工作以后经常出差东跑西跑，但都是走马观花。我到现在为止还没有产生过很大的自我认知障碍，但我想这一定会在将来某个时候爆发。你会在不同的城市里有自我认知的问题吗？

我现在回深圳会有很强烈的陌生感，以前读书的时候那些街道已经不一样了，它真的是一个不停生长的城市。后来到北京，头几年也是坐公交车到处晃荡，看展览，加上工作后一呆就是十几年。但至今还是清楚地知道自己不是北京人。所以我是一个失去了家乡的人，很羡慕你。

你的小说人物大都是失衡的心态，也都挣扎着向彼岸涌过去。你觉得中国这种都市里的知识阶层是什么样的状态？完全是你笔下的状态吗？还是说你会选择一些人来反映？

我基本上只能够代表我自己，还有一些身边的朋友。其实我觉得现在的中国是否有些像20世纪初民粹主义盛行的俄国。众说纷纭，很难达成共识。2012年我去新疆参加一个学术会议，那个会还请来了很多台湾学者。但台湾学者完全不知道那边的现实，也不想知道，只知道那边水果很好吃。有个晚上，所有人坐在一张露天的长条桌上消夏，但各坐一边，彼此都不知道该说什么，突然间，有个台湾学者站起来，说让我们为保钓干杯！大家瞬间都轻松起来，开始自由聊天。所谓的民粹主义，就是只剩下被强调的爱国主义，除此之外不同族群的认知差异特别大，包括我身边的知识分子圈。

我们知道很多文学作品都是被编辑改出来的。你既是作者也是编辑，作为作者来说你希不希望编辑大幅度改动你的东西？

我的编辑都知道我也是编辑，所以即便涉及到必须改的敏感问题，也都交给我自己来处理。我想每个作家都不喜欢被他人修改，但我的双重身份保护了我。同行相信我的专业性。

设问人：姚燚 译林出版社文学编辑、副编审

王十月

王十月，1972年生，湖北石首人，广东省作家协会副主席，中国新野性艺术家。著有长篇小说《烦躁不安》《31区》《无碑》《米岛》《收脚印的人》《活物》，中短篇小说集《国家订单》《开冲床的人》《安魂曲》《成长的仪式》《人罪》《大哥》，散文集《父与子的战争》等。曾获鲁迅文学奖、《人民文学》奖、老舍散文奖、冰心散文奖等。

打工是我的精神胎记不容回避

王十月是“打工文学”的代表作家，他曾在二十多年的时间里，从事过二十五份工作。不同于其他同龄作家，当他们在大学学习或者在机关工作时，王十月曾为了生存，在中国社会最底层苦苦挣扎。如今他写作成就斐然，仍认为自己就是个打工者，胸腔中感知着无数小人物的悲喜。由此，当面对底层生存的苦难时，他更勇于说出真相，一针见血，直指人精神之难，以平等的姿态，书写出他们的血肉与爱恨。

你和郑小琼分别获任《作品》杂志副总编辑、副社长，完成了从“打工作家”到文学编辑再到文学期刊业务领导的转变与成长。我注意到，一些媒体的报道，都强调了你们“打工作家”的身份。

媒体总是要找热点，而我的确有过漫长的打工经历。我初中毕业后，在故乡湖北石首市的一间织布厂当机修学徒，我很笨，师弟都能独立机修了，我还没有学会。知道自己不是干机修的料，后来就出门打工了。二十多年来，贩过鸡、卖过鱼丸、画过广告、在酒店厨房打过杂、在织布厂当过杂工，当过画师、丝印工、调色师、生产主管、广告公司艺术总监、厂刊主编、编辑记者等25份工作。睡过烂尾楼、臭水河边、坟地。我写的大量作品，又是写打工生活的。因此，强调“打工作家”

身份没有错。

作为生于20世纪70年代的作家，在论者与公开的报道中，大多会强调你的打工者身份，很少有人将你归于70后作家群体来讨论。而“打工文学”又不足以概括你的写作。对于这一点，你怎么看？

2016年初，鲁迅文学院做了个“群山合唱：新一代作家的锚定与塑形研讨会”。我也受邀参加。记得当时谢宗玉说到70后作家的个性与共性的问题时，说王十月因为与“打工文学”的关系，在70后中似乎是个异类与特例。事实上，对我的讨论，不太适合70后的言说体系，我就是个打工者。但我也注意到，有论者认为我的写作不是“打工文学”，似乎在“打工文学”中我也是个异类。

你在群山之外。我想这与你的人生经历有关。从某种意义上说，对写作而言，经历和遭遇的独特性、奇异性和剧烈程度，并非无关紧要，而且它对于创作的作用也已经被大量的文学事件所证明。假如你没有这些打工经历，你关于打工生活的大量书写是无法想象的。当然，对于文学创作而言，关键不在于经历本身的奇特，而在于这种经历是否对主体产生影响以及这种影响的心理沉积。

我还是觉得，经历是很重要的。在鲁院学习期间，我发现，我和我的同龄人，在文学观上有太多的格格不入。我不习惯讨论那些纯文学性的问题，更愿意去讨论股票、楼市、经济转型、贫富分化等社会问题和经济问题。我想这就是我的经历造成的。大多数70后作家经历了从大学到社会，然后有份稳定的工作，成为当今社会中产主力军的人生。当我的70后同行在大学学习或者在机关工作时，我为了生存，在中国社会最底层苦苦挣扎。这注定了我无法用云淡风轻的态度来看文学。文学于我，首先并不是艺术，而是工具，是我和这世界交流对话的工具。过去如是。现在依然如是。因此，我重视的，从来不是在文学史上能否留下一笔，而是是否说了想说的话，所说的话是否远离了偏见抵达了真实并接近真相与真理。

不管你愿意不愿意，你被认为是“打工文学”的代表作家了。这些年来，你写出了很多“打工文学”作品，你最满意的作品有哪些？

我的作品泥沙俱下，但我珍爱它们。自己比较满意的有长篇小说《无碑》《收脚印的人》《活物》《米岛》，中篇小说《国家订单》《寻根团》《人罪》。大多是打工题材的作品。我想重点说说《无碑》和《收脚印的人》。长篇《无碑》在《中国作家》发表后被《长篇小说选刊》和《中华文学选刊》同时转载。入选了《中国日报》评选的“2009年度十大好书”和“新世纪十年十五部中文佳作”。我在这本书的后记中写道：“写作这本书，我的想法很明确。以一群人和一个村庄二十多年的历史，努力做到客观书写我所体察到的这个时代主要的真实，不虚饰，不回避，不偏激；以老乌的精神之光，写我心目中的人的形象。”评论家王春林先生曾这样评价《无碑》：“在我看来，《无碑》很显然是我们当下这个时代难得一见的一部具有突出批判品格的现实主义长篇力作。一方面，我清楚地知道，在当下时代，有很多人都在进行着一种自我标榜为现实主义的小说写作，但在另一方面，我却更清楚地知道，这些自我标榜的其实十分浅薄的现实主义，与那种真正地切入到了时代生活深处的现实主义之间，究竟存在着多么遥远的距离。而王十月的这部《无碑》，很显然已经深深地切入到了时代精神的深处。”陈福民在《无言的历史与伟大的见证》一文中写道：“《无碑》的写作表明，王十月是一个有强烈历史感的人，因此也是一个为真相寝食难安的人。中国这20年的沧桑巨变，每一个成就和每一步前行，都浸透了无名打工者的汗水与血泪，都讲述着打工者的骄傲与承担。在这个意义上说，《无碑》称得上是一部无限接近真相的小说。”

与《无碑》广受好评不一样，《收脚印的人》收获的是两极评价，作家们给出的评价相对比较高。弋舟说，“终于，我们这代作家有了王十月的这部长篇。这是一个重要的发端，我甚至能够看到，70后一代由此拉开了一道怎样的帷幕——我们终于开始翻检自己的来路，带着宝贵的、痛彻的罪耻之感，将文字的锋芒朝向了自己。” 于晓威评价说，“这是一个人的心灵史，却又属于无限而模糊的广阔的人群。”对于我来说，这是我关于打工生活最重要的两部书，是我书写的两极，一个高度写实，一个高度务虚。但它们有一个相同之处，都是在试图指证历史，正视灵魂。

莫言曾经说过：“最好的‘打工文学’应该是有过打工经验的人写的。专业作家当然也可以写，写出来也可以发表，别人看了也像那么回事，但最较劲处是虚假的。”“你可以在技术上写一个农民工在建筑工地怎么样搬砖，怎么样和水泥，怎么样在脚手架上双腿发颤，怎么样饿得头晕眼花，但你无法准确地体会到一个站在云端里的脚手架上的民工的心情，他的孤独，他的向往，他的恐惧，他的理想。”这些论述显示了莫言对经验作者的重视，虽有专断之嫌，但某种程度上可以成立。

经验当然重要。没有哪个人能脱离他的生活经验看问题，也没有哪个人能完全脱离他的生活经验写作。哪怕他的写作是远离现实的，但其中的价值取向、情感取舍、对世界的看法，无不是建立在他的生活经验与阅读经验之上的。许多作家都意识到对打工群体书写的重要性，在那些职业作家笔下，打工者不是保安就是保姆，或者收破烂的。因为他们只能接触到这些人，只能想象这些人的生活，他们无法想象一台苹果手机是怎么样从流水线上生产出来的，无法想象几十万人的工厂里的工人生活。

说到经验，你的散文就是最好的证实和说明。你的散文，是你多年打工生活的经验写真。《寻亲记》《小民安家》《总有微光照亮》《关卡》《声音》，在关照个人的同时，语言的指向已经抵达了时代的底层和内里，真实的感受，独特的吟味，幽深的寓意，靠的是实实在在的生活化的细节和经验。有了这些细节和经验，你的散文就有了丰满的血肉。请谈一谈你的散文写作。

我的散文写得极少。写作十几年，也就写了十万字的散文。有些散文，从构思到写作要两三年的时间。我的散文都是我生存的真实记录与写照。既然我有了小说这样一个可以虚构的武器，没有必要在散文中进行虚构。但在写作这些散文时，我很重视角度、细节的选取，我要写的是我的个人史，但我从来没有当个人史来写，而是希望借由我的个人史，通往这个时代广大打工群体的生存。也正因为此，才会引起读者的共鸣。

不仅是散文创作，就是小说创作，如果缺少了经验细节的有力支撑，最终会瘫软在地。描写“农民工进城”这个现象，如果缺乏特质的细节，作家的感官似乎会处于衰微和遮蔽之中。

说到这里，其实是小说这一文体注定了。好的小说，不是写传奇，不是讲一个玄之又玄的故事，而是写生活，写人，写命运。人的命运在生活中奔走，必得有真实可信的细节与质感来支撑，否则会显得虚假。

但是，“打工文学”，从出生那一天起，就一直被人诟病为不够艺术，不够高雅。你我都在广东，应该能感受到这深切的歧视。以至于很多

“打工作家”都不愿被人归入“打工作家”行列。

正因为此，许多人想当然地认为，王十月获得一些名声之后，理所当然会和“打工文学”划清界限。这是可笑的想法。我多次说过，打工是我的精神胎记，是我不容回避的人生命题。这次《青年报》做这么大型而高规格的专题，我选择来做对话的和写评论的，都是“打工文学”的研究者和写作者。我就是要表明我的态度。记得在东莞的一个“打工文学”论坛上，一批学院派批评家指责“打工文学”不够高雅不够体面。李敬泽先生做了《“打工文学”与“壁橱”》的发言。敬泽先生说：“文学，从本质上说，和高雅体面没多大关系。文学和诚恳忠直有关系，和人的眼泪、痛苦有关系，和人在梦想和困境中的奋斗以及人在生命中所经历的一切有关系，这一切不一定是高雅的，不一定是体面的，一个人在疼痛的时候体面吗？一个人锥心刺骨地哭泣时高雅吗？所谓文学性，根本的前提是众生平等，忠直地容纳尽可能广博的人类经验。我们不要变成公共汽车上的‘上等人’，农民工让个座他还要擦一擦才能放下屁股。”敬泽先生说，“打工文学”这个概念他也不认为有多好，但是它是十几年里无数打工者一点一点写起来的，它不是书斋里推敲出来的，也不是文坛上立起的旗，它就是从民间草根长出来的。

是的，敬泽先生说出了我们许多“打工文学”作者压抑在心里的话。我看你的打工题材小说，那深切的生命体验和内心的真切需要是不能替换的，展现出了一种具有个人经验性的整合写作能力。我在你的小说《出租屋里的磨刀声》《文身》《开冲床的人》《国家订单》《白斑马》《寻根团》里，都可以看到那些从骨子里发出的疼痛。这些疼痛，来自你切身的体验，来自你曾经的打工现场。在你的早期小说《出租屋里的磨刀声》里，打工者通过磨刀来释放心中的压抑，让读者从他们的磨刀声中体味到打工者对自身生存状态的无奈和无能为力，小说真实而深刻地刻画了一个打工者的世界，表达了社会心理压抑着的怀疑和哀痛。你了解打工人的处境与心理，你的情感与心理是紧贴着打工者的。

是的。紧贴着打工者。沈从文先生谈小说创作时说，要贴着人物写。这个贴着人物，要求的不是你对所写人物生活的了解，更重要的是情感上要紧贴。我笔下那么多打工者，我是把他们当作王十月来写的。他们不过是我人生的另一种可能性。我说过，看见别人被刀子切伤，和自己被刀子切伤，这种痛感，不可能一样。

对于我们这个时代的底层生活，你是一个发现者，在摸索中试图揭示存在着的不为人知的一面。你的打工题材小说深入地勘探了打工者的生存领域，让我们看到掩藏在喧嚣与繁华之后的另一番存在。你荣获鲁迅文学奖的《国家订单》就是一篇充满发现意义的小说，套用昆德拉的说法，因为它“发现唯有小说才能发现的东西”。正如昆德拉所言：“小说的精神是复杂性。每部小说都在告诉读者，‘事情要比你想象的复杂’。这是小说永恒的真理。”

不识庐山真面目，只缘身在此山中。对于当今时代而言，我们每个人都身在此山之中。但对优秀的小说家而言，则要时时警醒自己，要努力让思想和见识跳出群山之外，透过纷繁复杂的现实去洞见事实真相，去接近真理。《国家订单》写作时，底层文学正大热，当时的作家们，基本上以书写底层生存的苦难为主，而我关注的，是他们的精神之难，在我的笔下，人就是人，不是按阶级属性来分别的，不分老板与打工者，我只是把他们当成有血有肉有爱有恨的人来书写。

除了“打工文学”创作，你还写了哪些其他题材的作品？

我的写作大致分几块，一是打工题材，占了二分之一，另外是写乡村的。写乡村的又分成两种不同风格，一种是沈从文、汪曾祺式的抒情小说。主要是“烟村系列”，这个系列，寄托我对人性纯美乌托邦式的想象。另外一个系列是“楚州系列”，三部长篇《31区》《活物》《米岛》，还有一些中篇。

我注意到，“楚州系列”中，神秘主义的色彩极浓。事实上，写打工生活的中篇小说《白斑马》也有浓重的神秘主义色彩。表现出你对小说文体、语言和诸种叙事策略的探索十分突出。神秘主义是理解和研究这篇小说不容回避的重要视角。《白斑马》在一种浓重的神秘氛围里，选取了陡峻的第二人称“你”，揭示了四个人物的死亡命运。小说由一系列死亡事件营造了神秘的氛围：一切都与白斑马有关，一切都好像真真切切地发生过，但又好像只是模模糊糊的印象与居心叵测的传说。一直到最后，那些迷案都笼罩在诡异的神秘氛围中。一连串的不幸组成一条神秘的死亡链，这种宿命般的暗示，正是小说中神秘主义的一次远行。

也不算是叙事策略。我出生在湖北荆州，楚文化发源地。从小在巫鬼文化氛围中长大，这些神秘未知的东西，是我骨里的。事实上，对我影响最深的，一是打工生活，另一个就是荆楚大地的巫鬼文化。

在巫鬼文化之外，我觉得，俄罗斯文学对你的影响深远。从《人罪》到《收脚印的人》，小说中都弥漫着浓郁的原罪意识，人性的拷问，自我精神的救赎，繁复交织在一起，令人震撼。《人罪》这部中篇小说让我想起霍桑的长篇小说《红字》和陀思妥耶夫斯基的《罪与罚》，《收脚印的人》这部长篇很容易让人想起托尔斯泰的《复活》，你能谈谈这几部小说之间的共同之处和不同之处吗？你对原罪主题小说创作的靠拢，是从什么时候开始的？这种创作是自发的还是有意介入的？

你很准确把握到了我的精神底色。我前面说，打工经历影响了我看世界的方式，巫鬼文化让我的小说有了神秘主义气质。但我真正的精神底色是受俄罗斯文学影响的。在70后中，受俄罗斯文学影响的不是太多，我的精神气质更接近老一辈中国作家。这也是为什么说我在群山合唱时，感觉到和大家不那么合群的原因。我反复读的作家，只有托尔斯泰。《人罪》其实是反过来写了中国版的《复活》，只不过，我要追问的是为什么在我们这片土地上，不能产生涅赫柳多夫式的赎罪，没有玛丝洛娃式的复活。《收脚印的人》是借收容遣送这一恶法为切入口，对“复活之不能”更深入的思考。我不是有意往原罪主题靠拢，而是真切地感受到自己是有罪的人。

在长篇《收脚印的人》当中，前半部分用了大量笔墨描写俄罗斯的经历，这样的描写很容易让读者误解，其实这个看似与后面无关的章节，是你精心的一个布局，是这部长篇的底色所在。人性的复活任重道远，你觉得多年来你一直拷问的人性之罪，当下中国精神的荒原主要呈现在哪些方面？你在为一个时代收脚印，为无名者收脚印，面对曾经的时代之伤，这么多年过去，人性之罪是否被遮蔽？

回望这部小书，夜深人静时扪心自问，我说出了全部真相吗？我回避了什么？这部书真的能安妥我的灵魂吗？我能做到毫无保留剖析自己吗？答案让我羞愧。这部书出版时间不长，作为写作者，我收获了赞美，有文学层面的，有道德层面的。我的写作配得上这些美誉吗？我依然是懦弱的。我只能说，我刚刚试着将脚步踏出。在小说中，我写一个人在死前通过收脚印回到过去，检点自己的来路。有一天我将死去，到时，如何面对这漫长或短暂的一生？回首向来萧瑟处，我们能否问心无愧？我是问心有愧的。

你的《活物》等小说中的楚州与烟村，已经是与我们生命经验有着很深关联的寻根坐标。中篇小说《寻根团》是典型的寻根文学文本，荣获了2011年度《人民文学》奖。你在《寻根团》里借助主人公王六一之口“侃侃谈到80年代的寻根文学”，谈到他们这些在外的游子对根的感情和寻根的感受。我认为《寻根团》重在揭示国民病态心理，笔触直接深入到伦理传统、世态民俗之中。

《寻根团》所书写的主题并不新鲜，知识分子离乡返乡。这方面的代表作是鲁迅先生的《故乡》，还有莫言的《白狗秋千架》。对于这样一个珠玉在前的主题，我依然有强烈的书写冲动，是因为，我面对的乡村，和鲁迅先生面对的乡村，和莫言曾面对的乡村，已然不是同一个乡村。在我的乡村里，生活的不是闰土，而是王中秋。我要写的，是当代的《故乡》。

《寻根团》与《活物》等小说拥有一个共同的地理坐标：楚州，但与《活物》等小说不同的是，《寻根团》同时又具有“打工小说”的类型特征。小说中，“楚州籍旅粤商人投资考察文化寻根团”的主要成员是大大小小的一百来个老板，这些老板原来都是当年的打工仔，如今开着奔驰宝马威风凛凛衣锦还乡。王六一作为一名作家随行，无法与他们真正融合成一体，作者自身的影子在其中隐约出现。当赵总请一帮人到楚州的夜总会，体验家乡的夜生活时，王六一选择了逃离。马有贵更是寻根团的累赘，本来不在其内，是王六一安排他搭顺风车回家的。马有贵是这篇小说的关键人物，因为有了他，小说实现了对“寻根团”的深度解构。马有贵的形象象征了底层民众的一种境遇一种命运，一种无力把握世界、无法表述自我、弱小无助的存在状态。

你可能没有注意到，事实上，目前尚没有人注意到，我在不同的小说中，写到了一个叫马有贵的人物，他们有不同的命运，不同的性格，他们不是同一个马有贵，但他们有一个共同点，就是你所说的“象征了底层民众的一种境遇一种命运，一种无力把握世界、无法表述自我、弱小无助的存在状态”。

我觉得，“命运”是你小说中最重要的母题，而你对于命运的理解则赋予作品异于他人的特色。与其说你在创作中执着地表现人生，不如说是始终如一地探讨命运。在《寻根团》中，马有贵们的苦难人生和张总们的穷奢极侈在小说内外纠结：千万人踏着同一条路南下，回乡寻根之路却是天壤之别。正如王六一所说的，“想到这所谓的寻根团，有的是衣锦还乡，有的却是把命丢在了黄泉，当真是冰火两重天”。在地域文化浓郁的氛围中，你写出了现代人尤其是马有贵、王中秋们的弱小和生活的无助，揭示了底层民众生存困境的荒诞性存在，现代工业社会与传统人情人性的对立和冲突，其藏在小说内部的忧患意识，震撼人心。你以一种富于想象力的魔幻现实主义手法，通过一次返乡寻根的叙述，描写了打工阶层的剧烈分化，描写了乡土中国的历史变迁，把人物命运、时代变迁糅合在一起，刻画出了一幅具有象征色彩的民俗画。小说体现出强烈的主体理性批判精神，对这种文化状态的各种劣根性内容和新的生存危机给予了深刻的揭露。

谢谢您的解读。这个小说获得2011年的《人民文学》奖中篇小说奖。颁奖词这样写的，“王十月的《寻根团》直面苍生、忧思深广。作家深谙内幕，刨根问底，在返乡寻根的集体行为中，让众多人物所代表的不同阶层间的利益纠葛和复杂境遇昭然若揭，真实而深刻地呈现了当下中国乡村的社会图景和精神病相，以及漂泊者无法还乡，无根可寻而又无法从精神上融入城市的疼痛与迷惘。”这个颁奖词，提到了我构思小说的一个要点，“让众多人物代表不同阶层”。我的长篇小说《收脚印的人》，写一个知识分子，一个官员、一个企业家、一个打工者的罪与罚。知识分子忏悔并赎罪，企业家忏悔但逃避终极赎罪，官员拒绝忏悔和赎罪，打工者根本就没有忏悔和赎罪意识。我也是希望，能以一个人物来概括一个群体，以几个群体来概括我们这个时代。呵呵，一不小心透出了我的勃勃野心，虽然在主流写作的群山之外，却要努力让自己长成一座山峰。

设问人：柳冬妩 评论家，东莞理工学院客座教授

王威廉

王威廉，1982年生，陕西户县人。著有长篇小说《获救者》，小说集《内脸》《非法入住》《听盐生长的声音》《生活课》《倒立生活》《北京一夜》等。曾获“紫金·人民文学之星”文学奖、储吉旺文学奖、《十月》文学奖、《花城》文学奖、有为文学奖、广东省鲁迅文学艺术奖等。

逆时针去成长生命才会丰富

网络小说卖得非常好，有很多读者，影响力非常大，有人称之为“顺时针写作”，因为它顺应了我们的时代，顺应了很多人的阅读要求，而王威廉是属于“逆时针写作”的。王威廉认为，现实文化确实是顺时针的，顺着我们的欲望推着我们往前走，不断地给我们挖坑，然后又填满，把我们推向无限，但是反观人文主义话语，它教给我们的核心就是克制，“克制就是逼迫着你逆时针地去成长，如此你的生命才会变得丰富起来。”

我们之间非常熟悉了。你本科入学学的是物理学，后来转去人类学，博士学的是现当代文学专业，跨学科给你的思维、知识结构和文学写作带来一些非常有意义的影响。甚至可以说使你成为一个思想型的作家，你的作品充满了一种诗性和思辨的品质。同时你的写作也具有多栖性，虽然你主要是作为一名小说家被认可，但你也写散文，也写评论，也写诗，而且都写得非常漂亮，或许一个人的才气在各种文类中都会自然流露。不过大部分时间，你还是被视为一个小说家。我想先谈一个话题，就是小说跟故事的理论分野。很多人觉得小说不就是讲故事吗？很多人觉得小说跟通俗故事、史诗或者剧本都是一样的，它们都是一种叙事文本。但实际上它们的产生背景很不一样。你认同本雅明说的，小说诞生于一种孤独的时刻，它来自一种人类心灵的自言自语。小说这个概念其实在各个民族的前现代阶段有不同的命名，日本叫“物语”，中国叫“传奇”，比如唐传奇，法国则把它称之为“罗曼丝”。这种传统的叙事文本都倾向于以讲故事为主，这个故事是透明的，背后可能没有更多深邃的东西。当社会进入到现代阶段以后，小说就诞生了。我认为小说诞生于人类的阴影时刻，这个阴影时刻跟你谈到的“人的孤独时刻”是密切相关的。

小说诞生于人类有了阴影的时刻，这个说法非常有诗意。在我看来，所谓人类心中有了阴影，跟个人的“诞生”应该是很有关系的。我们知道人类的诞生一直是以一种集体化的形式，某一天，个人觉醒了，有了“我”的存在。这个觉醒在人类的文明史上怎么估量都是不过分的，个体已经成为现代文明的一个前提，虽然我也要指出，纯粹独立的个体可能是一种假设。但这种假设是非常重要的，人的权利，人的尊严，人的欲望，人的情感，实际上都是基于个体的存在才能够成立。我觉得小说诞生对应着个人诞生的过程。另一方面，我们往大里说，美国学者安德森提出一个概念，叫“想象的共同体”，他觉得不仅个人的概念是虚构的，我们所谓的民族、国家等大概念也是虚构的，正是这种虚构的概念，让我们想象了社会的存在。那么，我们发现，小说在想象社会和想象个人两个层面都有着不可忽视的塑造力量，同时，它还勾连了这两者，像一座桥梁。

我经常会思考：为什么中西两大文明，在相对独立的情况下最终都选择了小说（尤其是长篇小说）来表述自身？当然，从物质的角度来说，这和印刷术和造纸术的成熟是密切关联的。但这只是一个前提，背后的精神史值得我们探讨。西方自18世纪以来，小说艺术的发展极为繁盛，以至于到19世纪、20世纪抵达了一种巅峰状态。

我们在这儿以中国举例，明清之际，我们出现了“四大名著”，尤其是《红楼梦》的诞生，可以视为中国人的心灵在小说中的诞生。我们在《红楼梦》中看到了中国人作为个体的觉醒，它是一部完全根植于个人经验的作品。《三国演义》《水浒传》《西游记》这些作品，其实是集体创作的成果。它们不只是施耐庵、吴承恩个人的创作，它们是经过历朝历代文人反复加工而成的。而《红楼梦》只可能是一个人的作品，也许后面四十回是他人增补。即便不论作者是集体还是个人，只看作品中的精神品质，我们在《红楼梦》中终于看到了“完整的人”的形象，他们在日常生活中的喜怒哀乐，而不是乱世、江湖和神话。因此中西两大传统以小说为最终表达并不是偶合，这是成熟文明的一种内在冲动与需要。

从文学史来说，无论是西方还是中国在古典文学阶段，最重要的文学题材不是小说而是诗歌。诗歌是一种特别高雅的艺术，它需要特别多的知识储备和训练，它是精英阶层的艺术，而小说很显然超越了阶层的局限性，尤其是全民教育的普及，小说如容器，承纳了生活与生命本身，在这其中，我们辨认着自己和他人的模样。

你的小说有很现代的思维和表达，但后面其实有非常现实的东西，你在很多文章当中都说到一个概念，叫做“深度现实主义”。我们知道罗杰·加洛蒂有一本书叫《论无边的现实主义》，书中把卡夫卡也放到现实主义当中来。有“无边的现实主义”，所以也有魔幻现实主义，关于现实主义有很多前缀，威廉贡献了一个前缀叫“深度现实主义”。你是怎么理解“深度现实主义”的？你认为今天小说还是文化中最重要的艺术吗？

我想先谈一下小说在今天面临的处境，具体地说即小说艺术在今天面临着影视文化的侵蚀。坦率地来说，今天影响力最大的艺术形式是影视。人类文明是由两种最基本的语言来决定的，一种我们把它称之为人文语言，就是我们的书写，我们的日常用语，包括小说，和诗歌的语言。另外一种语言是数理语言，数理语言曾经非常弱小，它在人文语言的阴影之下。数理语言真正的兴起伴随着现代化科技革命的飞速发展，数理语言越来越发达，以它为基础，人类制造了越来越多的机器，甚至人工智能，改变了我们每个人的日常生活。

在蒸汽机出现的时候，在火车出现的时候，在汽车出现的时候，它们背后的数理语言可以转化成一种人文语言或者日常语言，它是跟我们能够沟通的。我们轻而易举可以明白蒸汽机的原理是什么。但是到电气时代，我们发现有点不太好理解了。电磁波的传播，电、热、磁之间的关系，已经有点费解了。到了如今的信息时代，除了专家，没几个人能说清楚智能手机的原理。

仅仅是三十年前，大家都是推崇诗人作家的，一个人如果不愿意读文学，大家都会觉得这个人是没有修养的，但在今天已经没有这种观念和氛围了。人文语言受到了隐蔽的数理语言的侵蚀，我们天天刷手机，看着碎片化的信息，其实是被载体和技术所控制。我刚才谈到小说诞生的意义，它对于人和社会价值的共同想象，如今都遭遇到了危机。海德格尔说，语言是人类的存在家园。这个语言，自然是人文语言，我们在这方面的萎缩，会导致文明意义上的人的危机，我们会距离美、距离诗意、距离生命本身越来越遥远。那么这样一来，小说又变成了最为重要的艺术形式。

你讲得很有意思，在现代背景下，文学的功能就是完成对被格式化的人的拯救。

接下来想谈谈你刚才提及的“深度现实主义”概念。深度现实主义从字面上说，它所要表达的不仅仅是我们生活的表象，还要努力地去呈现生活中比较深邃的部分，那么它表达的形式极有可能是去虚构一种深度的意象。借助一个诗学的概念“意象”，小说也是一种意象，当然小说意象是流动的，在这种流动的意象当中，我们获得了远远大于此刻的感受。这让我想到卡夫卡为什么在我看来他是一个深度现实主义的人，卡夫卡的小说写出了我们时代最重要的困境。所以诗人奥登说，卡夫卡和我们时代的关系就像莎士比亚、歌德和他们时代之间的关系。卡夫卡在《变形记》里面写到人变成了虫，而不是变成了其他生物，我觉得这一点就是至关重要的。我有一个小说叫《书鱼》，写到了这一点。为什么人变成虫是现代寓言，而人变成猫就不是呢？因为猫比虫要可爱很多，而“我是虫”则包含了人类对自己的厌弃之情。我觉得这是现代主义的一种内涵，就是人发现了人也是令人厌恶的东西。这很重要，这意味着人类文明的一种成熟，前现代文明是不接纳这种阴暗的。

你讲得非常精彩，我觉得很有意思的一点就是你在讲述时始终坚持人文主义的立场。你强调人文语言跟数理语言之间的区别，让我想起马尔库塞所说的“单向度的人”。如果我们这个世界只存在一种数理语言的话，我们会日渐地被解放我们的东西所压迫，这是人类生存的一个悖论。科技本来是要解放我们的，但是在解放我们的过程当中又再一次地捆绑了我们，把我们带向一个我们没有意识到的陷阱当中去。比如手机，很多时候是来解放我们的，它带来了一个功能就是压缩时空，对不对？当我们没有手机的时候我们的这种空间距离感是非常明显的，但当我们有手机的时候，我们的时空被不断地压缩。科技使我们的时空被压缩，但是这种在物理时空以外的精神时空真的也被压缩了吗？我们的交流真的无极限、没有障碍了吗？恐怕不是这样的。所以我们精神的完整性使我们不成为一个单向度的人，确实我们需要这样一套人文的语言。或许在你看来小说显然就是这套人文语言当中最最重要的一个代表。这一点我非常认可，就是我们在寻找海德格尔所讲的：“人怎么样诗意地栖居呢？”他谈了另外一个概念，就是天、地、人、神，就是人要具备天地人神的这四重性之后他才能获得他的安居。其实天地人神就是完整性，就是你不仅仅是被一个貌似解放的东西再次压迫，所以当我在高铁站，望着那极高的用钢筋所构成的科技感非常强的空间的时候，确实会强烈地感觉到高铁改变了我们的空间，这是实际存在的。那谁创造了高铁呢？一定是操持着数理语言的这班人所创造出来的。所以某种意义上它确实改变了我们的世界，但是如果真的没有人文语言，只有这套数理语言，这种世界真的会更好吗？恐怕不是。所以我们看到那样一个科技感很强的空间当中也会努力地融入人的一些东西，和你的情感发生共鸣，而不是让你觉得冰冷无助。那么在这个意义上，小说确实诞生在人类文明的最高阶，在这一点上我现在的论调有点挽歌式的悲观。因为人类科技已经非常发达了，我们作为人处在一种受压迫的状态。

人类要诗意地栖息在大地上，但是我们失落了这种人文语言的诗意，我们就会变成现代的原始人。如一个著名的网络段子所说的，当看到大海的时候只会说：“大海真大啊！”人类丰富的情感世界被简化了。所以以前的哲学家都说人的内心等同于一个宇宙。葡萄牙诗人佩索阿更是说：“我的心略大于宇宙。”

我谈过两个概念，叫做“逆时针写作”和“顺时针写作”。什么叫作“顺时针写作”，就是我们知道时针嘀嗒嘀嗒地顺着时钟走，那么什么叫“顺时针写作”？今天的网络小说卖得非常好，有很多读者，影响力非常大，我把这类写作称为“顺时针写作”，因为它顺应了我们的时代，顺应了这个时代很多人的阅读要求。但在我看来人类的尊严常常就出现在“知其不可为而为之”的时刻，这就是你的“逆时针写作”。你在我们这个时代依然在强调人文主义，依然在强调写作的内在深度，依然在强调人类的尊严，很多时候被俗人认为是可笑的。我非常喜欢诗人辛波丝卡的一首诗：我偏爱无拘无束的零胜过阿拉伯数字后面的零。这句话是很有意思的，你想想我们日常的思维，给你10万，你说很好，那我在你的10后面再加一个0，给你100万，你会觉得太好了。这是日常的思维，是现实的功利的思维。但是辛波丝卡反其道而行之，她说：我偏爱无拘无束的零，这个0不在任何1的后面，所以它没有产生大还是小的选择，因此它是自由的。这样的自由对生命是至关重要的。

回到深度现实主义，我认为作为小说家很难得的事情是他不仅会写小说，而且他有自己的小说观。小说家自然都会写小说，但很多人的写作才华是老天给他的，他自己都不知道他为什么要写小说，也不知道他自己为什么会写小说。他下笔千言，能讲很好的故事，但是他却不知道小说是什么。所以做一个自觉的小说家很重要的一个标志是他知道小说是什么，他能够给小说一种命名，他知道自己的小说要往哪边去。我觉得你就是一个有自己小说观、知道自己的写作往哪里去的作家。

你刚才说的辛波丝卡的那句诗我也很喜欢。这就是我刚刚说的人文世界跟数理世界之间的这种分野，我们可以把这个自由无束的0视为人文语言中的一个0，这个0是什么呢？对我们来说其实就是空白、是虚无，也是无限的可能性，但如果是在数理语言的领域，那就是什么都没有，或是表达计量的多少。这首诗还有另外两句特别有名，大意是“这个世界本身就是荒谬的，但我偏爱写诗的荒谬多于不写诗的荒谬”。我觉得这句诗简直石破天惊，是对你“逆时针写作”说法的最佳回应。

我把话题继续拓宽一下。实际上我觉得数理语言以及它所代表的科技，它更多的是跟消费主义结合在一起，不断地制造欲望，然后再让庞大的机器不断生产重新满足我们的欲望。很多欲望是我们本来没有的，但被制造出来，然后再去满足我们，让我们欲罢不能。就像苹果手机，本来你有iPhone6就很高兴了，它非要出plus；等你买到iPhone8，似乎顶天了，但现在iPhoneX就出来了。它们的差别大吗？客观想想，其实不大的。但你有了想要的欲望。我们都看过新闻，知道竟然有人愿意卖肾去买苹果手机！这就是消费主义跟科技主义结合在一起奴役我们的现实。这种现实的文化显然是顺时针的，顺着我们的欲望推着我们往前走，不断地给我们挖坑，然后又填满，把我们推向无限，也榨干了价值。但反观人文主义话语，它教给我们的核心就是克制。克制就是要逼迫着你逆时针地去成长，如此你的生命才会变得丰富起来。如果你是顺着推力走的话，你的生命永远不能成熟。那么，小说家狄更斯的话今天依然很适合，这依然是一个最好的时代，依然是一个最坏的时代。那取决于你自己的，就是个体生命的成熟。尤其在今天这个道德涣散时代，没有太多外力去干扰你的人生选择，那你对自己的生命就需要肩负起更加重大的责任。

我们的个体自由空间的确有所拓宽，因此虚无也在随之增长，那你觉得在今天作家的艺术责任应该是怎样的呢？

我觉得今天的作家一定要发出自己特别独特的声音，这是最重要的。你如果特别喜欢一个作家你会发现他的叙述腔调跟其他作家是不一样的，你会一眼就认出他来。比如说余华，他的《活着》，他的《许三观卖血记》，那种叙述方式一看就知道是余华的。为什么余华后来的《兄弟》《第七天》备受质疑？不仅是因为他大量引用了新闻素材——我倒觉得那个在其次，反而是他的一个创新——我觉得最显著的是他作为一个作家的独特声音在消散，这是很可怕的。最让我难忘的是余华的第一部长篇小说《在细雨中呼喊》，里面充满了一种诗意的幽默的个人声音。在那样的声音里面，它讲的故事是什么可能不太重要了，它用一种迷人的私语把你带到了另外一个空灵的世界里面。苏童的小说《我的帝王生涯》也是如此。莫言的语言可能在许多人看来没有那么优雅，但同样，其中有着他独特的声音。他那种滔滔不绝的气势，奇妙的通感和比喻，庞大的排比句泥沙俱下，构造了莫言独特的语言世界。说到底，小说家的声音背后实际上站的是真正的个人，他发出了独特的声音，这个独特的声音意味着个体的生命是不能被集体、消费和科技所淹没的。个体要发出自己的声音证明自己的存在，我觉得这欲望是生命最本质的欲望，是不可磨灭的、最本质的生命欲望。

你读那些伟大的小说，比如托尔斯泰、陀思妥耶夫斯基的，鲁迅的，你的脑海里会被一种声音所唤醒，他的声音唤醒了你的声音。你有了自己内心的声音，你也获得了自己生命的一种抵达。小说是一种唤醒，它的唤醒功能跟其他的社会科学知识都不一样。小说是一种特殊的知识，一种关乎心灵和生命的知识。但是它在科技思维的划分下，丧失了自己的位置。在大学的学科里面，人文学科被压缩到越来越小的位置。而我们古代的书院，完全是一种人文主义的教育，它通过人跟人之间的耳濡目染、口传心授，把人文的火焰延续下去。而如今已经萎缩的大学中文系竟然还会告诉学生，你不是来写作的，是来做研究的。这是荒谬的事情，写作和研究是对立的吗？一个不懂写作的人，如何研究写作？文学的论文也采用科技论文的模式，要有结论和严密逻辑，这都是我们时代的荒诞景观。

我身处高校，的确对此感同身受，我也一直在寻求打破边界，比如我一直写诗，就是为了保全我的感性审美，否则，我会感到非常压抑。

今天这个时代抑郁症是很多的，人们内心的隐疾得不到抒发，人没有一个完备的世界观，他对这个世界整体失去了判断，他对这个世界产生了失望。人为什么会失望？就是因为他与世界之间逐渐失去了联系，这时候他就会产生极度的绝望。小说既展示了这种绝望，同时也试图去弥合人与世界间的鸿沟，修复这种绝望。所以我觉得现代小说也关乎人心的一种修炼。也许现代小说没有电视剧那么好看，没有那么多精彩的情节，但是当你深刻体验到现代小说的精神层面之后，你所获得的内心触动和精神收获要远远大于那些情节很热闹的商业产品。现代小说给我们强大的精神空间，同时让我们对各种类型的、现代的、后现代的艺术作品都产生极大的敏感度。我觉得这就意味着一个人在审美上的成熟。这很重要，对于人来说，除了生存以外，我觉得最重要的就是美学的维度。美学的维度可能甚至要大于宗教的维度。比如我们中国人自古以来宗教感不是特别强，但是为什么中国文明能够生生不息，为什么我们现在仍然如此眷念着我们的五千年文明，就是因为我们的文明是一种高度审美化的文明。我们的古典教育称之为诗教，这点在今天也需要延续下去。没有了审美和诗意的传统，一个人活得失去了对美的感受能力，这对生命来说是莫大的讽刺，是对生命的一种否定。

我对你刚才说的，想概括出两句话：第一句是“语言即照亮”，第二句话是“小说即唤醒”。这恐怕是你的小说观当中非常重要的观念。现代主义不只是一种形式上的奇奇怪怪的变化，语言作为对世界的一种照亮，我们发现了我们时代的虚无，同时我们也在超越这种虚无。你不断地在强调小说跟个人的内心、个人的主体的关联性，并由此出发，你认为小说必须要有一种个人的语调。我对这些都是很认同的，由此我想再说几句我们今天该如何看待现代主义留给我们的丰厚遗产。

的确，卡夫卡已经写出了《城堡》《变形记》这样的小说，今天如果还只是停留在做卡夫卡回声的层面上，是不够的。我们要领悟现代主义的遗产，还是需要从人的精神困境中来思考它。你的写作，历来被认为是现代主义和中国经验的一种独特结合。好多年前，你的处女作《非法入住》一出来，就被《北大评刊》认为是“现代主义小说在中国瓜熟蒂落的开端”。这个判断是相当准确的。你之后的小说，从《内脸》《第二人》，到如今的《鲨在黑暗中》，都体现了鲜明的现代风格。我在这里要提你一篇具有现实色彩的小说——《听盐生长的声音》。这篇小说的背景是一个盐碱地，盐碱地就是不毛之地。盐碱地有没有生命呢？几乎没有。但是你这个小说中有一个很诗意的意象，主人公能够听到盐碱地里边的盐在生长。盐也具有生命，它在呼吸，在生长，也在倾听，我读到了一种更加开阔的生命感受和生命观念。所以在你的写作中，我确实看到了一个当代中国作家在接受现代主义资源的同时，也在寻找着一种中国式的或者说当代的现代主义的可能性，包括精神上的可能性还有写作上的可能性。这样的写作自觉性，我希望在你的作品中能读到更多。

设问人：陈培浩 评论家，某大学副教授

付秀莹

付秀莹，1976年生，河北无极人。中国作家协会《长篇小说选刊》主编。著有小说集《爱情到处流传》《朱颜记》《花好月圆》《锦绣》《无衣令》、长篇小说《陌上》等。曾获《小说选刊》年度奖、《十月》文学奖、《中国作家》鄂尔多斯文学奖、蒲松龄短篇小说奖、施耐庵文学奖、茅盾文学新人奖等。

我愿用中国审美写中国心事

付秀莹认为，书写“芳村”故事，无疑是一种宿命使然。一个人永远走不出他的童年，付秀莹也永远走不出她的芳村。付秀莹谈及最新长篇小说时表示，《陌上》绝不是真正意义上的桃花源，也不是优美的田园牧歌，仔细谛听的话，你肯定会听到悲怆之声，还有悠长的叹息。

在你最新长篇小说《陌上》的书封上，你被称为“荷花淀派传人”，荷花淀派是当代文学的一个流派，它乐观、浪漫，具有抒情诗的意味。既是传人，你受过怎样的影响？

我硕士是在北京语言大学读的，现当代文学专业，主要是现代文学方向。因为专业关系，对中国当代文学有一个较为整体的认识和理解。我是河北人，在河北无极县的一个小村庄出生，长大。在我的小说里，就是芳村。在中国当代文学史上，荷花淀派是一个重要流派，影响很大。作为这一流派的前辈，孙犁先生赫赫有名，是名副其实的大家。他的文字素朴，清新，纯粹，是那种繁华落尽后的真淳和地道。浪漫，抒情，淡淡的忧愁，却哀而不伤，有一种大气象蕴藏在里面。

我的长篇《陌上》书封上，所谓的荷花淀派传人的说法，其实是出版社的意思，大约是觉得，我是河北人，有地域的关联，而且，我的文字似乎有一些荷花淀派的意思在。其实是愧不敢当。我把这个当作一种激励和鞭策。孙犁先生的很多作品我都是读过的。《荷花淀》《芦花荡》《采蒲台》《铁木前传》等，他的文字仿佛陈年老酒，是越读越能品咂出醇厚的滋味来。茅盾说："他的散文富有抒情味，他的小说好像不讲究篇章结构，然而绝不枝蔓。他是用谈笑从容的态度来描摹风云变幻的，好处在于多风趣而不落轻佻。"

对于这一流派的语言风格你如何看待？结合你的作品谈谈你"传"了什么，又突破了什么？

以孙犁先生为代表的荷花淀派，有着鲜明的语言风格和艺术个性，明丽，清新，朴素，柔美，有着抒情诗的风味。孙犁先生晚年的散文随笔更为魅力无穷，通透沉着，朴实大气。见性情，见学养，见胸襟，古朴遒劲。贾平凹说："读孙犁的文章，如读《石门铭》的书帖，其一笔一画，令人舒服，也能想见到书家书时的自在，是没有任何病疾的自在。好文章好在于不觉得它是文章，所以在孙犁那里难寻着技巧，也无法看到才华横溢处。"

无技之技方为大技。仿佛盐融于水，不见形迹。又仿佛羚羊挂角，无迹可寻。现在很多小说，技术上一点问题都没有，技法纯熟，活儿做得也漂亮，可就是不能给人以触动，更谈不上共鸣，总之就是无法打动人心。这样的小说肯定是有问题的。当下的有些小说，问题就是，写得太像小说了。我曾经在《文学报》有一篇访谈，标题就是《付秀莹：我不是技术派》。编辑很厉害，一下子就点破了我心事。如果一定要说继承，我觉得，这一点应该是。我可能是学到了一些皮毛。至于突破，我的笔下，可能有一些疼痛在里面。有痛感，还有时间感和命运感。比如

《陌上》，我力求在日常之外，有一些超越性的意味在。

轻快朦胧的意境，欢笑与淡淡的人情忧伤，一草一树皆风物。读你的小说，俨然一派乡村生活图景，是美的享受。你曾在一篇访谈中提到，中国文学的荣耀并不在史诗，它的光荣在抒情的传统里，你也被称为“抒情诗”小说家，对此能展开谈谈吗？

孙郁先生在其《革命时代的士大夫：汪曾祺闲录》一书中曾经这样梳理中国现当代文学史上的一种文学传统：“我只是想通过汪曾祺，来写一群人，沈从文、闻一多、朱自清、浦江清、朱德熙、李健吾、黄裳、黄永玉、赵树理、老舍、邵燕祥、林斤澜、贾平凹、张爱玲……在革命的时代，他们有着挫折的体验，不都那么冲动，还有士大夫的遗传在。”某种意义上说，这种传统也可以被看作是一种文学中的抒情传统。

陈世骧先生在《中国文学的抒情传统》中说，中国文学和西方文学并列，中国的抒情传统马上显露出来。中国文学的荣耀并不在史诗，它的光荣在别处，在抒情的传统里。中国文学就整体而言，有一个抒情传统。置身于这样一个伟大的传统中，对于我，好像是一种本能的选择。中国现代文学，主流是对传统反叛而向西方学习。但依然有一脉，奇迹般保留下来。这恐怕是得益于传统根脉强大坚韧的生命力。这是中国人独特的审美方式，因而能够引起更多的共鸣和回响。

孙伏园曾问鲁迅，在他的短篇小说中，最满意的是哪一篇。回答是《孔乙己》。问为什么最满意？鲁迅说，因为《孔乙己》“从容不迫”。钱理群以为，鲁迅喜欢魏晋风度。但细想之下，鲁迅觉得，《药》和《狂人日记》“太逼促”，而《孔乙己》则“从容不迫”，因为《孔乙己》的叙事更接近于中国传统，也就是抒情传统。在审美向度上，我更钟情于这个传统。因此，我的小说可能有一种强烈的内在的抒情性。

有读者从《爱情到处流传》时想到了沈从文的《边城》，我想，可能还是因为我们讨论的抒情诗传统。我们都同属于这一个文学传统，笔调，气味，对小说的理解，审美的相近，艺术追求的相似，都使得笔下的文字气息相投心意相通。沈从文说，情绪的体操，深以为然。注重情绪的流动，水漫坡地一般自然无拘。因为生活时代不同，教育背景有异，沈从文先生文字的天真之气，自然之气，淡而有味，有时候还有白话文中少见的奇崛的新鲜感和陌生化，是我十分喜欢的。

沈从文的故乡是凤凰。边城，成了他文学地理中的一个标志性符号。边城，更多地拥有着原始的朴素的古意，而荷花淀则是清新柔美。在沈从文《边城》中，我们几乎看不见时代背景。而孙犁的《荷花淀》里，时代背景也不明显，而是隐藏在故事背后，仿佛舞台上的幕布，人物的一言一行，都在这巨大的幕布上凸显出来。

品味“陌上”这一书名，我想到了陶渊明《桃花源记》中的语句：“土地平旷，屋舍俨然，有良田美池桑竹之属。阡陌交通，鸡犬相闻……黄发垂髫，并怡然自乐。”你的小说是否也受到了中国古典诗词和传统躬耕文化的影响?

我承认，在审美偏好上，我大约属于古典的一派。喜欢隔着帘子听雨，独上高楼看月。喜欢把天涯望断，把阑干拍遍。喜欢落花人独立，微雨燕双飞。喜欢懒起画娥眉，弄妆梳洗迟。我对这些几乎是一见钟情，遂成痴念。你不得不承认，中国传统文脉的精神因子，是融化在血液里的，仿佛是文化密码，几乎是一个眼神，就立刻心领神会了。悠然心会，妙处难与君说。什么是传统，这就是传统。我们置身于这样一种伟大的文化传统之中，承续和发扬，几乎是一种与生俱来的本能。

我的大学本科专业其实是英语，对于外国文学，也有所了解。现在我们很多作家，声称不读中国文学，我以为，这是另外一种偏见。对于这样一种伟大的传统视而不见，却对外国作家作品如数家珍。实在是不可思议的事情。我总在想，在大家都向外奔向大世界的时候，在众人都争先恐后国际化的时候，我更愿意向内转，转向我们自身的传统文脉，用中国人独有的审美方式，写出中国人的精神世界和内心曲折，写出中国故事，写出中国人在大时代中的隐秘心事。

你说："写小说就是写语言，语言就是内容，就是思想，就是审美，就是情绪，就是文化，就是风格，就是作家的思维方式——语言几乎就是一切。"在这个语言全球模板化的时代，你是怎么保持自己语言独特性的?

写小说就是写语言，这是汪曾祺先生的话。小说是语言的艺术。这应该是一种常识了。但遗憾的是，当下很多作家，把这个常识都忘记了。我在文学刊物做编辑多年，对这一点深有体会。很多作家，包括很多名家，笔下的语言称得上面目可憎。如果一篇小说，它的语言令人不忍卒读，或者味同嚼蜡，还怎么可能论及其他呢。审美、意蕴、格调、气息、力量……所有这些，根本都谈不上。在语言上，我是一个有洁癖的人。对于汉语言，我几乎有着一种与生俱来的敏感。那么多汉字排列组合，它们之间的节奏、速度、色调、气味、温度、明暗关系，相互揖让，顾盼有情，十分耐人寻味。当我们说一个作家语言有个性有风格的时候，我以为，这是很高的褒奖和赞美。问题是，当下很多作品，如果把作者姓名隐去，只看文本，我们几乎是分不清彼此了。这样一种同质化模式化的语言和叙事，对创作肯定是巨大的伤害。

对于语言你近乎信仰，以至于有评论认为你是重语言而轻情节的，是小说，但又像散文。你是如何把散文和小说进行相互渗透的？这会带来什么样的效果？

只是一味追求故事，而忽略小说的文学性和审美性，是舍本逐末。故事当然重要，但是在当下这个多媒体时代，资讯极大丰富，方便快捷，如果只想猎奇，获取好看精彩的故事，手机新闻上天天层出不穷，有很多甚至远远超出了我们的想象力。生活永远走在想象力前面。小说要做的，是如何对庞大复杂的生活进行艺术提炼和艺术处理，从而使我们得以窥见世道人心，明了人性的秘密。很多小说家都有这样的故事焦虑。这是一个天大的误会。好故事并不等于好小说。甚至有很多时候，故事结束的地方，才是小说开始的地方。

从另一方面讲，文无定法。个人以为，故事情节淡，更注重情绪流动和内在审美意蕴的小说，从“格”上来说，似乎要高一些。对读者的审美要求也相对更高。那些强调故事抓力，靠情节设置来吸引读者的小说，也很不错，但相对更容易做到。让读者在故事的牵引之下一路狂奔，直奔故事结局而去，这是很多小说家擅长干的。但我更偏爱另外一种，不是抓人，而是放人。我不屑于把读者紧紧抓住。我宁愿把读者放开，给读者松绑。让他们在我的文字里时时流连不去，甚至驻足停留，长久回味。一个有自信的小说家总是不愿走熙熙攘攘的大路，他宁愿选择人少的小路。有挑战性，却充满意想不到的惊喜。

你的小说辨识度很高，还因为“芳村”。从短篇小说《旧院》开始，到《跳跃的乡村》《爱情到处流传》，再到《陌上》，读者都会找到一个熟悉的文学地标“芳村”。就你而言，为什么单单是“芳村”？它是一个具体的村落还是整个乡土中国的缩影？

芳村是我的故乡，是我出生和长大的地方。那一段时光在我的生命中弥足珍贵。多年以后我开始写作，写芳村，几乎是一种本能。她是我的灵魂安居之所，血脉相连的故乡，精神的策源地，故土，家园。也是诗意和远方。这一文学地理的灵魂，是爱。与其说是我选择了芳村，倒不如说，是芳村选择了我。我想代芳村写出她的前世今生，写出她的精神奥秘。现实中的芳村，发生了剧烈变化。变化是绝对的。不变则是相对的。芳村的变化，也是我们这个时代乡土中国的变化。她虽是藏在华北平原一隅的一个具体的村落，但同时她也是中国千千万万个村庄，是整个乡土中国的缩影。

据了解你长期生活在北京，你是用什么办法把城市的喧闹和浮躁气息都藏起来了？相对而言，《陌上》这部小说，则给人一种恬淡的感觉，这是否是你在文字里建构起来的“桃花源”？

生活在北京这样的大都市，喧嚣是少不了的，也常有心浮气躁的时候。在这样一个大的时代背景之下，有破有立，难免有惊慌和不安。但好在，我的幸福之处是，我还有故乡，有芳村。在异乡漂泊这么多年，我总是把在芳村之外的生活叫做漂泊。虽然，在世俗意义上，我拥有了北京这个城市所应该拥有的所有象征之物：户口、房子、稳定的工作，看上去，我已经毫无障碍地融入了这个城市。但对于北京，我依然有着强烈的异乡感。

我其实是幸运的。我有故乡，有家园，芳村是我的精神根据地。我跟朋友说，我是一个有根的人。这是一种甜蜜的炫耀吧。因为有根，我走得再远，也不是无家可归。枝叶伸展得再远，也不会干枯。这样一种有根的感觉，令我在喧嚣的京城中，觉得内心安宁，妥帖。灵魂有了栖息之所，所谓的肉身，也会变得沉静镇定，宠辱不惊了吧。

在《陌上》的写作中，我一直处于躁动和宁静两种情绪的纠结中。躁动是创作激情的驱使。而宁静，是白纸黑字落地生根的宁静。如果从这个意义上来理解，《陌上》应该是我在文字里建构的桃花源。但《陌上》写的是当下的中国乡村，是现在进行时态。现代化进程中，乡土中国正在经历着剧烈的变化，我试图写出这种剧烈变化中的人的精神处境，写出他们内心世界。其中一定有这个时代的波光云影，在这波光云影中，大约可以见出我们这个大时代的山河巨变。因此，《陌上》绝不是真正意义上的桃花源。芳村的命运，与我们身处的时代有着千丝万缕的血肉联系。《陌上》也不是优美的田园牧歌，仔细谛听的话，你肯定会听到悲怆之声，还有悠长的叹息。

你现在在北京居住20多年了，城市的生活如何？再次回到家乡时，你有何感受？

以物理时间计算，我的城市生活肯定比乡村生活要长得多了。我曾经在一篇文章里写过：“如果说，乡村是我的过去时态，那么城市，则是我的现在进行时。”我身处其中，每天与她晨昏相对，耳鬓厮磨。虽然，我常常念及乡村的美好，然而，我却实实在在地，享受着现代城市的种种便利之处。作为一个写作者，我常常想，我该如何与城市相遇？在城市生活浩浩荡荡的河流中，我的文学想象，从何处开始，在何处结束？从某种意义上，斑驳丰富的城市生活，或许能够更清晰地映出大时代的投影。我试图在乡村叙事之外，逐渐建构属于自己的城市叙事美学。在一次访谈中，关于城市和乡村，我曾经有过一个不太妥帖的比喻：如果把乡村比作梦里念里的情人的话，那么与城市，则是日夜相守的世俗夫妇。一个是舌尖上的那一滴蜜，一个是餐桌上的一碗粥。无论是蜜，抑或是粥，她们都无私地喂养我们的身体，并且滋养我们的灵魂。

每一次，从北京到芳村，都有一种魔幻般的不真实感。巨大的差异，强烈的颠覆，熟悉而又陌生。又爱又痛。百感交集，一言难以道尽。

你把“芳村”定义为“乡村”而非“农村”，一字之差，就审美而言，这中间情感和意境是否也有差别？

乡村，在我看来有更多的意味在里面。泥土，草木，田野，屋舍，鸡鸣狗吠，炊烟袅袅。比起农村，我更喜欢说乡村。总觉得，乡村这个词有一种自带的诗性，她包含了我对于家园和梦想的全部想象。农村，强调的是似乎是农，农耕，农人，农活，农家。这个农字，恰恰是现在的芳村所缺乏的。一些东西正在渐渐消逝。一些东西可能终究会烟消云散。

在“芳村”中，我读到不少从孩童视角观察到的世界，这是一个鲜有世俗评判的世界，所有的情景都是淡淡的，但是又不缺乏趣味与欢乐，偶尔也只是一点点忧伤而已。在选取角度上，你选择孩童而不选择成人视角是否别有考量？

童年视角是我比较偏爱的，尤其是在芳村书写的时候，用的比较多。这可能是源于我的童年经验。我在芳村度过了完整的童年时代。当我书写芳村的时候，我总是情不自禁选择童年视角，以一个孩子的眼光，对芳村进行重新打量和观照。是谁说的，一个人永远走不出他的童年。我深以为然。

从孩童的视角出发，“芳村”中的人都在诉说自己的心事，你如何看待这些在乡村伦理传统下生活的女人们的精神世界？

在芳村，至今还生活着我众多的亲人。那些小说中的女人们，其实就是我的姊妹，我的母亲，我的左邻右舍，我的乡亲们。她们的心事，也是我的心事。我总是忍不住对她们的人生牵肠挂肚。因为关痛痒，所以才有切肤的爱和疼。在时代的风潮中，一个乡村妇人内心经历的，并不比都市白领经历的少。她们在传统和现代的夹缝里苦苦挣扎，左右彷徨，那一种进退失据和惊惶不定，令人痛惜。

你文境是内敛的，但有些人物却是放浪直白的，他们的性格跃然纸上，你觉得是芳村塑造了他们的性格还是因为这些性格，才有了芳村？

在《陌上》里，翠台就是一个很正的人物形象，端正的，传统的，有着中国传统女性所具有的诸多性格特征。这样的女子，在现实生活中有很多，比如我们的母亲，就天然地被赋予了这些人格特点。温良恭俭让，贤淑而朴实。但往往这样的人物形象会因为缺乏个性而显得平庸。另一类，如《陌上》里的望日莲，瓶子媳妇，春米等。尤其是望日莲这个人物，有一点邪气在里面，妖媚的，放荡的，风情万种，在男性世界里如鱼得水。有读者说望日莲这个人物写得光彩熠熠，是一个典型人物形象。人物和环境的关系是相互作用的。可以说芳村塑造了望日莲，也可以说，望日莲成就了芳村。

在这些心事背后，你写到“都过去了”，这是一种释然，也是“中国文化喂养出来的中国风度”。这其中没有道德批判，让我更多看到的是中国女性的传统美德：谦卑、忍让、守家、勤劳、温和、智慧。你怎样看待中华优良传统与文学之间的关系?

《爱情到处流传》里，母亲和四婶子那一场较量，其实是难分胜负的。在世俗意义上，母亲胜利了。父亲重新回归家庭，与母亲厮守一生，携手白头。而四婶子，终身未嫁，孤独终老。而在精神意义上，胜负不可深究。母亲对于这场婚姻危机的应对，其实深谙中国传统文化的神髓，隐忍、克制、包容，不战而屈人之兵。这样一种处理情感的方式，体现了中国人独特的审美理想，饱含着中国人独特的情感经验和心灵秘密。什么是中国故事？这就是中国故事。中国故事是同中国人独有的审美经验和情感奥秘分不开的。写中国故事，就是要从中国传统文化的浩瀚长河中汲取养分，所谓的继承和延续，发扬和光大，全赖于此。

与你书写乡村之美不同的是，现实中乡土正在萎缩，人的行为人情都在发生着变化，你描写的“生产队、记工分、派活、纳鞋垫、看露天电影”这些乡村生活都不复存在，你希望读者看到怎样的社会图景?

首先我的小说并不都是描写的乡村之美。关于乡村的书写我大约有两个部分。一部分是追忆，追忆似水年华。在这一部分里，因为时间和空间的暌隔，乡村的苦难被过滤掉了，呈现更多的是纯净的诗意和伤怀之美，比如《爱情到处流传》《旧院》《锦绣年代》《笑忘书》等。另一部分，是对当下乡村的书写，如《六月半》《迟暮》，包括最近的长篇《陌上》等，以《陌上》为例，因为触及到严峻的现实，这里面有很沉重很尖锐的疼痛感在里面。乡村的消逝和新变，引发了我们新的乡愁。这乡愁不是那乡愁。这种乡愁有很痛切的东西在里面。不仅仅是芳村，也不仅仅是中国。越是民族的，越是世界的。我相信这句话。

如今你书写“芳村”已经五六年了，未来你会继续给读者讲芳村的故事吗?

像一个人永远走不出他的童年，我也永远走不出我的芳村。芳村的故事我肯定还会继续写。也很可能，芳村的书写将会伴随我一生的创作。即便是写城市，芳村也会默默站立在城市之外，在她应该在的地方，暗中相助，暗自汹涌。这是不是也是一种宿命？

设问人：李金哲 《青年报》记者

田　耳

田耳，1976年生，湖南凤凰人。现为广西大学驻校作家，江苏省作家协会合同制作家。著有长篇小说《风蚀地带》《夏天糖》《天体悬浮》等。曾获鲁迅文学奖、《人民文学》奖、华语文学传媒大奖、郁达夫小说奖短篇小说提名奖等多种文学奖项。

现实的茧太厚要想破出越来越难

李敬泽评价田耳时称，“在田耳内部有一只飞跑着的狐狸，他对听众的反应，有敏捷的预感和判断，随时准备着再变一个魔术，赢得喝彩。”凭借中篇小说《一个人张灯结彩》获第四届鲁迅文学奖时，田耳真诚地说：“当我们质疑奖项时，我发现文学奖项的评定，仍是作家赖以站稳脚跟的最基本最有效的方式。”30岁便获此殊荣，那么他是否算天才呢？田耳表示，我们有个非常奇怪的看法，说作家是教不出来的，是天生的。这其实是一种天才论，绝大多数人不是天才，但也可以当作家。

十年前，我就读过你《一个人张灯结彩》，是一部特棒的中篇小说，应该说你是70后阵营中较早获得鲁迅文学奖的作家。这次获奖对你的写作和生活产生了哪些影响？

十年前获得鲁迅文学奖，我才有了工作，接着有了职称，接着恋爱结婚生子，接着调入一个高校……现在一看，都是得奖后的连锁反应。

这个奖对你的人生产生了不小的影响，尤其是当时作为基层创作者，精神上的鼓励不言而喻。可以说你的获奖作为典型案例，非常值得研究。很多人通过这部作品开始关注你，这种成功使身边的人对你看法有何改变？

改变是肯定的，事情本身也是这样。如果你在一个小县城生活，没有工作，想以写作成为作家，不混出来，你就是笑柄，混出来，你就是作家。写作之前，我无意跟人讲我在写作，但是仍有不少人知道，当面的背面的议论，善意的心怀叵测的玩笑，都会有。你写得好与坏，身边人绝对看不出来，但是奖项具有一定的权威，一定的说服力，让别人轻易不敢笑你。当我们质疑奖项时，我发现文学奖项的评定，仍是作家赖以站稳脚跟的最基本最有效的方式。其实我以为，写得好的人就应该靠一个个奖项获取写作的权利，但现实的茧太厚，要想破茧而出，真是越来越难。

对你来说，写作改变了命运。但大多数写作者没有这么幸运，没有获得被认可的写作特权，而更多是处在彷徨迷茫中，甚至最终放弃，那么，你对当前的文学制度和文学生态怎么看?

我们有个非常奇怪的看法，说作家是教不出来的，是天生的。这其实是一种天才论，绝大多数人不是天才，但也可以当作家。我接触的地方作家较多，个人认为，地方作家万难冒头，最基本的原因就是缺少系统的、专业的写作课训练。这种训练，可以打下基础，可以让一个写作者少走弯路，尽早入门，当然，以后还能走多远，就看各自造化。我们现在太多的作家班、研修班，其实不是系统教学，都是由各种讲座拼凑出来，不起作用。因为缺少专业训练，地方作家基本不懂得选择，无法为自己的写作定位，一上手就是朝着纯文学的高地攀爬，却又力不从心；同时，大量的基本的类型化写作，诸如报告文学、人物传记、类型小说，又缺乏成熟的写手。这些类型写作，可以通过系统训练掌握。类型写作没得到足够的发展，纯文学写作也就乏力。在我们中国，类型文学最发达的，其实是上海，青春、灵异、惊悚、恐怖小说的领军人物，都在上海。有了相对合理的格局，近几年上海作家也写出了多部重要的长篇小说。

唯天才论当然不对，后天的训练相当重要。没有一定的理论做支撑，恐怕也很难写出优秀之作。平时你都在看些什么书？

平时看得特别杂，小说反而越来越少，杂书越来越多，近期集中看了安妮·普鲁斯特和约翰·威廉斯，还有唐诺的两本书。

理论方面的书，一般选择哪些？

也读，特别是小说理论和小说家的创作谈，基本上见到就买，但并不是每本必读，买来以后就挑适口的。“上河·文化生活译丛”里的几本，都是有关小说理论的东西，比如说戴维·洛奇的《写作人生》、詹姆斯·伍德的《小说机杼》和特里·伊格尔顿的《文学阅读指南》。这几本书倒不是纯理论作品，是将理论写成明白晓畅的文字，阅读起来挺有快感。

对初级写作者来说，除了先天的才华，内在的修为，高人的点拨也很重要。你写作之初是个什么状况，尤其是在偏远的湘西，哪些人对你的帮助比较大？

早期对我帮助大的是吉首大学文学社的刘永涛和作家刘恪。有一阵我就在吉首大学里面，借别人的阅览证看杂志，和刘永涛结识，彼此交换稿件。有一次刘恪来做讲座，刘永涛把我俩的稿子拿给刘恪，刘恪正给《芙蓉》杂志主持“新湘军五少将”，看了我的稿子就将我列了进去。同时，我寄出一篇中篇叫《你痒吗》，《收获》的王继军兄和《人民文学》的杨泥老师的编辑都很负责，几乎同时回了信，说法也不约而同，是说这篇小说不便刊用，但要我将别的小说寄去。

这个中篇为何“不便刊用”，两家杂志的编辑指出了什么问题？

是写一个囚犯在监狱里解决不了生理问题，消极改造，后为接近一个女会计，忽然变成积极分子，前后花几年时间当上队长，有资格去办公室递交报损表，从而得以见女会计一面。

根据你的描述，这是发生在大墙内的故事，应该是有看点的，逻辑也成立。编辑指出没有思想高度，还是叙事环节上存在问题？

现在我记不清楚。杨泥老师好像写了文笔可以，所以要我把别的小说寄给她。我开始写作那会，我妈是我第一个读者，她能提出很专业的意见，和后面编辑提的都大同小异。她看了这个小说，认为很黄，脏话多，要我别寄出去。我还是寄出去，我妈有一阵还不太高兴。她说，“你还没有结婚。”后面过了几年，发在《钟山》上面，两位编辑建议我删减，但我觉得要删就会删得太多，索性没删，还是发表出来了。

在20世纪80年代，编辑要求作者修改稿件是件非常普遍的事情。当年余华受《北京文学》之邀奔赴北京改稿，住在宾馆里改，很郑重，很神圣，在家乡海盐还引起了轰动。就你的投稿经历来看，后来遇到这种退稿或要求修改的情况多吗？

有，但也不算太多。编辑要求修改较厉害的，我印象中还是《收获》和《人民文学》。杨泥老师本人也写小说，她提的一些意见，特别准。王继军兄也是要求严格，我的《天体悬浮》是从原稿42万字压到27万字，最后又压到20万字。出版时恢复了27万字那个版本，又对结尾做出很大的改动。

《收获》编辑对《天体悬浮》提出删减要求，只是因为篇幅过长吗？有没有人物、结构、语言等技术上的修改建议？

有篇幅上的要求，有技术上的建议，特别是对人物性格塑造的指导。比如原小说中的陈二，形象相对游离，王继军兄就这个人物和我通了几次电话，反复讨论这个人物，让他的形象进一步地明晰独特。他做事情非常认真，办好一个杂志，肯定是需要这股劲头。

看来主要还是技术上的考量，陈二是个次要人物况且如此，继军兄的敬业精神值得称赞。后来正式出版的时候呢，编辑为何提出修改结尾?

出版时编辑没有提什么意见，结尾是我自己觉得不够满意，做出修改，主要是将罪责尽量推给次要人物老詹，让符启明的形象更显正面一点。当时我还打了修改提纲，请了文友帮着掌一眼，有的说好有的说不好，我还坚持用了近两个月改完最后两章。

按照生活常理，坏人就该受到道德审判。为何要把罪责转嫁给老詹，让符启明赢得更多的道德优势，或者说为他的不法行为开脱?

可能觉得这样更合理，我不希望别人读完以后，把符启明看作一个坏人，我要把他尽量放置在明与暗的交界处，面目模糊，就算是坏人，也要让读者恨不起来。这个目的，我修改时是非常明确的。

这样一改，更强化了符启明这个人物的复杂性和多面性，显得更真实、更丰满。在湘西老家，你在写作上已经取得了骄人的成绩，成了全国知名度很高的作家，那么，我想知道的是，在创作处于上升期的大好形势下，为什么想到调来广西这样的边缘省份工作?

这个既有个人原因，也有家庭的原因。只好讲讲个人，可能是因为文凭低，只是混了个专科，一直不甘心。后面有机会来大学工作，就很想体验真正的大学生活，毫不犹豫地来。来了之后，环境一如所愿，在大学里我找到隐居的快感，当然也遭遇一些意外的情况。另外，我奇怪地发现，当年我获鲁迅文学奖，周围的亲友也并不觉得这算是成功，但我调离了小县城，他们反而认为这才算成功。在小县城，人们总是不相信身边的人，只肯相信一无所知的远方。

很有意思，老家的人看重外在的东西，带着世俗的偏见，而大学却刚好相反，是一个“高大上”的地方。所以他们认为你现在才算是真正成功。和在凤凰相比，目前到了大学工作，是不是少了一些来自世俗的干扰，应该更利于进入写作的状态吧？

不好那么说，因为写作毕竟是一种消耗，能持续发力的作家不多，大都是越写越差，借助名气和某种惯性一直持续。我现在写作，感觉比以往有把握，却没有以往那么多惊喜。人到中年，其实心态在迅速地调整，特别是最近一年，遭遇的事情太多，我感觉状态有所下降。但人总是要跨过很多坎的，我自认为还能写出意外的、令人眼前一亮的作品。

从作品发表节奏来看，我认为你发的作品并不多，但质量都算上乘，这种节制是一个成熟作家的选择，而且最近《金刚四拿》荣获郁达夫小说奖提名奖！我倒觉得你的创作处于上升势头。

谢兄夸奖。我对自己作品的把握不是很准，而且我的自我评价基于对写作状态的判断，但很奇怪，《一个人张灯结彩》基本是在心情最不好，自我感觉状态最差的时候写出来的。写出来自己不觉得怎样，没想却是给自己带来好处最多的一篇。回头一想，倒有点“蚌病成珠”的意思。最近几年，我写了《金刚四拿》《范老板的枪》《割礼》《长寿碑》《鸽子血》《合槽》和《给灵魂穿白衣》，还将以前的短篇《朱易》改成中篇《被猜死的人》。写完之时，个人喜欢《长寿碑》和《给灵魂穿白衣》，但《金刚四拿》和《范老板的枪》显然更易被读者接受。

我没读过《给灵魂穿白衣》，就阅读感觉来看，我更喜欢《长寿碑》和《金刚四拿》，前者尖锐、有洞见、有力量，后者作为短篇，也很精巧、很别致，两者都能刷新读者阅读期待，属于当下中短篇小说中难得的佳作。《长寿碑》对打造长寿县的虚假作风进行了批判，能否谈谈这部作品的创作起因？

《长寿碑》是写一个县举全县之力给档案造假，并去申报成为长寿县。这小说的源头，其实是我在凤凰时，听人说旁边一个县被评为长寿县，又有人说了一些内幕。当时觉得蛮有意思，想写。不管真假，反正作为小说，它似乎存在许多可供发挥的点，让我手痒。但我总是找不到切入的点。这样的事，许多人都知道，凭什么是我写？我给不了自己合理的解释。这事搁了好多年，有一天我无意中想到，如果档案造假，是不是会造成伦理上的矛盾？假如说，一个七十岁的老人改成九十岁，他的儿子都只有四五十岁，这在农村显然就说不过去。为了掩盖这个谎言，是不是要给儿子也改档案，是不是孙子也改？但这样改下去，终会造成不能自圆其说的结果，比如说你总不能把一个五岁的小孩改成二十五岁。想到这种事情必然造成伦理上的矛盾，我才决定动手。我认为已经找到了独有的点。

从对这部小说切入点的寻找和推敲，我发现你的审美思维中推理性很强，在严密的逻辑推理中往往会有新的发现，这种思维也贯穿你的其他作品中。这应该是你创作上很独特的地方。

对，我其实是逻辑思维强的人，小时候曾是数学尖子生，学校挑人参加数学竞赛都会有我，语文只是一般。我写小说喜欢循着一个问题，不断推理，各种发现，各种相应的情节便自动蹦了出来。

这可能也是造成你所说的“太工整”“太规矩”的原因之一吧。

老兄说的这一点，我也早已认识到。最早是《十月》杂志的一位编辑跟我说过，我的小说偏重于“摆拍”，缺乏“抓拍”。我个人的看法是，我的小说往往局部“抓拍”，整体“摆拍”。

我觉得，故事的有无不是小说艺术上好坏的绝对标准，但自从20世纪80年代小说新潮以后，大家固执地认为，小说必须回归故事，其实这又走进了一个误区，你看看，当前很多推理小说，确实故事好看，推理性强，一环扣一环，读到最后真相大白。但必须指出，这样的小说难免有流入通俗小说的危险。所以，如何能让这种推理性强的小说，既有一定的思想性，又在形式上别出心裁，这的确是个难题，从这个意义上说，你的小说似乎正是对这一难题的回应。

是的，现在又陷入故事崇拜了，而且现在全世界最重要的文化战争，就是足球与电影。因为电影，故事被提升到战略高度，一个具有好故事的电影，往往成为世界语言，迅速通行，甚至使一个国家，一个民族具有了亲和力。比如《朗读者》《贫民窟的百万富翁》或者《纳西和敏德：一次别离》，都是新颖的好故事通行全球的案例。作为小说写作者，我知道小说与故事之间吊诡的关系，但是目前就我们的创作来看，讲故事的能力还有待提升，故事讲得越好，你越是知道如何背离它。这一点，苏童有很好的论述，原文我记不准，大意是：你即使是进行先锋写作，小说里不写故事，也要让人感受到故事无处不在。

所以这就涉及到故事质量问题。一个好故事，它的标准到底是什么？它是否只意味着好看？开放性的故事结尾是否具有绝对的优越性？其实，很难做出明确的回答。我认为，好故事终究是一种相对值，在作者、作品和读者三个变量中的一种权衡。苏童老师提到的，看起来似乎没有故事，其实故事无处不在，这似乎是讲故事的至高境界，一般作家很难抵达。我认为，这些问题都值得探讨。

这个标准如果能非常清晰准确地讲明，文学大概会变成科学。好的小说，经典的小说，往往就是现行标准观照下的一次次意外。这也是如此多的人，长久地乐此不疲的原因。我们的写作，看似按图索骥，其实却在等待一次次的阴差阳错，歪打正着。

一次次意外的出现，然而却又合情合理，这当然是好故事的标准之一。我们广西作家鬼子的小说便是最好的证据，你的小说同样如此，比如《天体悬浮》中丁一腾与符启明之间关系的突转，丁一腾与沈颂芬重逢后的貌合神离，等等。这些看似意外的情节都给小说制造出很大的审美张力。

是的，好的小说就有那么点韧劲，一点奇怪的张力，有一股跟读者较劲的气势，且姿态还低，让读者有胆气跟上来，自以为是棋逢敌手，没想作家就靠这个虚晃之招，逗得对方把小说看到卒篇。鬼子的这个本事，我深深领教，很多别人说不通的情节，他那腔调一讲，那种诡异的氛围一出，所有的不通都顺然而然地勾连起来。鬼子写小说，有点像不露声色的高人，在街边摆象棋残局。

现代小说在中国已经走过一百年，从“五四”到“八五”，又到新世纪，历经多次变革，小说艺术在中国的演变深受到世界文学的影响。我认为，每次变革中对文学资源的引进都是一种激进主义式的，从“新感觉派”到20世纪80年代“先锋小说”，总不能逃脱生搬硬套之嫌。那么，你认为，理想中的小说是什么样子的？

这个真不好说，我对理想小说的理解，总是处于流动变动的状态，无法定型。但我想，写作者心中要有一本金光闪闪的大书，诚因其灼目，总也看不清，才值得用一辈子去靠近。

《天体悬浮》是一部想象奇特的小说。首先是“观星”这一事件的设置，贯穿始终，这可以说是提升整部小说艺术品质的核心意象，让人耳目一新。因为它在叙事中预设了一种张力，这种张力把日常的世俗放在一种更广阔的背景中暴晒，从中发掘出人性的隐秘机制。你能谈谈当初是怎样想到这样的不俗构架的吗？

一开始只是写派出所的故事，写得太实，一地琐碎，自己都觉得灰暗，就想往上面拨，要打光，要给小说一些明亮的调子。后来我想起，十多年前我在吉首卖空调的时候，空调商场附近的小区发生一件命案，一个无业青年残杀并肢解了邻家女孩。一个当警察的朋友参与调查，他后来跟我说，凶手是个深度“宅男”，最大的爱好就是用望远镜观星。这件事我记忆非常深刻，尤其是对望远镜印象深刻，它的存在，莫名其妙地降低了我对凶手的厌恶。后来，我就把这架望远镜送给了符启明。

符启明因为这种人性的亮色，区别于世界上所有的罪犯，在小说逻辑学上，这就有了后来丁一腾并不仅仅因为兄弟情义而最后放了符启明一马的理由，那么丁一腾这个人物是否过于正面了一些？

丁一腾其实只是在卑微中坚持了自己的一些东西，我相信读者不会认为他过于正面。

在丁一腾身上，你是否寄予了某种人性的理想？

相反，在有篇评论里，丁一腾被认为是个庸俗的人，例证在于他最后放了符启明，未能将自己的坚持贯彻到底。但我知道，小说只能这么写，如果丁一腾将符启明绳之以法，这个小说就崩塌了。

你的小说除了翻译到越南，还有其他语种吗？就你的感觉来说，当代中国文学在世界文学中处于怎样一种位置？

我的作品往外译的不多，翻译了四五个中短篇出去，还有《天体悬浮》正在翻译成英文。当代中国文学在世界文学的位置还是很边缘吧。

别人不看我们的小说，也用不着奇怪，就像我们看欧美和日本文学，对印度小说也不加理会，更不要说印度尼西亚。虽然这些年印度好些中青年作家已经取得世界性影响，跑到中国作家前头。印度作家比我们有优势，就是他们大都能用英文写作。

说到底，中国文学边缘化的处境，还是一种文化隔膜造成的，莫言获得诺贝尔奖，翻译立了大功，你怎么看？

有个作家朋友，一次吃饭时突然跑出个想法，在座都叫好。找没读过莫言小说的翻译家，将葛浩文、陈安娜等人翻译过去的莫言小说，再逐字逐句翻译过来，看到底是怎么回事。如果翻译过来，对照着看，肯定会有很多意外发现。

这说明更多是意译，对莫言作品改动较大，甚至有所篡改？

莫言的外文版的书我还有几本，全是拿来收藏，看不懂啊。

麦家的《解密》目前已翻译成33种语言，成为中国当代作家中翻译语种最多的作品。奇怪的是，这部小说在国内出版十二年，其间国外却无人问津。你认为，这样一部作品为什么会一夜之间畅销全球？

麦家原就是在隐秘部门解高级机密的，我哪有本事解他的密？

我们对西方文学的关注远远超出了他们对中国文学的关注。

肯定是不对等的关系，用英文写作无疑就是在世界中心写作，用汉语只能是在世界的边缘，在被遗忘的角落写作。中国作家要走向世界，必须翻语言的墙，便就各施各法了。前不久刚看到消息，说翻译软件有了极度提高，从以前一个词一个词译，到存贮足够多的成句翻译。如果这道壁垒冲破，中文写作在世界的地位或许会提高。反观这三十年，我们对世界文学虔敬的关注，是有目共睹的，许多稍微知名的作品，几乎第一时间翻译过来。翻译质量且不论，数量之庞大，外国人大概无法想象。像我买的翻译小说，光上海译文，怎么也在一两千种。

麦家的成功是否说明了一个问题，《解密》首先是故事吸引人，又有一定的精神高度做支撑，很大意义上打通了文学雅俗之间的壁垒，这可能是当今世界文学的主流。

肯定就是主流。前面已经聊到了，现在讲故事已经提到战略高度，当你要在世界宣扬民族形象和国家形象，最简易的就是用电影讲一个好故事。比如说我看了《纳西和敏德：一次别离》，对伊朗人就陡生敬意，在此之前，不免是妖魔化的，可能他们看我们也是一样。《解密》某种程度上也踏入了世界文学的主流，且它又不像《追风筝的人》，过多地依赖地域、国度的背景。它或许能够给别国提供一个故事模本，让别国也可以翻拍自己的《解密》，这就更厉害，这才是更高级的文化输出。

设问人：王迅 评论家，广西文联文研室副编审

石一枫

石一枫，1979年生，北京人。著有长篇小说《红旗下的果儿》《恋恋北京》《我妹》《借命而生》等，小说集《世间已无陈金芳》等。曾获鲁迅文学奖、《十月》文学奖、《小说月报》百花文学奖、《小说选刊》年度奖、《人民文学》年度青年作家、郁达夫小说奖中篇小说提名奖等。

我反感不把自己当凡人

站在精英立场还是平民立场想问题？这是石一枫一直思考的。他出生在北京，从未把自己当成所谓的精英，而说自己依然是个移民。这种坦诚的态度更多地让他以接地气的方式观察着周围熟悉的常人。他始终希望，他可以站在一个普通人的立场上思考问题，把小说写得更走心一点，智力含量更高一点。

请介绍一下你的家庭背景吧？

我出生在北京，但肯定不算老北京人，家里是部队的，属于大院子弟吧，具体说是空军子弟，小时候看院儿里大人，都是蓝裤子，而别的院儿就是绿裤子。父母都算文化工作者，父亲在政治部文工团，母亲在过去我上的中学当老师，看着我方便。

所以你父母不是在北京出生的？

父母都在北京出生，但爷爷那辈人不是，北京人的祖祖辈辈都在这儿，所以我觉得自己也是移民。

你在我们南方人眼里就算北京本地人了。起码比我们这些北漂更把北京当家了。那你是从什么时候开始喜欢上写小说的？你是怎么、被谁发现“特别能写故事”的？你的第一批读者是谁？

特别小就喜欢，家里的书大部分都是文学类，看多了觉得也能试着写写。1996年写了个短篇小说，人家给推荐到《北京文学》，就发表了。第一批读者可能就是杂志读者吧，跟现在差不多。

具体点说吧，“特别小”是多小？“人家”是谁？

尝试着写是在高中的时候，看了好多老作家的东西有样学样。听说身边住一作家，觍着脸拿给人家看，没想到人家说还行。不过后来被家里逼着考大学去了，没当成少年作家。

这篇我应该没看过，是讲什么的？

写小孩儿没考上中学家里给走后门的事，那时候就爱关心社会问题。

是多少字的小说呢？写的时候顺利吗？是突然萌发一个想法，还是构思好几天才下笔？写了多久？

那时候有些职业作家才刚用电脑，我就是用笔写的。短篇小说也就突然有个想法就能写了，不太苦思冥想。当然写的过程中肯定还很费劲，一万字左右吧，对学生算浩大工程了。写了可能半个月时间吧，每天千八百字的。

这头一次的写作经历，包括后来的投稿、被选中，有没有给你以后的小说创作，奠定一些基本的东西？比如有没有养成什么下意识的写作习惯，包括用笔写，写当代生活这样？这样的写作习惯会不会限制写作者的遣词造句想象？

就是觉得这事儿我也能干，其他的收获其实不多，毕竟就是个孩子，那时候对文学的想法都没定型，更多的是本能。现在用电脑写也不用带提示功能的，带提示肯定影响写作。我觉得电脑比手写方便，我的习惯是从语音出发，把嘴里说的话记录下来，尽量接近口语，所以用拼音录入反而适应。

你的小说开始动笔之前，都是怎么酝酿的？我们就以2016年的《营救麦克黄》为例吧，故事的种子是来自哪里？

基本上是一个事觉得有意思，觉得能让人想到很多东西而不是故事本身，这个故事就是值得写的。至于具体什么题材就不太考虑了，因为真能写和感兴趣的也就是城市题材和当下题材，别的题材也写不了。《营救麦克黄》这个故事来自高速上救狗这件事，后来就想，要是救狗的过程中出了点儿别的事，跟人有关的事怎么办，一个简单的故事就变得复杂了，也对社会有说明性了。可读可感可想，符合这几个标准就觉得是个好故事。

种子种下之后，你酝酿的时间长吗？要不要再做一些谋篇布局打提纲草稿的工作？

边写边想，过去一直是这样，但越后来越重视事先构思。刚开始的时候，我觉得是过于自信吧，养成一个坏习惯。就是，觉得你有一个比较好的动机，比较好的创意，就能把这个故事完成得比较好。现在越来越觉得光靠这个不行，有很多东西写到一半，就写不下去了。这其实说明刚开始的设计还是不够好，所以，越到后面越重视提前的设计和构思。

我看你的小说，画面感很强，故事也很好看。你构思的时候，也会考虑到作品另一端的读者吗？有些作家首先是写给自己的，然后才考虑读者，但有些不是，你是属于哪种？

我还是属于会考虑读者的那种作家吧。写的时候就已经预设自己在读，自己作为读者究竟喜欢不喜欢这个故事，或者说喜不喜欢这个故事的这一部分内容。这种判断对我来说还是挺重要的。当然，说实在的，也明白，服务读者，也只能服务一部分读者。有的人真的是不关心不了解你所想的东西，那也就无所谓了。

你会不会给自己预设一个精英或平民的立场？类似现在的有些创作者，经常说的“我的作品是给谁谁看的”之类？

这倒是这两年自己也在想，有时候也挺困惑的一个问题。我是很反感精英立场的，那种特不把自己当人民群众，特不把自己当凡人的姿态，我肯定是不喜欢。但有的时候，又觉得我们用一个所谓的平民立场，能够考虑的东西又的确是太少了。所以，到底是精英立场还是平民立场，这种问题一直是写作里边比较困惑的。现在我能够做到的是，尽量避免贴着标签的那种伪精英立场。从一个普通人的立场上把这个事做得走心一点、智力含量高一点，这应该才是自己比较满意的。但归根结底，还是比较困惑，因为作家天生不太适合把自己定义成一个精英的知识分子，尤其是中国作家。如果是那样定义自己，很做作，而且我觉得是没有什么道德上的合法性的。但你又不是一个那种愿意完全市场化的写作，所以我觉得是很多中国作家的困惑，也是我自己比较矛盾的。

现实主义创作强调生活、观察生活，你平常是怎么观察生活的？小说中我看到一些很棒的细节描写，比如县城和农村之类的，你是真的去体验过，还是靠想象和间接见闻来完成虚构的？

都有吧。既有平常生活的见闻，也有想象，或者说对某种人物形象的想象，甚至也有从书本到书本。应该说还是一种比较传统的观察生活然后提炼生活的方法。本身生活的状态就是比较日常的状态吧。比如，在城里老单位上班，平常吃饭和出去玩也都是在北京到处跑，然后出差就到外面去看看。生活的状态还是一个比较常人的状态，琢磨琢磨，写出来就是一个常人的小说。

比如《地球之眼》里写到一个主人公，他通过观察中关村的灯塔位置来推理灯泡采购有猫腻，你是怎么想到这个素材的？

因为我原来坐在那个教学楼门口，在晚上的时候看到太平洋电脑城上边那个灯在那儿闪，很好奇，就在那儿想，什么样的楼应该有航标灯啊，航标灯的标准是什么呀？然后，这种细节就想象出来了。用比较传统的话说，还是来源于观察生活吧。

好像不同作家有不同的构思习惯。你构思小说的时候，是先想故事开头，还是先想关键情节，或者是结尾高潮呢？

应该先想的是关键情节，关键情节比较重要。就比如说，构思《营救麦克黄》的时候，关键情节是救狗的时候撞了个人。构思《地球之眼》的时候，关键情节是一个人受雇于一个美国资本家，可以在中国监控美国。最容易琢磨的其实是开头，因为刚开始写的时候都新鲜，都兴奋，精力和气也最足。结尾和高潮的设置往往是最费劲的，那个要求比较高。

《世间已无陈金芳》和《地球之眼》，好像都有一个角色“我”，他跟现实中的你有关系吗？

我觉得这个是我小说比较关键的地方，起码在前一段时间写的小说里边，全都有这个“我”，可能是我比较独特也比较擅长的一种写法吧。因为，毕竟还是年轻作家，对很多事情的观察，或者说对很多事情的把握，自己自信没有那么强，必须得需要一个“我”作为中介，通过这个中介的眼睛去观察和自己特别不一样的人，有的时候这个“我”起到的是一个桥梁的作用。

同时，这个“我”的复杂性要大于所写对象的复杂性。比如在《世间已无陈金芳》里的赵小提，他就比陈金芳这个人物更复杂。其实，陈金芳这个人物她只是有力，她的命运也有力有震撼性，但人物内心的矛盾性，还是赵小提这个人更复杂。“我”的视角其实决定了小说的复杂性和丰富性。一个复杂的、丰富的，又比较有时代气息的叙述人的角度，可能写小说的时候能解决很多问题吧。

有很多作家其实也用过这种“我”，比如说，毛姆大量地用“我”。但实际上他往往限制了视角，甚至是某种世界观和某种态度。当你熟练地使用了一个知识分子的这个视角，实际上在写作的时候会遮蔽很多态度和想法。应该说，“我”的这个运用是有利有弊的。可能以后写作能力更强一点，就会重新去写第三人称的东西了。那时候如果能同样写得好，就说明写作能力上还是比过去强了。《营救麦克黄》已经开始做这种尝试了。

在你的《小李还乡》和《合奏》这些短篇小说里就基本上没有“我”了。

对，因为短篇小说基本都是在《世间已无陈金芳》和《地球之眼》之前写的。应该说那个时候的写作还是有点过于自信了。后来看起来，确实是有第一人称作为中介的效果好。

那可不可以这么总结，你的写作前准备还是比较随性的，不会特意为了某个故事去做大量的准备，比如有些作家为了写个医疗小说长期在医院蹲点，跟医护人员打成一片之类。你会不会觉得这类“表现某个社会人群”的写作目的性太强了？

我还真是这么觉得的，我觉得这种体验生活式的方法，本身目的性太强了；第二是你的目的实际实现不了。比如说，你想写一个厂矿生活的，就算你蹲一个月、两个月、半年，能把它写好吗？我觉得是很难的，往往还是一些浮皮潦草的、表面文章式的体验生活的工作。而且，写得真正有感觉的事儿，还是从自己真熟悉而不是逼着自己去熟悉的那种生活里来的。

至于自己不了解的领域，应该由另外一些作家去写。比如说，我写不了工厂生活，客观地说，没有什么遗憾的。有工厂出来的作家，人家已经写得挺好了。我觉得没有必要非得为了某个题材，再去琢磨它了。现在社会越来越专业化了，分科越来越细了。哪怕你是从自己熟悉的生活出发去写，写到某个领域，该查资料可能还是得查。

总的来说，我还是比较相信那种源自生活的写法，而不是体验生活的写法。当然客观地说，这种写法也有它的局限性的，你所写的东西实际上是比较窄的。比如我写的东西，它的人物、场景，往往更多局限在城市，局限在知识分子，或者说局限在市民生活这个层面，很自然地就滑过去了。

但是，我自己也明白，能够写的范围不是非常广。以后可能还是得摸索出一种更好的办法，既不是那种体验生活式的浮皮潦草地做功课，也能够把自己的这个视野逐渐放宽，这可能是个矛盾。这个矛盾如果能够解决了的话，可能就算是比较好的作家了。

你会不会接受命题作文，比如说某个机构找你，说我们这有个典型人物，真的特值得写，这样的邀请你会接受还是排斥？

不至于到排斥的地步吧。没有必要把它排除出去还要斥责别人。但应该说一般情况下是不接受的。这种命题作文似的写小说，好像难度是太大了。当然，比如说，有人让去参加笔会，或者说是哪里有个旅游，我也经常给人写点应景的散文，那是两码事。但是小说写作，比这个难度大，大得多。

你也写了十年小说了，有没有养成特别不自觉的遣词造句习惯？或者说，你更钟爱用哪些词，哪些句式？

肯定有那些特习惯的词，哈哈。有一个编辑说，你怎么那么喜欢用“固然”这个词？有一些习惯性的东西吧。或者说，特别是有的时候，我比较喜欢把现代文学、古代文学里边那些经典名句化用一下。

那你对网络用语怎么看？我发现你的小说很少有。除了《我妹》，似乎有点儿跟“你妹”对着来的意思。

不太喜欢用网络用语。因为我觉得，我们既有的口语已经足够丰富了。如果说是这个网络用语已经真正进入日常生活的话，那就没问题，我就把它当作口语来用。但绝对不会为了追求某种效果专门用网络语言。说实在的，我对那种专门用网络用语尤其是岁数特别大的人还非要用网络用语的那种说话方式比较讨厌。

他们可能是为了与时俱进，害怕被时代抛弃吧。

可能是这样吧。确实觉得，我们生活里其实真正活着的语言就是口语。网络用语从某种意义上来说也是一种小范围的书面语，书面语我觉得本质上不如口语生动。

你真该去写写粉丝圈的事儿了，“醉了”“晕死”“狗带”“你妹”等等，这些遣词造句其实变成了某种人群的认同标准，就像外企白领流行中英文夹带一样。

有机会可能还会写吧。写他们说话的时候肯定会用这种语言。但是，叙述语言我觉得还是尽量不能这样写吧。

你刚才提到“小说难写”，是类比散文吗？如果从对文学的爱好来说，有没有想过，为什么自己选择了小说来完成个人表达，而不是诗歌、散文、剧本等其他体裁？

还是因为过去看小说比较多吧，觉得叙事性的比抒情性的有意思。

小说难写是对于专门写小说的人而言，散文偶尔写个算应景，要求也不高，就不觉得难了，散文家没准觉得散文比小说难写。

一般你对创作中的小说会修改到什么程度？有没有放弃不写的故事？没写完的情况是发现自己不喜欢这故事了，还是说灵感断了卡住了，哪种情况居多？

修改到自己觉得过得去就行，基本上是边写边改边找感觉，真写完了也就再看一遍。还是自己判断，写完之前不太好意思给别人看，觉得最熟悉作品的还是自己。没写完的肯定有，有的就扔了，有的过一段时间又捡起来。没写完的，刚开始都觉得是灵感卡住了，过段时间还写不下去，可能就是这个故事意义不大了。

如果让你对自己目前的工作生活时间做一个大概的预估安排的话，你觉得，一年365天，你大概会有多少时间在上班？多少时间在写作？多少时间在交际应酬？

写作没准天天都有，其他都不确定。不过还是会保持普通人的日常生活，憋在书斋里也很难写好东西的。

说一下你目前手上的写作计划？未来还是会以中篇为主吗？还是也会有长篇计划？

正在写个长篇，后面会再写点中篇。

你的小说集入选了新浪年度十大好书，前段时间也看到你参加了个郁达夫小说奖之类的活动。你对获奖有什么感受？或者说，你认为各类奖项设立的意义何在？得与不得，对自己的影响主要在哪儿？会给你带来事业上的成就感吗？

成就感肯定有，说虚荣心也对，毕竟是一俗人么，评奖应该说还是提供一种市场之外的行业标准吧，只要标准不乱还是有意义的。当然写作本身的成就感比评奖大得多，有时候还真是觉得自己满意是个重要的标准。

市场，你指的是“大数据”么？比如一个作家有多少个粉丝，一个网文有多少个点击量？

应该是，还有销量，文化界有点儿过分相信市场了，要是全以市场为标准，那也别评了，全改销量榜算了，说实在的那个作假的余地更大。

到目前为止给我感觉你的创作环境还是相对单纯的，也没太多杂念或干扰。

尽量单纯点吧，主要是没敢指望靠写东西变成资本家，自己对小说也就没有多少非分的要求了。

我觉得这些年，各种金钱物质诱惑给各行各业带来的冲击，作家圈子也不能幸免。

看小说的也不傻，糊弄谁糊弄得了多久啊。当然我指的是成人小说，青春文学什么的就不好说了。

平常你都跟哪些作家交流比较多？是不是圈子文化还是存在的？不在一个圈子无交集？你跟一些网络写手应该就没什么来往吧？

跟差不多年纪的作家，主要是纯文学作家交流比较多，圈子还是有，不过跟网络作家也有交流，都是开会或者什么活动的时候，聊完了才听说人家是大神。

好奇你们都聊啥了？

出去玩的话就是闲侃，人都挺有意思的。

会去看网上天天更新的小说吗？好奇他们是怎么写的吗？

网上的小说是真没看过，主要是太长了，看不完，也觉得写那么快保证不了质量。也许天才能，但不可能冒出来那么多天才。

作家们开会，互相之间介绍自己的时候，会不会顺便就把各自的标签给亮出来了，比如介绍你，“这位是新生代京派代表作家某某某”？你对这种标签有什么看法？

肯定都不这么自我介绍。有时候会议主办方这么说，自己都不好意思，标签也就是有的场合方便，看过作品的用不着。还有时候头上的标签扣大了，人就成笑话了。

这种东西主要是别人给的，你也控制不了对方怎么评价你。

自己别太当真吧。

但会不会因为别人这么给标签，自己也觉得应该有这么一个流派，或者圈子？

肯定有一些作家趣味和写法相近，在一起交流也多，慢慢就被人看成一个圈子了。文学现在冷淡，成功往往也就是圈内的成功，搁大街上都是群众，有时候看开点儿心态也就健康了。

假如说，现在你被喜欢你小说的粉丝绑架到一间黑屋子里，日更5000字给他写好看的小说，你觉得你可以做到吗？你会不会后悔当初没有多看一点网络小说借鉴一下经验？

我对自己的操守从来没有高估，绑架和给够了钱都能让我就范，问题是那样保证不了质量。

对自己的小说改编影视有什么想法？

肯定希望改编得能保持原作的精神气质，至于表现形式我觉得做影视的比我专业，比较担心变成“雷剧”吧。

会不会像一些作家一样，要求自己参与编剧？或者指定谁来导谁来演哪个公司来做？假如你已经特别红了会这么做吗？

参与编剧也就是出出主意，我觉得影视是专业的事，主要还是由专业的人干。指定肯定不至于，我觉得自己的判断不一定准，土豪往往这方面特别有自信，写东西的往往没有。

如果影视作品上映后你不满意，或者觉得不好看，会去微博发文吐槽吗？

吐槽估计也不会，也没谁会故意玩儿砸了吧。

题材方面，你未来会尝试古装玄幻历史之类的吗？还是决定就扎根现实主义土壤了？

也不是没可能吧，不过肯定还是反思现实的路子。

对于一个现实主义作家，你觉得最大的不可能是什么？

最大的不可能就是脱离现实画鬼，或者打着艺术的旗号脱离常理。总之接地气还是最重要的一个标准。

接地气这词到底是怎么来的？怎么样才算真正接得好的地气？

我理解就是让人觉得是生活里有的，或者生活里可能发生的东西，他的意义指向也是现实中人的现实生活吧，而不是凭空臆想的结果。

生活除了写作之外的部分对你来说意味着什么？

写作是个职业，生活才是重要的。

你对钱什么态度？

肯定需要钱，能不为钱操心就太好了。

如果打仗你会主动要求上前线吗？

看跟谁打吧，不过干我这行的都胆小，上去也没什么用。

好吧，这个跟谁打就留作悬念吧。先不揭了。

啊？这还真是个问题啊。

设问人：陈烁 评论家，影视制片人

乔　叶

乔叶，1972年生，河南修武人，河南省作家协会副主席。出版散文集《天使路过》、小说《最慢的是活着》《拆楼记》《认罪书》等多部作品。曾获鲁迅文学奖、庄重文文学奖、华语文学传媒大奖、《北京文学》奖、《人民文学》奖、锦绣文学大奖、中国原创小说年度大奖。

不提供简单的幸福

乔叶可谓承担了一代人的历史书写，秉持着人民大地、文学无疆的写作信条。张莉在评论《认罪书》时说，作家应是独特民族精神的记忆者，70后作家在很长时间里没有找到他的历史担承，而这部小说做到了。无论哪个年代的作家，到底是否能够成为大家，作品能否成为经典，还得交给时间去冲洗，乔叶对有关代际问题的回应，充分显示了这一代作家的自信：“他们所处的共同的时代背景其实不必多说，具体到每个人，都只能用自己的作品来定位自己，这才是最根本的。”

你是70后的代表性作家之一。此前作家夏烈主编过一本反映“70后女作家小说国”的书《袈裟扣》，收录的作品均是反映都市生活的作品，你的作品《失语症》也被收录在内。在你看来，70后女作家建立的“小说国”有什么特点？

我认为由夏烈来回答这个问题可能更为合适。如果一定要我来谈，以我所见，每个小说家都在用文字建立自己的“小说国”，“小说国”属于每个小说家。群体性命名的“小说国”是什么样的，很难想象。如果一定要命名，勉强可算是一个联合国吧。既然是如此情形，那就是各有特点，难以备述。

实际上我一直不能认同把作家们的代际划分得那么清楚，当然这样大众媒体和评论界归类起来可能会省事一些。王安忆老师曾在一个会议上对青年作家说："……再有二十、三十年过去，回头看，我们和你们其实是一代人。文学的时间和现实的时间不同，它的容量是根据思想的浓度，思想的浓度也许又根据历史的剧烈程度，总之，它除去自然的流逝，还要依凭于价值……"在这个意义上，无论是哪个代际的作家，他们所处的共同的时代背景其实不必多说，具体到每个人，都只能用自己的作品来定位自己，这才是最根本的。而每一代作家在写作中面临的困境和障碍也都是无可避免的，所谓的特点也要依靠各自的写作风格来彰显。

有人认为70后作家是处于夹缝之中的一代，既没有赶上前辈50后、60后那种容易成名的好时代，又错过了80后、90后成名时的好年龄，你是怎么看的？你目前算是成功的，在成功的路上你有哪些难以忘怀的经历？

对于70后的代际尴尬，每次接受采访都会被媒体问起。我也有我的习惯性回答：所谓70后，不过是大众媒体和评论界对这些人比较方便的称呼而已，我觉得不是什么很有质量的标签。写作说到底是个人的事，也都是拿作品说话的事。至于前辈们的压迫和后辈们的冲击造成的"夹缝"，我觉得似乎也是一个伪问题。作家的成长是一件顺其自然的事，也是一件特别需要耐心的事，最大的70后也才不到50岁，就写作而言，还有充分的时间来接受检验，怎么就成了"错过了"呢？前些时间有媒体问我，是不是会觉得被低估，我说："从来没有觉得被低估，偶尔觉得被高估。"——不知道其他领域如何，文学这个领域，有一种不言自明。你写得好，就不会被淹没。所以，其实不必为70后着急，70后自己也不用着急。

至于"成功"，这也是一个很可疑的词。把成功这个词来和我扯上关系，我一向觉得很陌生。回首来路，难以忘怀的皆是形形色色的失败，不堪一顾。

在中国现代性和都市生活快速发展的今天，人的精神也发生着变迁。文学是反映时代最好的方式之一，在这个过程中，作为女性作家，你是否更为关注女性精神世界的变化？

女性人物在我的小说中出现得确实比较多，因为同为女人，写起来可能比较容易抵达。所以关注女性精神世界是很自然的选择。但写作如果仅限于个人经验或者和自己很贴近的某类人的经验，那正如张爱玲同志说过的那样，“通篇我我我的身边文学是要挨骂的。最近我在一本英文书上看到两句话，借来骂那种对于自己过分感兴趣的作家，倒是非常恰当：他们花费一辈子的时间瞪眼看自己的肚脐，并且想法子寻找，可有其他的人也感兴趣的，叫人家也来瞪眼看”。

再怎么说，肚脐眼还是小，看够了就得把目光投向其他地方。所以除了女性角度，我尽力让自己的关注不仅限于女性，当然也不仅限于男性，总之不被性别所困扰，只关注于男性女性通用的那个词：人性。

就你的作品而言，你从不同侧面反映了当下都市女性的不安和焦虑：比如《失语症》里不断想要离婚却始终开不了口的尤优，《最慢的是活着》中因奶奶去世而失去安全的“我”，以及《拆楼记》中想要在拆迁中多得利益而倍感焦虑的姐姐。为什么你更想书写这些罪和这些焦虑的话题，而不是让人感到幸福的作品？

赫尔曼·布洛赫曾说，小说家只需要遵循小说的道德。我觉得这是一条金律。在创作中，我要的不是常规审美中的“幸福”，我要的是文学意义的丰富。我觉得这就是文学或者说是小说的伦理。你读《红楼梦》时幸福吗？读《罪与罚》时幸福吗？读《包法利夫人》时幸福吗？读鲁迅、萧红时幸福吗？很多文学作品不是精神“甜品”，不负责提供简单的幸福。当然，其中也有甜，但这甜一定是具有复杂深度的甜。比如，你读列夫·托尔斯泰的《安娜·卡列尼娜》，要是以一般的社会道德来追问：托尔斯泰写这个东西是什么立场？他到底要歌颂什么赞美什么？他不能就写安娜的幸福生活吗？这个就没法说了。但是你看他把安娜写得，让大家那么喜爱，对她充满了同情，一个正常情商和智商的人都能理解她，理解她的痛苦和她的选择。以至于多少年之后的读者读到她，依然会为她流下泪水，我觉得这就是一个作家应该提供的具有复杂深度的甜，是高质量的阅读和思考，也即高质量的幸福。

评论家张莉曾说：“作家就是要向人性的更深处探寻，以带领我们更深入理解和认知这个世界。一位大作家，面对人性的深渊首先应该是不回避……他们写的是人性，写的是人性的善与恶的交集处和混沌处，他们写的是我们凡人所不能抵达之地。我以为，伟大作家首先要有个强大的、有承受力的心脏，他必得是‘临渊的勇者’。”我很喜欢这段话，虽不能至，心向往之。

你在作品中以温和或者激烈的方式写了那么多都市人的精神问题，他们不安、困惑、隐忍、焦虑，某种程度上是否也是你焦虑的一种纾解方式？

我的作品经常以“我”为叙述角度，当然要有很多自我的东西。但请不要把作品里的“我”和作品背后的我画上对应线。每个人都有多种面目和身份，我也一样。就写作伦理而言，我作品中的每一个人都不是我，不过，也都是我。他们都是一部分的我，也是我的一部分。他们的一切情绪，我都得经历和体验，包括焦虑。写作能让这一切得到有效的纾解，“轻微的毒”也常常因此得解。

在你书写这些“不满于生活”的作品背后，我似乎看到了你对更公平合理更幸福的生活的渴求。在你内心，什么能够让你获得安全感？你的理想生活是怎样的？

“不满于生活”的作品背后——有多少人是因为满于生活而写作呢？我也一直以为，没有什么是绝对的安全感。安全感都是相对的，比如今天，到医院体检，医生告知我一切都好，那我就获得了安全感。回到家里，孩子也刚好放学回来，看到他，我的安全感几乎爆棚。至于理想生活的指标，真是一言难尽，不说也罢。

你在《认罪书》的开篇题记中写道：“是时候了，我要在这里认知，认证，认定，认领，认罚这些罪。”可以说，从一开头就为故事定了基调——罪与罚，我想知道你所说的“时候”是什么？我们有何罪需要认领？

这里的“是时候了”是主人公金金的一种特指语态。因为她生命无多，必须诉说，所以就是时候到了。当然，对这个“时候”有最终决定权的还是读者，也许当下有读者正在读，那就是他的“是时候了”，也许十年之后还有读者去读，那在他打开书的一刹那，也是“是时候了”。

论到罪，《认罪书》的初衷和道歉有关，和忏悔有关，和反思有关，也因为道歉、忏悔和反思的人是如此之少，所以更和追究有关，和认罪有关。所以《认罪书》题记中我写下了“要认知，认证，认定，认领，认罚这些罪”，这“罪”到底是什么罪？我想——当然这样的问题可以有更周详的回答，但我还是愿意去做一个哪怕不周详但却有重点的回答——我最想让小说里的人和小说外的人认的“罪”，也许就是他们面对自己身上的罪时所表现出来的否认、忘掉和推脱。至于导致所有人悲剧的“罪”，肯定不止一种。时代的，政治的，民族的，文化的……都有其根源。而我在《认罪书》里想探讨的，只是平常人的罪。正因为平常人这些罪都很难说是上条上款的实际罪状，所以这也正是我想探究和表达的。

写这个小说前，我在网上看过一个人物纪录片，叫《我是杀人犯》，主角是在16岁那年杀人的，那一年是1967年。我写的时候想起了这个人，我想：是直接从杀人的角度写呢？还是从谁都没有亲自动手杀人所以谁都可以觉得自己无辜这个角度写呢？最终，我决定，就从后一种角度写。自认为没有罪的人一定是绝大多数。这绝大多数是最容易被人原谅和自我原谅的绝大多数，当然也是最容易被遗忘的和最保持沉默的绝大多数。从这个角度写，更微妙，更繁复，也更有我自己认为的意义——这种对自身应当承担的责任去回避、推脱、否定和遗忘的习惯作为我们国民性的一种病毒，一直运行在无数人的血液里，从过去流到今天，还会流向明天。如果不去反思和警惕它的存在，那么，真的，我们一步就可以回到从前。也因此，每当看到80后、90后对《认罪书》进行阅读和评判的时候，我会尤其感觉欣慰和惊喜。

《认罪书》里的金金在情感上被爱人抛弃，决心报复终生。换句话说，她是以牺牲自我幸福的方式来报复他者，而不是化解仇恨。这是否揭示了都市人情感脆弱，很难对问题做出理性处理，以致会走上极端？这是时代的后遗症吗？

这个问题似乎有一个预设立场：金金自始至终都是一个沦陷在自身爱恨情仇里的小女人。这是让我觉得特别遗憾的。我设计金金这个角色是想要她作为一个非常重要的罪的发现者、认证者、认领者来对整个故事的主线起到一个支撑的作用。至于复仇，这个故事虽然是起于金金的复仇，但她是由复仇开始，以认罪结束。金金的复仇是向外的，是对别人的，而认罪是对自己的。也就是说金金本来是冲着别人去的，最后却把矛头转向了自己。这是金金的可贵之处。

小说中的金金是80后，我自己是70后，在写作之初我想过把金金定位为70后，但最终还是将其设定为80后。80后对历史深藏的国民性的东西可能认识更浅，更不够，那么，从80后的角度去写，因为他们对历史的认识几乎空白，反差就会更大。我觉得这个设定更有意义。也因此金金这个名字，直观的字面意义是“金色的”，这说明我们这个时代是一个非常物质化的时代；另一方面，“金金”谐音“今天”，是指当下的，说明的是历史和现实的深层关系。我设置金金这个人物就是试图为80后、90后的读者补上历史这一课。所以我特别希望80后、90后读者或者更年轻的读者在我的小说中读到这段历史的时候会有所思考，这样我会很欣慰的。

因此当张莉老师说：“事实上我认为这个小说有一个潜在的读者群，它其实是给更年轻的一代看，这个作品非常成功地完成了一点，是青年一代认同和情感交流的一部小说，因为反向的挖掘适合青年一代读者去重新观察、感应和面对我们历史中不愿意去正视的东西。她做到了，我认为乔叶作为青年作家承担了这一代人的历史书写，而且找到了她的一个路径，我一直认为作家是独特民族精神的记忆者，70后作家在很长时间里没有找到他的历史担承，这个小说做到了。”我觉得她特别懂我。

金金是有心计的女性，她先是潜入对方家庭，在对方兄弟中间做情感游离，然后牵扯出这个家庭不为人知的秘密。这和你在《失语者》中塑造的隐忍型的女性形象有很大不同，但是又和你在其他小说中塑造的女性一脉相承，她们都具备出身贫寒、备受屈辱、不甘低贱、勇于奋斗、率性自为的特征。但古人说，最毒妇人心。你想要塑造她们的初衷是什么？这些内心积聚的毒有化解的方式吗？

我觉得，如果我小说里的某些女性是有毒的话，也是轻微的毒。作家中的评论家李浩先生曾经说："乔叶的文字里，眼光里，带有某种轻微的毒。即使她在下调了视角之后，即使她给予了充分的理解和体贴之后。这份毒……既有旁观之冷、之准、之狠，也有感同身受的热和温，还有针对于自己的针砭与自嘲。"我比较认可他的鉴定。

这种微毒，人人都有，无论男女。土地有自净功能，人心也是。微毒不是剧毒，微毒若用自己内心的善和爱，是能自我化解的，我相信。至于"最毒妇人心"这句古话，我一直都当玩笑听的。古人还说过"无毒不丈夫"呢，是吧？

在故事的结尾，主要人物都以死亡为结局，张小英、梁文道、王爱国、钟潮、赵小军、秦红、金金的妈妈等一系列人都是有罪的，有的出车祸，有的病死，还有的自杀而死。你并没有给予他们赎罪的机会，而是以他们纷纷死去作为结尾，这是否也表达了你对他们行为的批判？

这个小说既然是个悲剧，就不可能有一个大团圆的喜庆结局。有很多读者说我下手太狠，让他们的小心脏受不了，其实我自己写的时候也常常很痛苦，可是我也没办法。故事设置并不是完全由我做主，甚至可以说我到后面越来越不做主，只能跟着他们的性格和命运走。他们的力量就是这个小说的力量。我想他们也只能如此。不过我也不认为这个故事没有温暖的亮色，远远和未未这两个孩子象征的就是希望。还有认罪者金金，她认罪的过程虽然很惨烈，但她最后也脱胎换骨，重塑了自己的灵魂，这就是最大的温暖。至于我对他们，批判是肯定的，但也有无比的怜悯和心疼。

除了以上这些人物，还有两个富含隐喻的主人公——梁知和梁新这两兄弟，谐音上则为“良知”和“良心”，唯有良知和良心让他们时刻知罪、认罪。你认为现在社会上的“罪犯”不知罪不认罪不改罪，是否正是因良知和良心的丧失？

《认罪书》里有一些缺点，比如说小说中的梁知和梁新两兄弟的名字，起名的时候我是煞费苦心，可现在一看用意太明显了。本来写作应该含蓄地表达，可我却写得赤裸裸的，几乎没有什么隐喻可言，梁知——良知，梁新——良心，梅好——美好，梁梅——良没，金金字面义是“金色的”，象征当下的物质性，在谐音上则意味今天……几乎都成明喻了。面对这些，我自己也觉得很不好意思。有眼力毒辣的朋友一语中的：“你用力过度。”说我做得最不好的地方就是太过刻意，可是如果再来一遍，你要我用力不够我也做不到。总之《认罪书》是我的作品中体量最大的一个，不论是长度还是体积抑或是涵盖的东西以及内容的深刻性，对我来说都是一个极富挑战性的东西，所以我也就只好原谅自己的顾此失彼。

你的《拆楼记》是你的第一部长篇非虚构作品，涉及“拆迁”话题，为何要通过“非虚构”这种方式呢？

首先，因为这种事情确实是“非虚构”。其次，这种“非虚构”被我看见了。其实一直都在看见，但是因为本能地知道这种事件写起来有多么难，潜意识里就在知难而退。直到2010年，《人民文学》杂志社发起了“人民大地·行动者”写作计划，宗旨是：以“吾土吾民”的情怀，以各种非虚构的体裁和方式，深度表现社会生活的各个领域和层面，表现中国人在此时代丰富多样的经验。这个计划特别注重作者的“行动”和“在场”，鼓励对特定现象、事件的深入考察和体验。我加入了这个计划，获得了决定性的力量。于是从2010年冬到2011年春，我近乎强迫地让自己把目光集中在这个事件之上，在克服了一段心理障碍之后，就有了它。

不少非虚构作品都有纪实的目的，有新闻性，比如诺贝尔文学奖获得者阿列克谢耶维奇的作品，她以口述史的方式来反应人们的内心想法，而你不同，是以小说的方式，你如何看待非虚构和小说的结合，以及近两年来在文学界掀起的“非虚构思潮”？

“非虚构思潮”近年来备受关注，其社会意义和文学意义有目共睹，无需多言。我还是重点谈谈“非虚构小说”吧。在我浅薄的理解中，所谓的非虚构小说，就是非虚构的小说，或者说就是小说化的非虚构。之所以想用非虚构的小说或者小说化的非虚构来写这个题材，是想用小说化的技巧来优化我想传达出的那种真实感，使我想传达出的真实感能够以一种更集中更有趣也更富有细节和温度的方式来展现在读者面前。使读者能够看到在这样的事件中——这样很容易把具体的人心和人性遮蔽住的事件中——活生生的人心和人性。总之，就是想用小说这个利刃插进事件的骨缝中，在小角度尽力解剖巨牛的同时，也使得整个叙述效果更为趋真。

这个我们听起来很新的称谓其实一点儿都不新了，在美国甚至已经成为了一种文学传统。它是暧昧不明的，但它最吸引我的魅力也正在于它的暧昧不明。暧昧不明就那么不好？小说难道就必是纯虚构？其他文体难道就必不虚构？文学样式之间就必得楚河汉界？水火不容？每种样式之间的门都是相通的，只要你愿意，只要你认为有必要，就可以随便串门，我认为。所以，我写的时候，就只想尽力抵达我最想要的那种真实，哪种表达方式顺手就用哪种，没有顾忌那么多，事实上也顾忌不了那么多。也许，还是用《人民文学》杂志的口号来总结才更为恰当：人民大地，文学无疆。

透过故事，我看到了拆迁过程中人们备受的精神煎熬。“拆”是破，“迁”则是立，在破与立之间，必定会对我们久已形成的精神家园造成影响。梁鸿曾点出，拆迁背后其实是一整套的道德模式、生存方式、一种文明状态，拆掉的不仅仅是房屋而是生活方式。你觉得获得更好的生活，是依靠固守原来的生活方式，还是适应改变，建立一种新的生活方式？

“拆迁”是城市化进程的一个现实程序，这个程序是一辆气势磅礴的大车，它轰隆隆地向前开去。它的轮胎下碾碎了多少东西，我想，有过乡村经验的人多少都会有所体会：淳朴的民风、厚道的人情、古老的传统、稳定的秩序……这些都已不复。当然，这个世界唯一不变的只有变。因此对于变化本身，我能够以相对平静的心态接受。但这个世界无论如何变化，总有些内核的东西应该相对稳定，所以让我内心动荡难安的就是变得混乱，变得突兀，变得不合节奏和规律。也因此，有媒体问我有乡愁吗？我的回答是：对于乡，我不是愁，是疼痛。

身处其中的女性似乎对拆迁更为敏感，故事中的姐姐就是想要扩大面积多得房的始作俑者，但是男性更具有决定作用，比如故事中的“我”必须要去请教老教师帮忙。男性倒成了关键人物。你怎样看待在拆迁中男性和女性人物之间的这种不同？通过故事又如何表现其中的戏剧性？

其中的女人不关键么？姨妈，姐姐，还有“我”。其实在拆迁这样复杂的事件中，性别差异很弱，无论是男人还是女人，大家都是被利益倾轧的人而已。至于戏剧性，只要诚实地面对生活即可，因为这样的故事在生活中本身就很戏剧性。

故事中涉及的人物，几乎都是我们身边所熟悉所认识的人，可以说是平日里不被人关注，又显沉默的大多数。你的伟大之处在于，把普通老百姓埋藏内心深处的算计都展现出来了，比如为了多分点楼房，不惜送礼托关系，违规扩建自家拆迁院落等等。你怎样看待这其中的“算计”？他们真的是在算计钱和房子吗？

“伟大”这个词从来和我就没关系。我是个极其平凡的写作者，所以很喜欢写身边那些极其平凡的人。我写他们的喜怒哀乐，还有你说的，他们的算计——说到底，钱和房子都是庸俗的利益，而这些庸俗的利益往往决定着不庸俗的精神，你是否有安全感，你的幸福指数有多高，等等。所以，他们的算计是多么必然啊。现实生活中，有几个人能逃离得了这样的算计呢？

设问人：李金哲 《青年报》记者

孙　频

孙频，1983年生，山西交城人。著有小说集《隐形的女人》《九渡》《三人成宴》《同体》《假面》《疼》《十八相送》《无相》《异香》《罂粟的咒》《自由故》《盐》《鱼吻》《不速之客》，以及长篇小说《绣楼里的女人》。曾获《小说月报》百花文学奖、《小说选刊》年度奖、《花城》文学奖、《上海文学》奖、紫金山文学奖、“紫金·人民文学之星”新人奖、《钟山》文学双年奖等。

伤痕是用来照亮自己前方的微光

孙频是默默地以传统方式成长起来的，虽然不曾有过同时代某些作家站在聚光灯下的明星感，但是她在这条路上走得相当超群。她表示，所有的人，所有的植物，所有的动物，来到这世上都是有自己的使命的，作家更是一群有使命感的人，所以她不会像明星一样，为了维护自己所谓的形象，去写一些安全无害的不痛不痒的东西。

2017年，年轻一代的小说，我觉得有两部值得注意，一部是默音的《甲马》，一部是你的《松林夜宴图》。这两部小说都涉及到在家族世系的传递上识别和再认“我是谁”。而一旦回溯当代家族史必然回避不了更大范围的“当代史”，这个更大范围的“当代史”在当下书写中充满着晦暗和禁忌，但同时也赋予小说“历史感”。指出这一点并不是说你其他的小说匮乏历史感，相反，你是同代作家中罕见的持续地将个体微末的人置于时代的洪流中的作家，哪怕具体到每一个人触碰到的只是时代洪流的一朵浪花。我的问题是，《松林夜宴图》这种“清算式”的写作是偶然的，还是写作进入某一阶段的自觉？

我觉得如果说写作中会有一些终极的命题，其中之一便是，一个写作者一定会反复追问“我是谁”的问题。但关键的问题其实不是去追问我是谁本身，因为我们最后能看到的自己并不是一个可靠的自己，首先人是在回忆中不断生成的，回忆一直在帮助我们重塑自我，记忆的不可靠其实给了我们种种借口，那也就是说，我们最后看到的自己其实也并不是自己，而是历史或者说历史的某个片段。就是这历史的片段也被附加了太多的东西，比如权力，比如操控语言的方式。这就是你说的，在“当代史”的当下书写中必定会充满着晦暗和禁忌。但我还是觉得必须得写点什么，还是得艰难地表达点什么，因为如果我不去写不去表达，我同样抵抗不了那种虚无感，一个个体存在的虚无以及在历史中的虚无。

所以我有时候想，尽管一个作家也很难抵御名利的诱惑，但对于一个真正的写作者来说，写作的终极目的还是为了抵抗那种虚无，也就是说，如果不写作这个人就无法存在。当一个人试图去探究存在的时候，很难不让自己置身于岁月的过往，置身于时间编织成的幻象之中。岁月和时间构建成的苍茫与怅惘大约就是你所说的“历史感”。只是，我觉得这种对历史感的触碰并不是刻意而为，甚至连自己都不曾意识到，那只是因为一个写作的人对当下对眼前产生了厌倦之后最本能的反思。当下过度的实利主义精神和物欲的甚嚣尘上都让我有了厌恶感，与此同时还有了对于作为人的厌恶，就是这种厌恶感会逼迫一个人在文学和艺术里寻找空间和慰藉。

写《松林夜宴图》这篇小说的缘起是我看到了一句话：“艺术的权力就是命名，名字都没有，宗教就消失了。”所以我写这篇小说的初衷并不是要去回溯一个家族史，因为所有家族史的书写看上去都已经大同小异，血缘造就相似的命运和逃不出的性格牢笼。我在这个小说中真正想表达的其实是，艺术的权力和历史的真相之间的关系。一个艺术家究竟有多少表达的权力，而这照应着艺术家的信仰和历史的真相。你大致可以看出，近两三年的时间里我所思考的东西决定了我小说的走向，而我思考什么倒真不是一个偶然性的问题。这还是因为在长期的写作读书生涯中自然而然地有了属于我自己的判断和思考，与此同时，所见的世事越多，那种个人连朵浪花都不算的苍茫感便愈强烈，于是便几乎是自发地要把微末的个体置于时代的洪流中。

《松林夜宴图》最有价值的是：李佳音如何处理与生俱来的创伤记忆。而对你而言，则是“伤痕”如何被书写。这是贯穿40年当代文学的一个重要文学母题，现在被你接过来，你自己是如何思考和处理的？

伤痕文学作为一种文学现象出现在20世纪70年代，持续时间不算很长。近年，评论家杨庆祥老师又提出了一个“新伤痕书写”的概念，指改革开放以来的文学作品中反思资本、社会、宗教等秩序对普通个体所造成的伤害。在其《“新伤痕时代”及其文化应对》一文中，有这样一句话“这究竟是一个什么时代？从阶级和分配的角度看，这是一个不平衡（不平等）且这种不平衡（不平等）被正当化的时代。从产能和利润的角度看，这是一个严重过剩的时代，且这种过剩在进一步加剧不平衡和不平等”。对这种时代特质的总结我是很赞同的。事实上在我近两年的小说中，一直试图探讨的一个命题就是关于个体与时代的关系。个体与时代之间的复杂共生关系几乎构成了个体们创伤的源头，也所以会成为贯穿四十年当代文学的一个重要文学母题。

《松林夜宴图》中李佳音与生俱来的创伤在于，她一出生就受到来自于艺术家外公的熏陶，或者说是一出生就接受了来自于艺术的那种神性的启蒙。她是一个被纯正的艺术启蒙过的人，就已经和别人有了区别，而她出生于20世纪70年代，大学毕业的时候正是1995年。我在很多小说里写过1995年这个年代，因为在我的记忆中，很多事情是从这一年开始转折与彻底变化的。

比如从这一年开始大学毕业生不再由国家包分配，比如从这一年开始，大型国有工厂开始了陆陆续续地走破产与改制的道路，大批工人纷纷下岗失业。也是在这一年，一群艺术家从圆明园艺术村被赶走，他们搬到宋庄，当时那儿只有47个贫穷的农业村和几座工厂。那时候的艺术家都没什么钱，还没有太多物质的概念，真的是到宋庄搞艺术去了。有些真正热爱艺术的人扔掉体制内的工作，流浪到宋庄只为了能自由画画，比如小说中的罗梵就是这样一个缩影。

李佳音大学毕业就在这一年，这也就是说，她的艺术生涯从一开始就要与市场经济与商业纠结在一起，这种纠结无疑会给艺术家们带来不安全感，这也就是李佳音最后从浙江回到白虎山下当老师的原因，稳定感在时代的裂变中演变成了奢侈品。而李佳音的悲剧在于她是从出生就受到艺术启蒙的，堕入安稳的世俗必然导致她的孤独，而这种绝对的孤独又导致她一定要为自己寻找一个精神支点。但是在离开那种麻木的安稳之后，她又发现自己很容易地就会被商品经济所吞噬。而作为她一直以来的一个精神支点的外公最后告诉她的却是一个关于人性的残酷无比的真相。

她的时代和外公的时代，她的历史和外公的历史在一张画里相遇、碰撞、宽恕、和解。因为他们虽是两代人，真正的精神困境却并没有大的不同，真正需要面对的人性也不曾有任何变化。他们在一种真正的和解中不啻为一种最深的知音和浴血而归的战友。时代从不怜悯任何人，也不肯放过任何人，每一代人都终将有属于自己的伤痕，而这伤痕无论是在文学中还是在艺术中都永远不会消失，都将是生生不息的人类用来照亮自己前方的一点微光。

和伤痕、创伤记忆相关的问题很多，比如记忆和遗忘，比如对伤痕和创伤的追责，比如伤痕和创伤的个人痛感以及弥合的可能性，这些在你的小说都得到较为充分的文学表达，我相信这个表达过程也是一个自我清算的摸索过程。

是的，写作确实是一种自我的清算。在我看来，文学是有情感的，并不是说把生命、情感放进去就是文学，而是将生命、感情，以及有时代性的内在生命力和外在生命力四者配合起来才成为生命的。而我个人尤其看重小说的内在生命力，就像一个人活下去要有意义一样，一个小说写下去也是有其内在的意义的。我想，对于小说来说，所有埋在时光深处的记忆和遗忘，所有的伤痕和痛感，以及对这伤痕和痛感的追责才是最核里的能量与动力，最终会由它们来带动整个小说的气质与走向。所以，我从来都觉得，写小说是要从最内在最深最隐秘的地方来找动力的，而不是看到这个热闹嘈杂的时代正发生了什么就忠实地记录下什么，看到什么最流行就急忙去写什么，伤痕流行便去写伤痕，悬疑流行便去写悬疑。我们真正能写的其实都很有限，那是从我们内心里长出来的东西。

同样，我看重《松林夜宴图》和你以前的小说在情绪处理上的巨大差异性。《松林夜宴图》有意减缓了激越的怨愤，多了宽宥、慈悲和豁达，在小说中，李佳音的“艺术生活”恰当地承担了凿穿世界黑暗的任务，微光照亮。同样，你的《光辉岁月》亦以“向所有的岁月致敬”作为小说的基础体温。我想你自己应该最清楚这几年你自己创作的变化，而2017年只是一个自然的结果。

从2008年开始写小说，不觉也写了10年了，10年看起来不长，但对于一个写作者来说在其中已经经历了不少的摸索与调整，只是这跌跌撞撞的摸索全在暗处，就像一种内里的伤口一样，得由自己来消化，自己来痊愈。我记得我发表第一篇小说的时候，我当时的责编曾给我打电话说，这是一篇很有力量的小说。力量两个字此后便一直是我小说的基调，眼见的自己和众生的生存图景，精神与现实的争斗与纠结，使我一直不想削弱我小说中的力量感，不想去写那种面目模糊半睡半醒的小说，想从自己的小说中汲得某种倔强的支撑。

后来有一段时间，这种力量感又被我强化，试图把小说写到痛彻心扉，于是被你冠以了“生猛酷烈”的标签。这种说法确实能概括我那段时间里的创作，每一篇都要写到极致，都要写到让自己都痛得无法再写下去。所以在写小说的时候，我自己也为自己的小说付出了很大的代价，我投入了巨大的高浓度的情感，这对我自身就是一种损耗。再到后来，我忽然发现自己的写作渐渐温和下去了，就你说的，减缓了激越的怨愤，多了宽宥、慈悲和豁达。我想这一方面是因为年龄在渐渐增大，一眨眼就从二十多岁到三十多岁了，所见之事之人也渐渐增多，开始更透彻地理解这个世界，理解世人。另一方面是我自己的内心确实也发生了变化，在漫长的写作生涯中，我比常人更敏感地感触到了究竟什么是岁月，什么是时间，什么是活着。所以我会在《光辉岁月》里说，向所有的岁月致敬。那种虔诚那种苍凉的感慨都是真的，都是自发地从我心间生长出来的。我开始渐渐学会一些事情，比如宽恕、感恩、忘记。

我渐渐开始从坚如铁石的现实中寻找到一些精神的微光，渐渐地减少了曾经心底那种巨大的绝望。大约是因为我明白了，如果不这样改变就很难去持久地做一件事情，甚至，也很难持久地活着。我一直记得我写《光辉岁月》时的那种感觉，一段一段岁月地写过去，每写一段岁月我都会为之流泪不已，但那不再是疼痛感了，就是你想诚挚地为一些过去的事情过去的人流泪，却没有太多的原因，不是恨不是感激，你仅仅是想为这文字里的人和岁月流泪。

现在我们可以回顾下你的写作经历，大概在2012年，我开始注意到你的写作。与你同时代的写作者是客观上存在的一个所谓80后作家群体。这个群体，和《萌芽》，和“新概念”，和大众传媒制造密切相关。你的写作从一开始就没有被捆绑在这个代际，你自己也没有依附过80后的文学新传媒，比如《鲤》《文艺风赏》、ONE·一个等，而是从传统文学期刊成长出来的，这种不同的出场方式对你的写作有没有影响?

每一代作家的出场方式也许都不相同，70后作家们经常会提到80后作家与市场的关系，觉得80后作家更占市场的优势。其实，真正占了市场优势的80后作家一共加起来也就那么几个，他们借助“新概念”的平台在年少时便成为市场的宠儿，那也算是当年的一种商业机遇，因为现在如果再模仿“新概念”那样的模式，估计已经没什么用了。

更多的80后作家都和我差不多，默默地在传统文学期刊中成长着，一篇一篇地写，一篇一篇地投稿，发表，再积少成多地出书，同其他代的作家们其实根本没有什么区别。以这种方式出场的作家，比如我，从不曾有过做商业宠儿的荣耀感，也不曾有过站在聚光灯下的明星感，没有对比就没有失落，就像在山里长大的孩子没见过摩天大楼一样，倒也内心平静知足，自得其乐，又因为这份寂寥和孤独，倒也能沉得下心去认真想想文学到底是什么。这个时代媒体的炒作和热闹的造星运动对我也不是没有伤害，只是我懂得适当地远离人群，保持内心。前提还是因为孤独久了，便适应了孤独。

你的小说往往都会预先对人做减法和剥离，减去和剥离一切附着物，让人退回到最基本的生存，所以你的小说也往往会呈现出“极端生活”，在极端困厄中去考量人的作为和人的相处。你的小说会让人产生阅读的不适感可能也源自这种极端叙事。并且至少在某一个写作阶段，你的写作充满极端的冒险，以至于“生猛酷烈”曾被拿过来做你的标签。

小说本身就是一种带着实验性质的艺术，对吗？不去尝试你永远不知道怎么写才是最适合你的。而且我赞同在写作中要打开自己所有的感官去寻找感觉，因为我觉得小说就是一种艺术，那么艺术的感觉就分外重要。优雅迤逦也罢，生猛酷烈也罢，都不过是一种艺术感，都不过是作者在写作时找到了打开内心打开感官的一把钥匙。你说得不错，有段时间我确实尝试过极端的冒险写作，那是因为当时那样写的时候我觉得很快乐，是那种带泪的快乐，因为这种极致的写法把我性格里与之相应的成分都逼了出来，与小说成为一体。但不代表我会一直这样写下去，因为我本身就是在不停地尝试之中，而人的感觉和经历也都是在不停变化的，那么对小说的感觉也必定随之在变化，你也许会对两年前自己写的小说忽然感到厌倦。写作必定是一个阶段一个阶段地往前走的。

“身体”应该是进入你小说的一个重要通道，在某种程度上，你的小说是一部“身体史”，你从各种角度去安放身体，觉悟身体，也反思身体。而且，在你的小说中，身体往往是审美意义上“丑”的，人和人的厌弃往往也是身体的厌弃，至少是其中一方厌弃，比如《无相》《我看过草叶葳蕤》等。

可能是因为我比较早地明白了人间的疾苦多与身体有关，生病也罢，死亡也罢，羞耻也罢，更多地都是落在身体上，由身体来承担，身体成为世间罪恶的替罪羊。而人的精神则是脆弱的，孤独的，依附于肉身之上的，这使我经常会把肉身抽离出来冷眼旁观，因为承载太多，就时常会发现肉身的丑陋。说到底，这大概是一种对于生而为人的无奈。

而且，和“身体”相关的是女性经验，在更早的时候，我曾经强调不要用概念化的“女性写作”去规训你小说的丰富性，但时至今日，你小说的女性经验已经是一个无法绕开的问题。

我本身就是一个女性，对女性经验肯定更了解更熟悉。我倒不认为我是所谓的女性写作，只是我从自己的性别立场出发去写自己相对熟悉的东西，这样比较舒服比较自然。我认为没有必要为了摆脱女性写作的标签而在小说里充斥男性的视角和荷尔蒙。写自己最想写的，表达不得不表达的，是我一直以来的原则。

人和人相依为命的动力，在你的小说大多数不是抱团取暖，而是因为厌弃，反而不能分离。这种奇异的反常也常常成为你小说的叙事动力。

可能是因为在我看来，抱团取暖的常规动力不足以构成小说世界里的隐秘。当然我不是为了奇异而奇异，我就是觉得小说的世界和真实的世界是有区别的，小说里的情感更隐秘更幽暗更复杂，是经过萃取和挑拣的，是更讲究手法的。

“寄身人物”的介入和抒情会给你的现实生活带来一些麻烦，在普通读者阅读还满足于网络小说，小说审美亟待补课的当下中国，是很难让普通读者去区分作家的日常生活和小说叙事世界的。

是的，很多人在读小说时本身就是带着猎奇性的，这种猎奇不止在读者群中，就是在同行中也会有。而这种猎奇对作家本人来说确实是有伤害性的。我记得我曾说过，一个真正的写作者起码要有一种为了文学愿意把自己豁出去的精神，而不是一心要塑造和维护自己高大光辉的作家形象。作家不是明星，他只是把自己所有的情感和血肉默默交付到自己小说中的人物身上，而他自身的存在其实是没有作品重要的。因为我深信所有的人，所有的植物，所有的动物来到这世上都是有自己的使命的，作家更是一群有使命感的人，难道你就为了维护自己所谓的形象，什么都不敢去写吗？什么都回避吗？只去写一些安全无害不痛不痒的东西，在这样的写作中作家本人又有什么快乐可言？他又为什么要去写作？这样的写作又有什么责任感可言？

但即便冒着混淆你的真实生活和小说世界的危险，还是要研究你的个人成长史和小说之间的关系，比如你大学之前生活的山西交城就不只是你生命的出发地，也是你许多小说的起点，甚至我以为“交城”是你丈量世界的原点，这个世界是你的个人生活，也是你的小说世界。

小说里那个叫交城的小县城是我的家乡，从我出生到十八岁一直都生活在那里。十八岁出门远行上大学，从此以后多是颠沛流离的人生，一路辗转，从兰州到太原到北京到南京，算一算的话，在大城市里生活的时间其实也有十几年了，也不算短了。但是当我写小说的时候，我发现我不愿写城市，或者说城市走不进我的小说，我与它们始终没有血肉相连的感觉，即使离开也不会思念，似乎只是萍水相逢又擦肩而过。在这十几年里我一直思念着我的小县城，因为那才是真正与我有关系的一个地方。我思念那长满荒草的屋檐，幽深的胡同，破败的工厂，西边的群山，群山之上血色的夕阳，寒风中袖着双手的小贩们；我思念我家院子里的葡萄树，那棵郁郁葱葱的枣树，还有挂在树枝上的那只大葫芦。这一切才是真正与我有关的，才是像血液一样无声流淌在我身体里的，永远不会离我而去的东西。而在我十六七岁的时候是那么地渴望逃离小县城，渴望去大城市，甚至在刚上大学的时候还以自己是小城人为耻。

但是我感谢岁月，感谢时间，它最终将告诉我什么是真正的东西，告诉我我到底是谁。

一个最根本的问题是，你为什么要写作？你觉得对你来说，写作到底是疗愈和救济还是伤害？

我觉得与其说是一个人选择了文学，不如说是文学选择了这个人。在我十几岁二十出头的时候，我什么都不信，但是慢慢地，我开始相信一些冥冥之中存在的东西了，我开始相信命运的存在，那是因为我已经深深感觉到，有太多的东西是不在人力范围之内的。我也曾细细去追究自己到底为什么会选择写作，最根本的源头大概就是那种不平衡感。就是说，一个人与这个世界无法保持一种平衡感，无法从一种内在的韵律上感觉到舒服和贴切，那这个人就会感觉到痛苦，就会试图为自己找到一种方式去求得那种平衡。

所以我一直觉得，一个可以与这个世界保持和谐关系的人是不会去写作的。而这些不和谐的分子以自己的方式去冲撞去突围，或头破血流，或归于平静，也许一个内心已经充分和谐和平静下来的作家以后就不会再去写作了，那也算不得什么不好，就是一种能量守恒吧。所以有时候细细琢磨会觉得宇宙间真的是很有意思的，宇宙里其实自有着一种宇宙性的兴奋，它颂扬一切有生命或无生命的统一性，颂扬决定生物多样性的各种基本形状的组合，它还传达出一种危险感，所有这些事物和形状背后的进程是多么不牢靠，人几乎错过成为人，生命几乎错过成为生命。而各种力量之间的平衡又使得万物能安然运行在自己的轨道上。

所以，作家的不平衡终究会被囊括于这个世界的大平衡之中，他能带给这个世界的一点点眼泪或欢笑都不过是一滴水，转瞬即逝。写作对于作家本人是既有疗伤与救济的功能，也有伤害的功能，可是这都不是最重要的，最重要的是，不管怎样，写作都是一个适合做作家的人度过此生的最好方式。他也许再找不出比此更好的方式。

设问人：何平 评论家，南京师范大学文学院教授

朱山坡

朱山坡，本名龙琨，1973年生，广西北流人。主要作品有长篇小说《懦夫传》《马强壮精神自传》《风暴预警期》，小说集《把世界分成两半》《喂饱两匹马》《中国银行》《灵魂课》《十三个父亲》等。曾获郁达夫小说奖、《上海文学》奖、《朔方》文学奖、《雨花》文学奖，根据其小说《美差》《灵魂课》改编的电影分别获得第25届美国圣地亚哥国际儿童电影节优秀影片及儿童贡献奖、第30届东京国际电影节亚洲未来竞赛单元最佳影片提名。

空中加油能延长飞翔的距离

朱山坡曾经在政府机关做文秘工作十五年，为了能够真正地靠近文学，打入自己理想的圣地，先后两次走出广西，进入两所大学学习。他说能跟文学安静地待在一起，互相凝视对方，就有收获，就有启发，就能激发他的热情。这是否意味着，他要从“边缘”地带开始迈进“中心”地带呢？很明显这仅仅是他的文学方向，他依然热爱着那个地方，“生在南方，基因就是南方的，血液里骨髓里流淌的和储存的都是南方的记忆。南方的经验、南方的腔调、南方的气息，构成了南方的独特性和丰富性，在文学里这些东西生命力无比强大。无论我身在何处，我都坚持在‘南方’写作”。

在70后作家中，你是一个比较善于学习的作家。十年前你脱产到南京大学作家班学习，现在你又就读北京师范大学硕士研究生班（与鲁迅文学院联办）。这种学院式的学习训练对你的文学创作有帮助吗？

我在政府办公室工作了十几年，一直忙于公文写作，很少接触文学。但一旦转身投入文学创作之后，才发现自己如此才疏学浅，对当代文学简直是孤陋寡闻。面对这种状况想见缝插针式恶补也是很难的。因而，我决心脱离工作一段时间，专心致志地补一下文学课。对我而言，在南京大学两年收获甚大，这也是十年后我下决心去北师大学习的一个原因。只要听课，只要跟文学安静地待在一起，互相凝视对方，就有收获，就有启发，就能激发我的热情。在大学里读书，像空中加油一样，毫无疑问，能延长我的飞翔距离。

当下大多数作家的学历都不是很高，也不是名牌大学毕业。有人说，高智商的人几乎都不在文学圈。换句话说，写作不需要高智商，也不需要高学历。你认同这个观点吗?

有一定道理的。幸好那些智商极高的人不从事文学创作，而去搞科研发明和金融投资等了，否则作家这一个行当竞争更剧烈，更不好混。但是，作家拥有高智商、高学历也没有坏处呀。伟大的作家不一定有高学历，但肯定是有高智商的。我自认智商中等偏下，勉强适合在文学圈混，有时候还感觉到智商不够用。我一直以为要提高智商，进大学是最好的途径。所以那么大龄了还厚着脸皮坐在大学教室里，听年纪比我小的教授传道解惑、指点迷津。

在我印象中，高智商的作家是有艺术天赋的那种人，比如张爱玲，这类作家通常是可遇不可求。高学历并不是评判作家水平的标准，但不时“充电”是必须的，你曾两度前往高校学习，能否谈谈在北师大学习的情况?

在北师大学习一年间，我自认为还是蛮拼的。我们住在鲁迅文学院八里庄校区，跑到北师大上课。通常是乘地铁，从十里堡站上6号线，在朝阳门站中转2号线，到积水潭站出来，骑“小黄车”约十分钟可达北师大。上完课后原路返回，路上单程大约要50分钟。每周有一天课是早上8：00上的，因而6：50得出门去挤地铁。北京早上7：00左右的地铁拥挤程度超乎想象，有时候要等差不多十趟才挤得上去。开始的时候，面对车厢里拥挤不堪的青年男女，我不好意思挤进去。后来习惯了见缝插针，让别人把自己推塞进去。我们几个要好的同学晚饭后常常越过十里堡的铁路前往大悦城逛完单向街书店又回来；或沿着铁路一直往西走，从石佛营路返回来。有时候跨过天桥前往红领巾公园，看广场舞和湖面的夕阳。冬天，北师大的乌鸦数量惊人，给我留下了深刻的印象。我很少逛京城，和同学去过一次东北，目的是看雪，但说好了的雪一直没有下。以为一年时间很长，其实就是弹指之间。

北师大这一年，有哪些老师给你们上过课？

李敬泽、苏童、格非、李洱、欧阳江河、西川、邱华栋、张清华、张柠等名师给我们上过课，对我还是有启发的。我对大学依然肃然起敬，依然保持一颗热爱学习的心。一年下来，我没有缺多少次课。中午不得休息，有时候上课会打盹，但即使是打盹，我也尽量压缩时间，坚持把头抬起来。单词几乎忘光了的英语，我重拾起来，倾注了极大的热情，在英语课上我十分认真、投入。

学习期间，可以把工作放在一边，全身心投入文学的氛围中。这是催生好作品的土壤。与老师和同学的交流中，应该酝酿了不少作品吧？

是的，我的同学写了很多作品，我也写了一些。写完了长篇《绿珠》，接着写了小说集《蛋镇电影院》。我们常常自嘲，也互相鼓气，叫嚣着要写出“杰作”来。

看来创作上是大丰收了，祝贺你！现在谈谈创作的具体问题吧。经常有作家和评论家讨论“二手生活”的问题。你觉得你的人生经验够丰富吗？你笔下的生活是否也存在“二手”的问题？

并非所有的经典作品素材都来自“一手生活”，“二手生活”也未必写不成伟大的作品。几乎可以肯定的是，我们读到的大部分文学作品都是源自“二手生活”。当然，亲身经历的事情写起来更加得心应手。我也希望自己像海明威、杜拉斯、马尔克斯等等那样阅历丰富，见多识广，写自己的生活经验就够了。他们有足够的素材写一辈子“自传性”的小说。但我显然不是那类型的人。我的人生经验相当简单，跟大多数同龄人相似，波澜不惊，平常无奇，仅靠阅历不足以构建一个像样的文学体系。

你的小说素材多半来自“二手生活”，那么，这是否涉及到一个转换的问题，如何把别人的“二手生活”变成“文学素材”，转换成个体的文学经验？

我必须借助“二手生活”，借助想象力，把别人的人生经验变成自己的切身感悟。因此，我也常常去观察，去寻找我的小说人物和素材。当然，如何把“二手生活”变成“亲身体会”和“感同身受”，在自己的小说里没有隔膜感，这需要巨大的感受力和写真能力。

文学史家通常把何立伟的小说命名为“绝句”式的小说，那是因为小说中蕴含着无边的想象空间。我也曾在一篇评论中把你的小说《一个冒雪锯木的早晨》称为“诗小说”，这缘于你的诗人气质，请谈谈你对小说美学的追求。

小说是讲究意蕴的。尤其是短篇小说更应该以意蕴取胜。诗歌是最讲究意蕴的。如果能把小说写出诗歌的气质，那是多么令人暗喜的事情啊。我尝试过以诗歌的形式写小说（叙事诗），当然，我也应该尝试用小说的形式写诗歌。在写小说的时候，我能感觉到自己是一个诗人。在写诗的时候，我感觉自己在写小说。

你的某些小说充满了“诗”的意味，留白空间或可阐释空间很大。那么，在下笔之前你是否想到接受的问题？会不会担心读者认为你写的作品不像小说，或者与传统意义上的小说不一样？

我不担心。我一直努力写不一样的小说。我觉得自己的小说还不够另类，诗意还不够。我不奢求很多读者喜欢我的小说。

现在聊聊影视改编吧。20世纪90年代以来，以东西、鬼子、凡一平为代表的广西作家频频“触电”，一度成为中国文坛关注的焦点。最近两三年，你的长篇小说《懦夫传》和短篇小说《灵魂课》《陪夜的女人》《惊叫》《美差》《推销员》等同时被影视公司看中，买下改编版权，现在已进入拍摄环节了吧？

《懦夫传》被改编成60集电视剧，已经开机。《灵魂课》改编的电影已在东京电影节展映了。《美差》改编的电影《八只鸡》已全国公映。我没当过编剧，只是小说被搞影视的公司看上了。因此我算不上“触电”吧。但我对小说变成影视充满着期待，好小说和好影视是相互成就的。小时候我多么喜欢电影，看电影几乎占据了我的童年一半的记忆，以至近来我写了一部以乡镇电影院为背景的小说集《蛋镇电影院》，还原和复活了当年看电影的场景。那时候，我坐在电影院里，如果看到自己的小说改编的电影，那将是多么幸福的事情。

与你其他作品相比，你觉得这些被改编影视的作品有什么不同吗？你认为小说中包含了哪些影视元素？如果有，在创作中是否是有意识地融入一些影视元素？

小说应该有好故事，有好细节，还有令人难忘的人物，当然，还有清晰的画面感。这些元素也正是影视所需要的。好小说天生就具备影视的元素。刻意往小说中加入影视元素是没有必要的，像往水里加几滴油，徒劳无益。莫言说过，你越想把小说写成影视，离影视就越远。所言极是。

作家们常说，但凡作家都渴望财务自由。财务自由了，对写作是有很大的帮助的。你会为了钱去写那种有“看点”的剧本吗？

如果我去写剧本，绝对不仅仅是为了钱。如果不是热爱，我宁愿不写。每个人财务自由的条件是不同的，在南宁，有两三百万可能就能实现财务自由了，但在北京可能要两三千万。究竟要写多少剧本才能实现财务自由？如果能通过卖小说影视改编权来实现财务自由，对小说家来说应该是最理想的。我从不奢望通过写作实现财务自由。

广西作家的小说、诗歌带有明显的“南方特质”，林白和你的小说尤其突出，比如林白的《青苔》《致一九七五》等，还有你的《风暴预警期》及一些中短篇，无论是小说的气韵，还是语言方式，都是特有的，富有浓郁的地域性，为中国文学的南方写作提供了新的拓展空间。能否结合作品谈谈你对“南方”这个概念的理解？

生在南方，基因就是南方的，血液里、骨髓里流淌的和储存的都是南方的记忆。南方的经验、南方的腔调、南方的气息，构成了南方的独特性和丰富性，在文学里这些东西生命力无比强大。无论我身在何处，我都坚持“在‘南方’写作”。我和林白所处的“南方”，又有特别的东西。我们那里跟广东接壤，华侨多，客家人多，受港、台、粤和南洋文化影响很大，又有诸如鬼门关、南越等文化底蕴，还受到巫文化的浸润，对少数民族文化的耳濡目染，使我们的底色变得比较繁杂、斑驳，所以我们笔下有些习以为常的东西，在别人眼里却觉得神神道道，或觉得吃惊、将信将疑。

除了这种文化的地域性，在叙事语言的本土化上，你的写作具有典范性的意义。这是文学写作独特性的最直接的体现。

说到语言，更是让我们曾经感到自卑和纠结。复旦大学在上海刚刚举办了“广西作家与当代文学”研讨会，王安忆、陈思和、林白等都谈到了方言与写作的关系。林白说到小时候听到有人说一口流利的普通话就十分羡慕，就为自己的方言口音感到自卑。我也跟她一样。直到现在，我的普通话还说得不好。写作时我们都是方言的思维方式，把方言转换成普通话。所以有人说广西作家的语言不是那么“规范化、标准化”。可能这也是广西作家的特质吧。我宁愿一直保持南方特质，不刻意把自己变成一个“全国性”的作家。

从文学地理学的角度看，广西是欠发达地区，广西作家的写作很难摆脱被边缘化的危险。你觉得在边缘地区写作吃亏吗？比如说，在广西和在北京，对一个作家的成长肯定是有差别的，不仅仅视野和思考问题的方式，还有平台、传播和资源等等。北京就是中心，相对来说广西就是边缘。你觉得在中心写作跟在边缘写作区别在哪里？你有过纠结吗？

毫无疑问，中心和边缘是有很大的不同，即使是在资讯比较发达的今天，差别仍然十分明显。我们必须正视，但不必自怨自艾。默默地写，安静地生活，最好的朋友就在身边，最喜欢的人就住在对面，甚至没有人知道或在乎你是一个作家，这种状态也是好的。我有一帮球友，他们都不知道我是作家。如果大家都称我作家，我有紧张感，难为情。在下班后的现实生活中，我就是一个边缘人，很不显眼，即使是在球友中间，因为球艺不精，又不甚活跃，我也是边缘的。一个向来安心于边缘的人一旦站在中心，他会自在吗？会不会露怯显丑？

过去，你虚构了一个“米庄”，现在，你又在打造一个“蛋镇”。我在《风暴预警期》中读到了具有浓郁南方气息又陌生化了的“蛋镇”，从“米庄”到“蛋镇”是一种跨越。能否认为这是你厌倦了乡村，向城镇文学迈进？

农村题材写了那么多年，确实有点厌倦，想换换。我在农村长大，对城镇生活不是很熟悉，写城镇心里没底。写蛋镇前，我做了很多准备，每一条街道，每一条巷子，每一座房子，每一道桥梁，都在地图上标注得清清楚楚，进进出出的各式人等，心里都给他们画了脸谱。至少在我的纸上，蛋镇是坚固的。短篇小说集《蛋镇电影院》使蛋镇更加丰盈、宽阔。其实，我早已经开始尝试写城市小说，为此，我准备了很久。乡村终将离我们越来越远，城市文学将越来越重要。对城市，我也将乐此不疲。

迄今为止，你出版了《我的精神，病了》《懦夫传》《风暴预警期》等三部长篇小说，但无论从艺术形式上还是从题材内容看，这三部作品都显得风姿各异，有着完全不同的思考和美学追求，这在70后作家中并不多见。这种不断颠覆自我的尝试是难能可贵的。我想知道的是，每部作品写完，是否达到了下笔之前的审美预期?

写短篇小说很让我有快感，每写完一个，都有制作成了一件小玩意后的喜悦。写长篇小说让我有庄重感，好像在做一件重要的事情，重要到可以放弃任何身外之物，心无旁骛、全力以赴地去做。我写过的长篇小说，得失自在心头，不甚满意，但也不至于自认为是一坨屎。我会一直在变化，往好里写，往经典写。

从美学气质上，我曾把70后作家分为四类：一类是徐则臣、田耳、王十月、李俊虎等现实主义作家，这是人数最多的一类；一类是以乔叶、付秀莹、东君为代表的，具有古典气韵，承续人文传统；一类是鲁敏、朱文颖、滕肖澜等致力于女性书写的作家；再一类就是像你、李浩、路内和阿乙，属于专注于叙事探索的作家。当然，这只是我大致粗略的划分，很多重要的70后作家不能囊括其中。你对70后这一代作家的创作现状怎么看?

我拿不准你这样划分对不对。但我想，归类对作家来说都是很困难的，都未必准确。70后作家不断被提起，被评论，好像是，他们像一群溺水者，正在挣扎着、沉浮着，如果不往上提一下就要沉没了，从此消失了。沉没、消失的危险永远是存在的、巨大的，但不仅仅限于70后作家。如果一定要把70后作为一代，我认为这代作家取得的成绩并不差，达到了一定的艺术高度，即便拿到国际上去比也不见得逊色。现在纯文学就那样了，国际上的那些70后作家难道比我们强很多吗？但我觉得不能简单地以年龄来划分，现在还活着的、还在写的作家都处于同一个时代。文学史从来都是以时间段（比如一个世纪或半个世纪）来叙述的。

读者是千差万别的，初级读者、高级读者，以及作者心中的理想读者，解读作品的视角也是各不相同。哪怕是评价一个优秀的作家或一个杰出的作品，也越来越难以做到众口一词。评判的标准受个人的喜恶影响很大。你如何对待别人对你的评价？

有人说你写得好，也有人说你写得不够好，这都很正常。有人说我写得不够好，除了个人喜恶之外，可能是我确实写得不够好。我经常否定自己。但还好，因为我还相信自己能写得更好。

从2005年开始发表小说，至今已有十多年了。你的很多作品，如《陪夜的女人》《乌失踪》《灵魂课》《爸爸，我们去哪里》《回头客》《推销员》等短篇精品引起文坛广泛关注，影响越来越大，你对自己目前的状态如何定位？未来的创作有何规划？

我像是一个在大海里徒手捕鱼的渔夫，折腾了十几年，捉到了一些鱼虾，也积累了一些经验，但也突然到了油腻中年，被慵懒之气缠绕着，不太愿意冒险和苦熬了。有时候自掴耳光，催促自己到深水区捕捞一条大鱼，最好是大鲨鱼。非大鲨鱼不能激发我的斗志了。我正往深海寻找大鲨鱼。如果遇到了，就破釜沉舟，放手搏一把；如果不遇，也就算了，原路返回，晒太阳去。

你觉得你会火吗？

不会吧。因为一个作家要火，除了写得好外，还要具备其他很多条件的。

我说的火当然指圈子内部的关注度，就当下语境来说，想让一部纯文学作品火起来确是奢望。就文学圈来说，一个作家要火起来，需要哪些条件？

当然写得好是关键，但还得有契机。比如说改编成影视，让你的作品以影视的形式走进千家万户。要懂得吆喝，有平台、有媒介给你吆喝，有名家帮你吆喝，通过各种传播的方式让你的作品为人所知；还有获奖；也有不少好作品是通过读者和同行口耳相传变得炙手可热的。每个作家、每个作品都有各自的命运。有些作家生前就家喻户晓，有些作家死后才为人所知。关键是他的作品经得起时间的考验和筛选。这是常识了。

有人说，作家不要写得太多，写得太滥，要珍惜自己的文字。无论是当代还是现代，很多作家都存在重复性写作的问题，你认为在这个年龄段你写得够多吗？

我刚刚还跟弋舟谈论到这个问题。总的来说，我们70后这一拨作家在个体的创作数量上并不见得有优势，也就是说，数量还是偏小。前段时间，我在书店里看到莫言、余华、苏童、王小波等前辈的作品系列，在书架上排成一排，洋洋大观。在我这个年纪时，他们的作品数量就相当可观了。不说质量，我们的数量也比不上他们。他们50后、60后对文学的执着、投入和付出值得我们钦佩。反正，我自愧不如，我服气。当然，追求数量不能以牺牲质量为代价。有些作家重复自己，有的作家越写越差，只是为了刷存在感而写，就没有必要了。有时候读了某个著名作家的新作，真替他可惜：要是他从那时候开始不再写了，那该有多好！很多作家跟运动员是一样的，在正确的时间选择体面退役是明智的。我多么羡慕80多岁仍能写出杰作的作家。

近年来，广西作家与东盟国家的交流越来越频繁，很多作品都被翻译出去。我曾收到一本柬埔寨语版的小说集，其中有你的作品，能否谈谈你的作品在国外的译介情况？

除了《懦夫传》越文版在越南出版外，其他都是单篇翻译出去的，有俄文、英语、德文等，数量不多，说明我写得还不够好。

《懦夫传》译介到越南后有何反响？越南文学界怎么看这部作品？

当年应邀前往越南胡志明市，跟越南出版机构签订了《懦夫传》越文版出版合同。越南的图书做得很精美，我很喜欢。越南读者也喜欢读中国文学作品。我的一个短篇《鸟失踪》也曾翻译到越南，在《先锋报》发表。译者跟我说，他被小说感动哭了，所以才决定翻译给越南读者的。这也是一种鼓舞。

设问人：王迅 评论家，广西文联文研室副编审

张悦然

张悦然，1982年生，山东济南人。著有长篇小说《茧》《誓鸟》《水仙已乘鲤鱼去》《樱桃之远》，短篇小说集《葵花走失在1890》《十爱》。曾获华语文学传媒大奖最具潜力新人奖、汪曾祺华语小说奖、《人民文学》散文奖等，以及《人民文学》未来大家Top20、《南方人物周刊》年度青年领袖、《亚洲周刊》年度十大好书。

艺术创造能把人解救出来

“因为很早开始写作的缘故，我被一种艺术生活保护起来。”张悦然表示自己讨厌日常生活里的庸俗和无聊，认为只有艺术创造才能把人从中解救出来。艺术提供给她很多养分，但也带来一种文艺青年惯有的病症：把生活和艺术对立，把艺术变成逃避现实的庇护所，好在那只是一个阶段，过了那个阶段，艺术的气泡破了，现实的尘埃涌进来了。

说一句听起来相当矫情，甚至似乎还有些别扭的话，每次看到你、读到你的作品，我都会想起自己小的时候。产生这种联想的原因有两层。我先说第一层吧。以我自己为坐标，我大约是上初中前后听说你的名字、读到你的作品。那时候我们所能叫出名字的作家，大约都跑不脱“小学生课外阅读书目”“世界文学名著”的范围，对于还未作古的作家几乎毫无了解，更不用说跟我们年龄差别不大的年轻作者了。但我和我的同学那时便在阅读你的作品。今天看来，你的作品绝不是“小浣熊干脆面里的水浒英雄卡”或者像F4那样倏忽来去的流行文化符号。

从那时到今日，你一直在创作，好作品越来越多，我相信你和你的作品将会成为中国当代文学经典化过程的一部分。在这个意义上，你的写作同我们这一代人的生命其实是在一同成长，而且它是作为一种非常少见的、从未完结的“活体记忆”存在着：二十年前，你在写，我在读；二十年后，你还是在写，我还是在读；我相信再过二十年，这样的格局依然不会发生变化。因此我首先想问的问题便是，二十年前和二十年后，作为作家的张悦然身上发生了哪些变化？你写作时的心态、对文学的理解和期许，相比当初有什么不同？假设你面对着一个二十年前从小学六年级开始就喜欢阅读张悦然的“曾经的小读者”，你最想对他（她）说的一句话是什么？

你显然是过誉了，看来这会是一个相当友好的对话。我竟然已经写作那么多年了，连我自己都不太敢相信。对于那些“曾经的小读者”，如果他们还在阅读我的小说，我觉得已经很难得。人们总是很容易否定自己少年时代喜欢过的人，因为本质上，我们也在抛弃少年时代的自己。我们总是要以一种决裂的姿态进入成人世界。或许因为如此，我自己也很少去回顾最初创作的那些作品，其中有很多的草率和遗憾，当然也有一些离我远去的天真和热情。目前，那些作品依然在再版，在流传，但是它们好像跟我没什么关系了。现在经常还会有读者跟我说，《水仙已乘鲤鱼去》或是《十爱》如何带给他们强烈的触动，影响了他们的青春，而我感觉他们好像在谈论我家里的某个亲戚，一个我比较熟悉的人。过去的我和现在的自己，似乎是割裂的，像两块分开的大陆，只有地势状貌和植被分布可以证明它们曾经是连接的。

那我再说第二层，这次是以你为坐标。你14岁时开始发表作品，19岁获得新概念作文大赛一等奖。我参照这个时间标准想了想我自己，我也是热爱文学，从小立志当作家，但14岁时我还只能写几百字的作文式习作，19岁时写的诗今天拿出来再看，那真的是一边看一边笑。在文学上，你实在是非常早熟。我很想问，成为作家是你小时候排名第一位的梦想吗？你喜爱文学，并且一出手就写得那么出色，背后的原因何在？是纯粹的性格原因，还是周围环境的影响？

我小时候是个爱幻想的女孩，却没有什么明确的梦想。物理竞赛获奖的时候，我幻想过成为物理学家，水彩画被贴到宣传栏展示的时候，我又幻想自己能成为画家。我幻想自己成为一名作家的时间，并不比前面两种更多。可能因为作家太遥远了吧，怎么能通向它都不知道。那时候我确实非常喜欢读小说，但并不是为了学习写作，仅仅因为学校的生活非常乏味、单调。小说里所建构的世界，成了我的一个去处。那个地方不用买票，不需要大人陪同，而且那个世界里的一切，就好像专门为你一个人而准备的。它既私密又无比辽阔。

我记得在那些漫长的暑假，我会花一个星期的时间，做完所有的暑假作业，然后就进入一种无所事事的状态。很多炎热的下午，我一个人躺在爸妈卧室里那张席梦思大床上看小说。镶着层层荷叶边的缎面床罩，提供了仅有的一点浪漫氛围。至于枝形吊灯和雕花烛台，就只好完全凭靠想象了。同一个暑假，我读了《悲惨世界》和《查太莱夫人的情人》，在一个少女的心里，冉阿让的救赎和查太莱夫人的情欲是一回事，那是同样遥远而浪漫的东西。我会反复回到一些打动我的段落，记住它们所在的页码。但我从不在书上折角或者画线，一方面是因为那是我父亲的书，另一方面，我不是抱着学习的态度，想从书中拿走一点什么，恰恰相反，我希望书里的世界完整如初，下次再去那里的时候，还能怀有最初的悸动。

那段漫无目的的阅读时光，对后来的写作有一些帮助，主要是让我找到了独处的乐趣——让无用的思绪不断延展，接续。至于周围的环境，我想最大的帮助是它非常自由。我的父母从来没有试图按照他们的希望来塑造我。也许是无心的，但他们确实呵护了我所需要的那份自由。

和我一起阅读过张悦然的小伙伴们，现在有些人已经在因为谢顶而焦虑了。这是肉体生命成长所带来的焦虑。同样的，写作生命在延续的过程中也会遇到各种焦虑。这些年来，面对自己的写作，你所遭遇过的最大的焦虑（或者说危机感）来自哪里？最终又是如何克服的？

我最大的焦虑是担心自己会失去写作的能力。如果那是一种恩赐的天赋，那么我相信它随时会被上帝收走。我很喜欢契诃夫的一篇小说，叫做《美人》，在那篇非常散文化的小说里，契诃夫描述了一种看到美人时的悲哀，他觉得美丽就像蝴蝶，只不过是偶然栖落在一个女孩的身上，它自来自去，所以女孩根本无法把握它。在我看来，才华和美丽是一样的，我们并不是它的主人，只是它的一个短暂居所。我一度觉得自己失去了写作的能力，可能有那么几年吧，感情变得很钝，也没什么表达欲。那段时间就过得特别快，好像失去了计量它们的必要。不过我还是以非常缓慢的速度写着，主要是不写就更找不到存在的价值了，直到后来那种才能又一点点回到了我的身上。所以写作对于我来说，是失而复得的东西，一种宝贵的“寻回之物”。珍惜它的最好方式，就是尽情地享受它。最近几年，我确实比从前更享受写作了。

谈一谈你现在的生活吧。我注意到你的作品中经常会出现大量的艺术元素，例如美术、摄影、音乐等。青年评论家刘欣玥在一篇论文中还专门分析过你小说里的“艺术情结”，并认为这是进入你精神结构的一条“秘密通道”。艺术在多大程度上参与和塑造了你的真实生活？在你看来，一个写作者，在现实中比较理想的生活状态是什么？

因为很早开始写作的缘故，我被一种艺术生活保护起来。我讨厌日常生活里的庸俗和无聊，认为只有艺术创造才能把人从中解救出来。艺术提供给我很多养分，但也带来一种文艺青年惯有的病症：把生活和艺术对立，把艺术变成逃避现实的庇护所。好在那只是一个阶段，过了那个阶段，艺术的气泡破了，现实的尘埃涌进来。一个艺术创作者，该如何与现实生活共处，这是我需要去面对的问题。它也出现在我最近的几个短篇小说里。在我看来，艺术创作者并不是一种职业，而是一种人的属性。即便才华不再，或是做着其他不相干的职业，他们的属性也没有改变。我关心这一属性的人，关心他们的脆弱、敏感、自恋与狂妄，我关心他们所散发出的蓬勃能量。

我的身边，有两种人最喜欢讨论星座，一是女孩，一是作家。你同时拥有这两种身份，我想是不是也会对星座比较感兴趣？倒不是说我多么笃信占星术，而是我觉得，这类带有神秘色彩，极富象征性和隐喻性的话语方式，对女孩和作家都拥有天然的吸引力。而且在我看来，借助星星来谈论自己，与通过故事来理解世界，于精神结构上乃是同一的。它们看似荒诞不经，却常常能歪打正着。你是什么星座？

我是天蝎座，对各种玄秘事物都充满兴趣，也花过很长一段时间研究占星。但是我很少主动向别人提及占星，除非对方非常希望了解。对我来说，这就如同通晓一门外语似的，是一种应用工具。除此之外，我还学习过海灵格的家庭系统重排，那也是一个挺迷人的体系。正如你所说，占星学提供了一套阐释系统，我们可以借助它了解世界，从某种意义上说，故事也是一种解释世界的方式。而且占星带有一定主观性，和故事一样，依赖于阐释者的价值判断。

所以说到底，我完全相信这些吗？其实并没有。我不会用占星帮助自己做判断、做决定。因为比起那些，我更愿意相信此刻我的意念和感受。

年少成名的作家多会面临一个问题，那就是写作的转型。很多评论家认为你的长篇小说新作《茧》就是你的转型之作。你是否认同这种说法？如果认同，这种转型是否是有意为之，它内在的动力在何处？

在《茧》出版前的十年里，我都没有出版过任何作品。《茧》和十年前的作品比较，肯定会令人觉得变化非常大。在我的写作历程里，也确实存在一道分水岭。大概发生在2008年前后，那之前的写作是很感性的，主要依赖想象而不是经验。2008年以后，写作中的自觉意识不断加强，这使写作一度变得很难，就像给野马套上了嚼子。越来越多经验和现实涌入小说，使它变得沉重、庞杂，过去的笃信现在变得怀疑，过去的勇敢现在变得怯懦，过去的残酷现在变得慈悲，过去的自恋现在变得自嘲——小说再也不可能是少女喃喃自语的心事。

我想我需要这样一场改变，把自己带到一条更宽阔的路上去。而发生这种改变的原因，可能还是因为我自己变了。我离开了文艺的庇护所，开始对我们身处的时代、国家产生更深刻的感受和更强烈的表达欲。同时，我也对我们这一代人和父辈的关系，产生了浓厚的兴趣，2009年的时候，《鲤》杂志出版过一期《因爱之名》，就是在探讨我们和父辈的关系。为了做那期杂志，我们做了问卷调查，采访了2000名1980年代出生的人，问他们是否了解自己父辈的故事，对“文革”了解多少。那期杂志成为一个开端，后来我对这些问题的思考，一直延续了下去。我个人始终觉得，作家并不能完全自由地选择题材。他的童年、过往的经历、他的阅读，以及他的性格都会帮他做出筛选。而且很多时候，是那个题材来找你，而不是你去找它。很多题材再好，很多故事再精彩，但它和你无关，如果无法产生情感的连接，作家就无法把它变成自己的。现在回头去看《茧》，有一些遗憾，不过有一点可以确定，我把我的大量情感放了进去。从这一点上说，我觉得它是我必须去写的作品。

《茧》涉及到历史。用文学评论的话语方式来说，我们可以认为这部作品“显示了80后一代年轻作家自觉的历史意识”。这点获得了许多人的称赞。但这部小说中的历史，更多其实是“父辈的历史”，这历史在我们一代人的身上留下了印记，它更像一个非实体的幽灵。就我们这代人自身而言，对历史的宏观想象在相当程度上已经破碎。我们成长于一个多元的、碎片化的、消费主义的，甚至带有虚无主义色彩的时代。

在我的印象中，70后、80后，甚至90后的作家，书写自己青春生活的作品很多，但能把那段生活真正写出历史感的却很少。甚至退一步讲，能写出命运感（即以个体形态呈现的历史意识）的都不算多。对此你怎么看？此间原因是外在的还是内在的？是我们成长的时代本身具有巨大的总体性书写难度，还是说这一代作家的精神结构难以承担这样的写作？

我觉得内外原因都有。所谓的总体性书写确实变得很难，不过关键是它是不是仍旧有效。然而，更重要的是这一切还未完成。事实上，我觉得20世纪90年代，作为我们这一代人的记忆和历史的书写，才刚刚开始。现在它离我们足够远了，远得足够可爱，远得足够神秘，它已经在对我们发出邀请。我相信以后会有更多年轻书写者重返那个年代，书写那段我们所见证的历史。写《茧》的时候，我也写到了20世纪90年代，知识分子下海的潮流以及通往莫斯科的火车。我想写的远比我写出来的多，所以我想我一定会再回去的。

你的两篇新作《大乔小乔》和《天鹅旅馆》，都触及到了现实社会热点话题。前者的故事关涉计划生育（当然这并不是一篇专门讨论计划生育的小说），后者则与社会阶层固化及此背景下的人性状态有关。你小说中的现实关怀元素正在加强，这是否会是你日后创作的方向之一？

这两个小说都和现实对我的触动有关。好几年前，我一个朋友给我讲述了《大乔小乔》的故事原形，里面确实也有这么一对姐妹，姐姐后来自杀了。当时我在心里想，这个超生的妹妹是个什么样的人呢。但那时候我在写《茧》，就只是把这个故事怀揣在心里。等到写完了《茧》，我发现我还没有忘记那个妹妹，而且她在我的头脑中越来越活跃。当然，计划生育是整个故事的发端，没有这个政策就没有这个故事，但是我希望它只是一个背景，在这个背景之下，人性应该有自由施展的空间。特别是妹妹小乔，是很复杂的人物，这个小说也是围绕着她的权衡和选择展开的。

现在回头去看这个小说，我最珍视的是写姐妹的几处细节。和《大乔小乔》不同，《天鹅旅馆》的故事是忽然闯入我的视野的，当时我还没有写完《大乔小乔》的初稿，这个关于保姆的故事，几乎强迫我停下来所有的工作，马上去发展它。我不断地想象在一个骤然坍塌的家里，无人照看的孩子和保姆之间会发生什么。这个故事之于我最特别的地方在于，我没有写过人性从恶到善的转变，那就像好莱坞电影，像童话，我从来都不相信。但是这回我觉得我可以写一次，因为这个故事展示给我们的，恰恰是善恶界限如此模糊和脆弱，善恶转变之中，存在着巨大的偶然性。

你说你在写一类很在乎自尊的人物，我确实也有同感。比如《大乔小乔》，小说中的许妍虽然一直被内部外部、自我他者等各种各样的否定性力量所包围，但她始终没有放弃一件事，那便是找寻自己生命的位置，重建自己生命的尊严——也就是鲁迅所说的“各各夺取它的生存”。这种力量是伟大的。因此，如果说这篇小说有哪个地方是最打动我的，我会说，就是这种重建尊严的欲望和力量。

是的，有时候尊严是种确认自己活着的凭借，在世俗层面上说，也许它是很虚妄的，不是什么生死存亡的问题，但它很可能是一个人精神世界的支撑。撤掉这根房梁，整个房子就会轰然倒塌。有时候这种对尊严的捍卫，令人物变得古怪和孤僻。最近几年，我写了一些很讨厌的人物，要是在生活中，我遇到这些人，恐怕会尽量避免和他们走近，但是在小说里，我却花了大量的时间和他们待在一起。有时候，我只是坐在那里聆听他们为自己的尊严辩护，直到他们彻底说服了我，我才会站出来捍卫他们。

2016年度法国龚古尔文学奖获奖作品是《温柔之歌》，作者是法国的80后女作家蕾拉·斯利玛尼。这部小说同《天鹅旅馆》有颇多相似之处，主人公都是富人家的保姆，都呈现出了人性的复杂，但故事的走向却是完全不同甚至可以说是相反的。这本书中译本的书封上有你的推荐。两个故事都是当下题材，它们之间有很多相似的地方，但又有很多极其不同的地方。我很想听你把两部小说放在一起聊一聊。

我写《天鹅旅馆》的时候，并不知道《温柔之歌》的存在，保姆也还没有成为新闻热点。后来《温柔之歌》中文版出版了，“保姆纵火案”引发大量的社会舆论。“保姆纵火案”很像《温柔之歌》的现实版本，这或许也说明《温柔之歌》的故事具有广泛的普遍性。《温柔之歌》明确地指向阶级差异所造成的矛盾，简单、概括和直接，是很有力量和勇气的书写。不过我读完有些不满足，总觉得除了阶级矛盾转化成的一腔愤怒，还应该有一些更复杂、更微妙的东西，是属于这个人物，而不是属于某个群体的。至于《天鹅旅馆》，我所关注的并不是阶层之间的矛盾，而是善恶边缘的模糊，人在当中的踌躇和选择。

你最新的小说集《我循着火光而来》中，夹着一张明信片。上面说《大乔小乔》同名影视剧正在筹备中。我很期待，但这期待中也藏有一点犹疑。在我看来，你的小说最有魅力的地方倒不是“故事”，而是你讲述故事的方式和过程，是你充满情绪力量的文字，以及文字所织就的氛围之网。这种魅力，影视剧想要如实展现出来，似乎不太容易。对于自己作品的影视改编，你有什么想法？会参与到编剧工作中吗？

我应该不会参与编剧的工作。电影和小说是完全不同的载体，我们看那些改编自小说的电影，会发现小说里动人的地方和电影里动人的地方是不同的。导演会从小说里找到自己的情感支点，把故事撬动起来。这个支点是非常个人化的，和原作者无关。我的小说似乎不太适合改编，可能因为当中大量的情绪和文字所营造的氛围，是很难外化的。

设问人：李壮 评论家、诗人

张　楚

张楚，1974年生，河北唐山人。出版小说集《樱桃记》《七根孔雀羽毛》《夜是怎样黑下来的》《野象小姐》《在云落》《梵·高的火柴》，随笔集《秘密呼喊自己的名字》。曾获鲁迅文学奖、郁达夫小说奖、《人民文学》奖、《中国作家》大红鹰文学奖、林斤澜短篇小说奖、《十月》青年作家奖、《小说月报》百花文学奖、孙犁文学奖等。曾被《人民文学》和《南方文坛》评为“年度青年作家”。

普通人的光照亮我的眼睛

张楚出生在河北唐山一个叫倴城的小镇，在这个既小又大，既灰暗又五彩斑斓的城乡结合部，张楚读书、思考，也经历着形形色色普通人的故事。他说，正是在这些普通人身上，他看到了光。“这种亮度可以照亮我的眼睛，让我即便在黑夜里也能走自己的路。”如今，虽然他在北京学习，但对这个小镇念念不忘，未来他依然会写关于县城的小说，其中也许会出现一些来自都市的夜行人。

这些年，你写了大量中篇小说，《收获》编辑王继军曾经半开玩笑地说，张楚的小说非常“收获style（风格）”。我的理解是：平凡日常有其传奇；可读性强的同时可堪再三回味；残酷之中蕴含温暖真情；对人性深处有所抵达。你自己最满意的小说是哪一篇呢？

谢谢赞美。我也很难分清自己最满意的小说是哪一篇。以前挺喜欢《曲别针》，但是现在读起来，又觉得它太疯狂太黏稠，好像一个演员一跳到舞台上就癫狂起来，缺乏一种技术和表演上的节制。后来觉得《刹那记》也不错，记得当年施战军老师说这部作品是可以留下来的，让我很是小小得意了一番。我的朋友王凯说它像一树繁花。但是对于一个中篇来讲，它故事性不强，倒像是从一部长篇里节选出来的。我觉得它很像出自南斯拉夫某位导演的电影。再后来是《七根孔雀羽毛》，这篇小说的问题在于太过轻巧，也许我可以用举重若轻的理论来阐释，但如果当初写它时，更狂野或者更坠重些，也许它的面容会更清晰。最近的一篇《野象小姐》，我觉得叙述腔调还是有些男性化，如果更绵软更碎片化，表达效果会不会更好？每部作品都是有缺憾的，当然，这种缺憾我们可以用各种理论去解释。

你看，很有意思，一个作家即便是对自己写出来的小说，审美趣味也一直在不知不觉地嬗变。在某段时间内，他喜欢的书籍、音乐、电影、朋友、酒、香烟的类型都有种同质性。然后，随着时光的浸染和潜移默化，他的审美会有微调和自省。也许，时光将一个人塑造成什么样子，他就会有与之呼应的口味和迷恋。但是时光这种东西又很粗砺，作为一位作家，我觉得必须在它浑浊的呼吸声和暴戾的行动中，小心翼翼地保护自己内心最柔软的部分。如果这一部分受到了伤害，写作者的灵魂可能就会逐渐枯竭，他对这个世界的爱就会变得不真诚、不深情。而油滑和过于投机主义的世故，无疑会伤害作品的骨髓。

你的中篇小说《夏朗的望远镜》处理得非常压抑，诚如你在创作谈所言，这是“一个关于精神压制和反抗的故事……让一个初婚的小男人蜷缩在岳丈的精神钳制中”。为了某种程度地给予这个小男人一点安慰，你让小说中出现了一架专业级别的望远镜，并由这架望远镜带出了一个疑似外星来的女人。但这种精神突围的渴求随着岳丈将望远镜第二次放进厕所的壁橱，其实已经凋零了。这篇小说让我看到你的某种善良，小说原本可以压抑到底，但你让那位岳丈颅腔内大面积出血，让夏朗有机会再次观测星云。对人物所受的精神折磨而言，这一笔其实是有些甜了，透气的裂口不是由内而外，而是作者人为撕开的，在深度上是否有些损失？

有时候，事件的轨迹总是以一种我们完全想象不到的逻辑在运行。但一位作家的作品会有如何的造型和姿态，是他潜意识里各种教育（文学、美学、哲学、社会学）综合发生化学反应的结果。这种结果，毋庸置疑有明晰的逻辑性。当初构思这篇小说，我已经安排了岳丈的结局。在我看来，让他最后变成一个不能言语的人，不是出于我对夏朗的怜悯，而是我对岳丈的怜悯——还有什么样的结局比让一个焦虑症患者、一个完美主义者、一个专制主义者，生活在混沌世界、无声世界更仁慈呢？让他坐在轮椅上，让他不再规划别人的生活，让他在这个令人厌倦的世界里保持着沉默，也是一种小说逻辑。

我年轻的时候读《包法利夫人》，相对于艾玛的死亡，包法利的死更让我难过。但是现在读，觉得他那么窝囊地死掉，可能是福楼拜对他最大的仁慈了，呵呵。

当时写《夏朗的望远镜》的经历很痛苦，我特别想把它早早地终结，发表后也没重读过。我记得当时编辑小甫也不喜欢，说怎么这样啰嗦。很多年过去了，碰到一些读书的朋友，提到它的却很多，而且大都是中年朋友。也许，这篇小说暗合了一些我们内心深处和青灰色生活的微妙罅隙。当然，让岳丈继续生龙活虎地审视着夏朗，可能会更具寓言性。

你的大量中短篇小说，写的是日常。日常中的繁琐、卑微、丑陋、绝望。我以为动人的张楚式的细节，是那些景色描写。在《刹那记》里，“樱桃挑了临窗的位子坐了。等安置妥当，樱桃向窗外看去，她这才倏地发觉，柳树枝条全绿了，不时伸进窗户里掸着她的脸颊，那几株向阳的，已嫩嫩地顶了苞芽，随时都会被春风吹破的样子。路过大片盐碱地时，樱桃还看到了大丛大丛的蒲公英，她倒从来没见过这么多蒲公英一齐怒放，锯齿叶片在阳光下泛着绿色光芒。”小说《大象》，你说过是献给你去世的妹妹的，她得了再障性贫血。小说中的女孩孙明净去世后，父亲打算喝敌敌畏自杀，自杀前打算谢谢那些捐过款的陌生人，从名单里挑了四位，和妻子去送些土特产。那么一个悲凉的故事，里面的景色描写却充满希望。“她并未起身，而是不声不响盯着畦垄上的一簇蒲公英。蒲公英的锯形齿粘爬着蚜虫，细长秆顶着层层叠叠的花瓣，花瓣里栖着细腰马蜂。艾绿珠努了努嘴，半晌才喃喃问道，孙志刚，孙志刚，难道……立春了？”因了这些高贵美好的心灵才能看见的纯然景物，生活在小城社会的边缘人和弱势群体的日常生活，始于形而下，终于形而上。这是不是你说过的“日常生活中的诗性”？诗性是一种哀而不伤？

谢谢！你看得这么仔细让我特别感动。我学习写作初期，作品出现这些景物其实是没有意识的，后来倒是有意识地去描写。我在农村长大，家里养着猪，七八岁要去玉米地里挑菜，蒲公英、荠菜、紫云英、车前子、秃萝卜丁、野艾蒿、灰灰菜、马齿苋这些都是常见的野菜，见到一株茂盛高大的，内心会狂喜。长大后爷爷养了头驴，特别能吃，暑假时我要跟着亲爱的老叔去割草，草的种类就更多了，要割满满两麻袋才能让驴吃饱。可以说，乡村生活让我对庄稼、对植物、对飞来飞去的昆虫有种天然的怀想。写小说时，只要一写到春天，我就忍不住把它们的名字罗列出来，写得最多的可能是蒲公英和细腰金马蜂。真的，一想到它们的模样，我心里就格外温暖。

其实当代作家在小说里，尤其是在短篇和中篇里，很少写到风物，大家都认为是在浪费笔墨，而且是种很古旧的写作手法，似乎只有在19世纪的经典作品里出现，风物才算是风物。有一次，我听李敬泽先生讲课，他说现在的作家一上来就急吼吼叙述，完全忘记了世界是由人和物组成的。大致意思如此。我以前也曾自问，风物真的属于奢侈品或者展览品吗？其实对风物的描摹，看似一种闲笔，但正是这样的闲笔，让小说有点游离和走神，反倒可能诞生出意外的诗性，也就是你说的“日常生活中的诗性”吧。对我而言，这种诗性天生有着阳光和植物的味道，所以我认为，它应该是哀而不伤的。

你笔下的人物三教九流，中产阶级、知识分子、农民、公务员、“小姐”、学生情侣、同性恋人……这种对完全不同人群的把握能力是如何得来的？我特别喜欢你说过的一段话：“这些普通人在镇上生老病死，一辈子都遵循着自己的生活方式和人生信条。我在他们身上看到了光，这种亮度可以照亮我的眼睛，让我即便在黑夜里也能走自己的路。”

都是从生活里得来的。虽然生活在县城，但是麻雀虽小五脏俱全，你能想象出来的各色人等，在县城都会有对应的人物。因为工作的关系，接触到不少企业老板、政府机关职员、官员。有段时间我弟弟开饭馆，闲来无事我会去那里帮帮忙，也认识了一些做生意的买卖人：开奶牛场的、卖饲料的、卖树苗的、开花店的、卖观赏鱼的、卖手工艺品的、开台球厅的、房地产商、配狗的、私家侦探、KTV老板、锹厂老板……这些人中的一部分成了我的朋友。他们会讲述发生在他们身边的、形形色色的、各种性质的事件或案件。当然，喝多了他们也会讲自己的故事。我向来是个好的倾听者，对于他们的世界也抱以善意的眼光。而且我跟他们都很熟悉，他们的一颦一笑、个性特点、说话方式和性格缺点，我都很了解。在小说里写到类似的人物就会很顺手。好像有了模子，做雕塑的时候就不会手生。当然，这也是一种很危险的写作方式，如果写完全陌生的人和世界，就要完全靠想象力和臆想出来的逻辑。无论怎样，他们，我这些县城里的朋友，肯定会是一辈子的好朋友。我们都将在那里终老。

在你那么多小说中，谜团最大的应该算是《在云落》吧。知乎上有人提问如下：张楚的《在云落》有人看过么？仲春最后到底怎么了？到底是什么意思？还有读者在博客里写，“我坚持，《在云落》是一篇悬疑小说。”这位读者的解读是“苏恪以和郝大夫的诊所其实是借脑叶白质切除手术杀人越货。苏恪以跟‘我’描述的天使是他们的漏网之鱼。‘我’的前女友仲春就惨了，只为在婚礼前与‘我’鸳梦重温，就惨遭毒手，还赔上了一辆红色跑车”。这个小说你自己是怎么设计的？

《在云落》于《收获》发表之后，很多读者问我，为何会写这样一部悬疑小说？我挺惊讶的，因为我从来没读过悬疑小说。我曾在创作谈中说过，初写《在云落》时，并没有苏恪以这个人物。我只是想写写妹妹。苏恪以是怎么冒出来的？我想不起来了。有那么段时间，对苏恪以的构想和琢磨超过了对妹妹的怀想，这让我很惊讶，也让我愧疚。可人物一旦诞生了就要尊重他，要好好安排他的命运。作为一个悲剧性人物，他从出场开始就携带着不安因子，每一次他出场，我都有些紧张。在写作过程中，我甚至怕一不小心，他就要从小说里面走出来站在我面前说：“哥们，喝点小酒吧？”我想我不会拒绝他的邀请。在我看来，他应该是真诚的。我之所以给他安排了那么吊诡的命运，可能恰恰是他的气质原因：唯有那般，才会如此。

在所有这些中短篇小说中，我最喜欢的是短篇《老娘子》。九十岁的苏玉美想为新出世的曾孙赶制两身衣裳和两双老虎鞋，邀请了自己八十多岁的妹妹苏涣美做帮手。在此期间，两个老姐妹不畏拆迁恶霸铲土机的恫吓，继续缝个不停。淡定从容的勇敢背后，是苏玉美六十多年的守寡，而这守寡，又牵连出一个更悲伤的故事："读书郎一直在县城教书，跟苏玉美生了三个儿子，1942年失踪了。据说他是地下党，被日本鬼子杀了。"你的其他小说，基本围绕青年人的迷惘、人在途中不知心之所向来写。但这一篇却建立起了祖辈形象，他们坦然面对社会各种粗暴、急切的现实。

这既出离你创作的总体，也出离其他70后同辈作家。站在这俩老姐妹的视角，反观自己唯唯诺诺的下一代、苟且自保的下下一代，也并没有简单得出"一代不如一代"的结论，而是：尽管不可沟通，仍然充分理解，但还坚持底线。小说结尾特别有力量，"苏涣美和那帮人，包括那个刺青龙文身的，注视着苏玉美缓缓坐进铲斗里。她那么小，那么瘦，坐在里面，就像是铲车随便从哪里铲出了一个衰老的、皮肤皲裂的塑料娃娃。这个老塑料娃娃望了望众人，然后，将老虎鞋放到离眼睛不到一寸远的地方，舔了舔食指上亮闪闪的顶针，一针针地、一针针地绣起来。"社会最底层最边缘的弱势群体，在文学中的形象，不再是迷惘无助，而是安闲地坐下来，置身于汹涌而来的狂潮之中，有了慈祥平静的目光。

这是一篇完全游离我小说谱系的短篇。以前写过偏农村题材的，比如《旅行》《老鸦头》《一棵独立行走的草》《被儿子燃烧》等。这篇还有些不一样。写作动因很简单，一个哥们刚生了儿子，喝酒时说，他姥姥去找他的太姥姥，要给他儿子做老虎鞋。他太姥姥都九十三岁了。当时我眼前就出现了那么一幕，七十多岁的女儿和九十多岁的母亲坐在院子里纳鞋底。春天的甜风吹着娘俩的白发，阳光似乎也照耀到了时光之外的灰尘。恰巧那段时间县城里搞拆迁。拆迁可能是中国现代化进程当中，最难以言说的工程了，它里面涉及到的各种矛盾、各种血泪、各种狡诈、各种人性阴暗面，真是前无此例。当时我想，如果把拆迁跟老虎鞋粘贴在一起，会是如何的场景？于是就有了这个小说。

两位老姐妹形象的原型，是我奶奶和她农村里的那帮老姐妹。我奶奶是一位老共产党员，解放前入的党，天天跟一帮八九十岁的老太太玩牌，她手气通常很好，每天能赢两块钱。爷爷参加过辽沈战役和朝鲜战争，压箱底的军功章有七八枚。他每个月有50块钱的补助。如果让衰老的他们面对这个世界最复杂的一件事情，他们会如何解决？结果只能如你所言：尽管不可沟通，仍然充分理解，但还坚持底线。

写这篇小说的时候状态很放松，尽量用短句，说最明白的话。小说发表后只有孟繁华老师非常喜欢并将它收入了当年的短篇小说年选。这么多年来，很少有人提及这篇小说。我几乎也要将它遗忘了。再次谢谢你的阅读和肯定。

和《老娘子》精神气质较为接近的还有一个短篇，《旅行》。“爷爷怎么想起要去十里铺看海呢？……十里铺离周庄有一百里路呢。他这副老骨头，骑自行车能抗得住吗？”这个悬疑到小说结尾才揭晓。小说篇幅虽然很短，但涉及的主题却很大，关于生命行将结束之前，对自己过往不良行为的忏悔。怎么会想到写这样一个在你自己作品谱系里比较少见的题材？

20个世纪60年代，我爷爷一家过得非常艰难。他有个战友，家住百里开外的农场，生活相对宽裕些。每年春天，家里快揭不开锅的时候，那个战友就会驮着半袋粮食来爷爷家。抽上几袋烟，然后骑着借来的老水管自行车回去。后来因为交通、迁移等原因，慢慢失去了联系。生活好些后，我总是听爷爷跟奶奶念叨，“什么时候我驮着你去看看老徐啊，他们家住在海边。”他说这番话时已经七十多岁了。

爷爷奶奶特别疼我，以他们自己的方式。我从小学到高中的寒暑假都是在爷爷家度过的。记得上大学时，奶奶神秘兮兮地让邻居打电话叫我回家，说有好吃的。坐长途车回去一看，原来是有人送来蛋糕，蛋糕非常松软非常甜。也许在他们看来，这是世界上最好吃的糕点了。我抱着这盒糕点上了车。车开了很久，从玻璃窗往外望去，他们还在村口手搭凉棚朝我这边张望。后来我看到爷爷小跑了起来，他跑得很慢，摇摇晃晃的，我差点忍不住从车上跳下去。写这篇小说时爷爷奶奶还健在，爷爷已经没有体力驮着奶奶去海边看他战友了，我只能为他们虚构了这一段艰难但是美好的旅程。当然在具体写作当中，又虚构了一些枝蔓和细节。现在他们都去世了，我经常梦到他们。我相信那些在世界另外一端生活的亲人们，肯定也米谷满仓、六畜吉祥。

你获鲁迅文学奖的作品《良宵》，有篇题为《自言自语》的创作谈。你说："我希望将来——无论40岁、60岁，或是80岁，都怀着一颗敏感的、柔弱的、歹毒的心，来赞美这个世界、这些恶光阴，以及繁复人性在刹那放射出来的光芒和美德。"如何理解你这里说到的"歹毒"？

席勒在他的论文《论天真的诗和感伤的诗》里提到"天真"和"伤感"的概念。这里的"天真"也常被翻译成"素朴"，而"感伤"一词更确切的汉语补充表达也许是"反思"。席勒区分了两类诗人：天真的诗人与自然融为一体，平静、无情，而又睿智，天真的诗人毫不怀疑自己的言语、词汇和诗行能够再现他人和普遍景观，能够彻底地描述并揭示世界的意义；相反，感伤的诗人沉思事物在他身上所产生的印象，反复倾听自己，不确定自己的词语是否能够涵盖或是抵达真实，他的理智不断地在质疑自己的感觉本身。

在帕慕克看来，席勒的论文不只是关于诗的，甚至也不只是关于普遍的艺术和文学的，而是关乎两种永久存在的人性。一方面，我们会体验到在小说中我们丧失了自我，天真地认为小说是真实的；另一方面，我们对小说内容的幻想成分还会保持感伤，即反思性的求知欲。这是一个逻辑悖论。但是，小说艺术难以穷尽的力量和活力正源于这一独特的逻辑，正源于它对这种逻辑冲突的依赖。

阅读小说意味着以一种非笛卡尔式的逻辑理解世界。要有一种持续不断、一如既往的才能，同时相信互相矛盾的观念。我们内心由此就会慢慢呈现出真相的第三种维度：复杂小说世界的维度。其要素互相冲突，但同时也是可以接受、可以描述的。帕慕克还说，小说并非某种以文本形式来表达自我见解和揭示世界奥秘的天真工具，而是一场有关自我创造和自我追寻的没有终点的感伤旅程。

我这句话里的“歹毒”，套用“天真”和“伤感”的辩证关系，就是用来调和“敏感”和“柔弱”的。一个小说家不敏感，就不会感同身受地体验这个世界；一个小说家不柔弱，就不会窥探到最底层的污浊与美；如果一个小说家既敏感又柔弱，而不歹毒，那么他就不会去主观地防御、对抗这个世界，如此，他就不能完整地、主动地开始这一场有关自我创造和自我追寻的没有终点的伤感旅程。

你的小说中，一是经常会出现大地震的闪回式背景交代，这和你是河北唐山人不无关系。二是每逢出现孩子时，那篇小说的总体基调会有很大一部分是温柔与怜惜。比如《在云落》里的表妹和慧，《大象》里的劳晨刚、孙明净，《U形公路》里的麦琪，这种温柔在你总体荒凉、灰暗的叙述色调里，显得格外动人。

我的第一个孩子是个女儿，不幸先去了天堂。我唯一的妹妹也因为再障性贫血，在十八岁那年先离开这个世界。可能正因为如此，每当我写到孩子，笔触都是温柔的。

我看你很多小说都是以当代城镇生活为素材，故事往往发生在“桃源县”，它的原型应该是你生活的滦南县倴城镇，一个夹在城市与乡村中间的小城。你曾在中国人民大学读硕士，生活的场域主要在北京，但似乎还没怎么看到你创作以北京为背景的都市小说。

我觉得一个小说家的青春期在哪里，他小说的根就在哪里。我是在县城长大的，除了在大连读了几年大学，以及偶然的出差会议，大部分时间都是在那个既小又大，既灰暗又五彩斑斓，只是由七八条主干道经纬交织的空间内吃喝拉撒、读书和思考的。我想，这种宿命般的“在”，决定了我的“写”。我虽然在北京学习，但是我对这座城市并没有深入体肤的体验和自觉的回味，即便感受到了它的一些气味，品尝到了它的一些味道，也是肤浅的、浮光掠影的。这种短暂的旅程般的停留不会让我的目光停驻在它身上，我没有能力去打捞、捕捉、描摹、反思它的存在和内部逻辑。所以我想，我可能还是会写关于县城的小说。当然，里面也许会出现一些来自都市的夜行人。

设问人：走走 小说家，《收获》编辑

李　浩

李浩，1971年生，河北沧州人。著有小说集《谁生来是刺客》《侧面的镜子》《蓝试纸》《父亲，镜子和树》《告密者》，长篇小说《如归旅店》《镜子里的父亲》，评论集《阅读颂，虚构颂》等。曾获鲁迅文学奖、蒲松龄短篇小说奖、庄重文文学奖、《人民文学》奖等。

让百年后的人读出会心

李浩把自己比作反方向的钟，他自有一套有别于其他作家的文学观、世界观。他希望他的小说使人着迷，能如略萨所说，“是因为书中所表现的聪明、智慧和道理。”他认为，匮乏理性、匮乏审视和警告才是文学的大敌，并始终固执地坚持为“无限的少数人”写作，执着于探求“问题的核心”，他的终极理想是让作品即便在百年过后，依然有新意，依然是丰富而深刻的。

年终岁末，又到了回顾总结的时候，我们先来聊一聊你这一年的创作好吗？一年又一年，感觉地球转速逐年加快，不知不觉我们这一代已经人近中年，你有过中年心态吗？写作了二十年，比起年轻时代，你对自己的写作有哪些新的想法？

这一年，我竟然写下了近50万字，其中，评论性文字有30余篇，诗歌20余首，有一部儿童文学的长篇。然而它们却没有带给我任何成就感。是真的，我觉得自己在虚度，大把的时间都浪费于碎片和无效。

中年心态……我早就有了，它甚至提前于物理性的中年，那种属于中年的一切都生出过萌芽，甚至长势茁壮。它也迫使我生出更多的“时不我待”感，也部分地消解着我的野心。我依然在想，君特·格拉斯31

岁写下《铁皮鼓》，尤瑟纳尔31岁写下《火／一弹解千愁》……我在31岁的时候也在比较，那时是动力，而现在，多少是对自我的怀疑和谴责。

写作二十年，新想法一直在冒（有时它们也一一被否），但恒定的却也更为恒定。相对于新想法，我此时可能更愿意梳理我的恒定：那种“和上帝发生关系”的诉求，那种“成为个人”的孤立和决绝，那种足够压倒我的野心。

你现在去河北师范大学做特聘教授了，这种新的生活状态对你的写作会不会有影响？会是什么样的影响？说起来我挺好奇的，总觉得你会让评论家没饭吃，哈哈。

我不知道会有怎样的影响，时间还短，但我明确影响会在，而且可能深刻地在。我愿意分享属于文学的美和妙，贮藏的世界观和良知，愿意像一个匠人那样解析技艺和它的完成度……大学会给我这个分享的平台。而我在大学获得的，是知识的丰富和系统，我想我会以“学生”的姿态出现：对于我不熟悉的不掌握的知识与智慧，我会当一辈子的学生，这话不只是套话。

前段时间我也在你学院的课堂上讲过，我说作家的批评属于“作坊式批评”。它主要是解析，是指认那些容易被我们“忽略的风景”。它专注于已有的完成，言说作家体会到的“另一个作家的意图、设计和调试”，它会把技艺部分地前置，放在和“说出”同等的位置上一并认知，并试图解析“说什么”与“怎么说”交融的秘密配方。而批评家的，学院的批评，一是建立高标，提供可能的路径，指出和上帝比较，莎士比亚身上所存在的一千条“错误”，指出伟大作品的小小遗憾，指出继续延伸的可能性。二是梳理，梳理这一篇与传统的关系，它的精神来源和独特发展，确立文学史坐标和它应有的标点。三是社会价值认识：它所提供的、提出的问题的重要性和前沿性，它对我们认识世界认识生活与我们自身的重要帮助……路径有交叉，但也有不同，不可相互取代。“参差多态是人类幸福的本源”，我觉得对批评来说也是如此。

评论家们有饭吃，会吃得更好。只是别像我这么胖就更好啦。

范小青主席曾开玩笑说，作家即使不能深扎，浅扎也好，我们不仅应该读作家的作品，还应该去看看作家脚下的那一片土地。我就想，是不是所有作家都希望自己的写作是有根的？你认为自己有吗？

这是有“片面深刻”的，我想我们都理解她的意思，这里面有它合理的意味。“深扎”，应是与自我相关的生活，我必须在这样的生活里布下我的神经末梢，任何的一种移动都会让我心动心疼，流出血来——如果是体验式的、演员化的，或者是对他者生活的“观察”，所谓深扎之深是难以达到的，那样，真是浅扎也好。我更应为自己准备一枚照得见自己面容、内心和痛苦的镜子，有这枚镜子的存在，才能算是“深扎”。

有根……对一个邮票大的地方反复建筑算是有根吗？我承认，那样的根不是我要的，即使它布满了成熟的因子我也不要。我不要，我不希望自己成为渺小的后来者，哪怕仅是一个理念的跟随。从这点上，我是无根的，我愿意不断调整，不断地从“旧我”里摆脱出来，所以在我的小说里有古代也有现代，有当下也有未来，有中国故事也有外国故事，有男人的、女人的、老人的、孩子的。

但，我专注于我感兴趣的“问题的核心”，有时我甚至惊讶我那么固执而固定，我的太多小说均是对它的言说和复写，从不同的角度不同的理解。如果非要给自己找一条根，我觉得，它是。

你写了很多镜子，生活对你来说，是布满光滑裂隙的镜像，还是不断破碎不断重塑的世界？这些镜像与生活真实可能不只是隔着一层冰凉的玻璃，还可能是沟壑纵横千山万水，这种理性过度参与带来的距离感，会不会消解了你内心对世界的热情，你有过这样的担心吗？

我读出了你克制的、有所包裹的批评。这个问题，让我阅读了五遍，我试图，寻找你更为尖锐的、未曾充分体现于字面上的批评。你尽可以不克制，哈。

我也读到你充满着温情的担心。一个人他在写作中呈现的“缪斯的独特表情”，大约是和他的心性联系的，大约是源于他“遮遮掩掩的真情”——作家靠作品呈现自己，虽然他写下的往往不是自己甚至不是他自己“思想”的传声，但每一篇作品都会参与着对他的“塑造”，他会用一生的经历画下“属于自己的那张脸”（博尔赫斯语）。

我的作品，写下的是我，我承认他们部分地取自我的肋骨，所有取自我肋骨的作品我个人都看重，虽然它们也显得不够热情。我也写过一些自以为“媚俗”的小说，过去的时候是一年一篇，我想用这样的方式言说：你们能做的我也能，只是我不想这么玩。它们在我的写作中不占位置，虽然它们给了我更多的虚名。

生活对我来说，我的感受器可能多少有些不同，至少和多数中国的作家、批评家所拥有的不同，这点我不自夸也不准备羞愧，我甚至会在下一步更强化它的不同。距离感，是存在的，说实话距离感也许是文学的本质之一，没有距离的融入反而可疑，我知道你所说的距离感不是指距离而是策略地说我“过度”，过度的距离……我接受这一批评，我会做些修正——在确保不是出于媚俗的情况下。

我也试着理解你所说的“理性过度参与”。就世界文学而言，20世纪以来的小说一直在做思想理性和感觉丰盈的双重叠加，趋向理性、思考是文学现代性的标识和方向，所以奥尔罕·帕慕克才那么骄傲地宣称，他的文学不是给本国那些不思考、不读书的人看的，他愿意和全世界的高端的读者对话；所以李敬泽也说我们的文学应当让“聪明人服气”；所以巴尔加斯·略萨在谈到他的阅读时说，“使我着迷的那些小说更多的是因为书中所表现的聪明、智慧和道理，这正是让我着迷的地方，即：变成以某种方式摧毁我心中批判能力的故事”。我小说中理性过度是我未曾处理好，是我的问题，错不在理性。匮乏理性、匮乏审视和警告才是文学的大敌，是米兰·昆德拉所说的跟在文学之后的文学，因为它们不提供新质和可能。

帕慕克多次谈及，他为理想的读者而写作。记得你曾经说过，“我想我也必须承认，在我们这一代作家身上，某种集体性的欠缺也是相当明显的：和所谓现实、生活贴得过近，和平庸日常过分和解，媚俗，满足于集体讲述与小小虚名，思想深度与创新意识的稀薄，文学理想（真正放置和归属于文学自身的）缺失，对僵化、固化、意识形态化的母语的不察不敏……”你说自己愿意为了无限少数的读者写作，写作者大都希望拥有最多的读者，你反其道而行之的勇气和信心来自何处？

我想我先再做一次自我阐释，当然它也是我过去说过的，在一篇旧文中。在那里，我谈到无限和少数：“所谓少数，更要求写作者遵从内心，遵从艺术，勇于探险，而不是曲媚，无论是对大众、权贵、利益，还是对文学史，甚至另一个‘自我’，都得抱有些警惕，要求写作者不计利益钝害地去追求——在这个意义上而言，所有有效的写作都是先锋性的，‘发现是小说唯一的道德’。……无限，则是另一个问题，它要求一个人的写作，既是前人经验的某种综合，又应当有永远不被穷尽的新质，一百年，两百年，当它所依借的所谓‘时代背景’生出变化，那些依借这一背景而生发的丰富、深刻、意味都被耗尽之后，它依然有着巨大的艺术魅力，它依然具有新意，它依然是丰富而深刻的。一百年、二百年后出生的人还能从中读出会心。无限，是前提。写给无限的少数，在已经二十多年的写作中，它一直充当着我的终极理想。”

勇气和信心来自何处？首先是，我认定文学如此，文学应当如此，而我心仪的文学一直如此，我愿把我的写作用毕生精力汇入到这一传统中；二是我确有小小的自信，以为自己具备这样做的才能和智识，如果并不具备我肯定会全身心投入“火热的生活”哈，请原谅我的狂妄，尽管这种狂妄和自我怀疑同时坚固地存在；三是我异常喜欢奥尼尔的一个片面深刻的论断，他说，“不和上帝发生关系的戏剧注定是无趣的戏剧”——不和上帝发生关系的文学也是无趣的文学。和上帝发生关系，那就得“一生生活在树上”，超越日常，超越当下，而进入到对人生活、行为和本质的思考中。在这点上，我也是见贤思齐吧。

之所以有如此的勇气和信心，还因为我对未来有期许。我希望我的写作能比我的生命长久。而且，我愿意在我的写作中放置我对时间、命运、人性、伦理、道德、政治、文学的思考，对我何以成为我，我从哪里来到哪里去的思考，是否一定如此，非如此不可么的思考。如果我不放置这些，那写作于我也许就变得无趣了。

事实上，我的心里有媚俗。它时时强烈，我无法剔除它。但，抵抗是必须的。

很多作家都说到自己的写作有一条暗河，徐则臣就说过自己的文字背后还有不为人知的一股暗流。或者，在你的文字里，对于生活，始终保持着善意的嘲讽和深度的凝视，似乎你并不特别期待回应，但也没有如佩索阿一样极端地拒绝理解。别人对你文字的种种评价，那些有意或者无意的偏见，误读，抑或曲解，有没有令你感到佩索阿一样的恼怒？

说实话恼怒是有的，真的有。不过很快过去，我阅读卡夫卡、卡尔维诺，又能保证自己是“正解”么？我觉得很有可能，他们会把杯子扣在我的脸上。

我赞同文学理解上的丰富和歧义，我也宣称经得起误解和多重阐释的作品才是好作品，但具体到自己和自己的某一篇，如果解读与我的原意相去甚远的话，还是会暗暗恼怒的，我承认自己其实也匮乏雅量，不过某种属于东方化的沉积会让我克制，然后，站在对方的角度，我会试着理解他的理解。对批评的认真接受和小小的固执都在。对我而言，我只能用我可以的方式调整，同时让自己警觉：这一调整是否是媚俗性的。我是一个纠结的人。

暗河……说实话我不知道该怎样面对这个词，因为之前我没有想过这个问题，我很少有对自我的梳理，我更愿意把自己的注意放在我还缺乏什么，谁的写作和认知能够给我提供新的可能上。换一个说法，我前边谈及的对“问题的核心”的专注是不是属于暗河？从他者的文学文化和思考中接续下的精神滋养、问题意识和怀疑精神是不是属于暗河？如果是，那它是存在的；如果不是，那我就没有这条河。真是可怜的人啊，我发现我比徐则臣又少了一条河。羡慕忌妒恨啊。

我想，这个暗流，大约是不容易被读者发现的那部分视界，或者写作者有意隐藏的深度。较之直接对读者指手画脚，作家是不是有时候更喜欢和读者捉迷藏？你提到“所有有效的写作都是先锋性的”，张炜在《经历粗粝的生活》中谈到，单纯和勇气都可以成为艺术深度，而不是只有“思想”才深刻，你怎么看？纳博科夫认为伟大的作家集三者于一身：讲故事的人、教育家和魔法师。他强调大作家最要紧的是大魔术师。我曾说过，如果只是迷恋技术，完全可以去和刘谦学习魔术，你当时是不是特别讨厌我这说法？

我依然固执地坚持“所有有效的写作都是先锋的”，不过，我的先锋可能并非是旧有的那个先锋理念，在那个先锋理念里，似乎更多说的是形式创新——先锋，当然包含形式创新，然而这个创新是和内容紧密相连的，必须要做到“随类赋形”。在我的先锋理念里，形式和思考的创新、前行是一体的，甚至后者更为重要。米兰·昆德拉说，“发现是小说唯一的道德”——他所强调的发现在我看来就是先锋性，就是给我们的文学传统的必要接续。在他看来，一篇没有新质出现的小说是“死去”的小说，尽管它也在发表，填充着刊物的版面。好的文学必须有“前所未有”的提供，这个“前所未有”并不只是技术，尽管技术创新同样重要。所以，在这里，我部分地认同你说的，如果只是迷恋技术，完全可以去和刘谦如何如何。我也部分认同张炜先生的论断，他对先锋文学的批评（事实上，他针对的更多是1980年代以降的中国先锋文学，有它的专属性，而非针对“先锋”这个词）于我也是警告，我其实与他有着某种的同感。

不过，单纯和勇气可以成为艺术深度，这点上我不敢认同。我未见任何一个只靠单纯和勇气成就的艺术，尽管它可能是艺术需要的品质。川端康成单纯？泰戈尔单纯？我不认可，我觉得他们的文字有某种的纯净而非单纯。尽管在我的文学谱系里对他们并不高看。至于勇气，我承认，我们太需要它了，可它成为艺术深度还需要太多的东西介入。其实张炜言及的，其实是“过”，过度，过分，无论是何种的艺术，过度过分都是有问题的，不足取的。

艺术应当有多种路径，参差多态是人类幸福的本源，参差多态是我们对小说对艺术的要求，否则，只有一，只有一个一种就够了。可谁愿意咀嚼被人嚼过三个小时之后的口香糖？诸多先锋派（这个先锋派和我提及的先锋又不是一个）的确有不接地气、故弄玄虚的问题，在一个时段内还真的大行其道，在我看来，我们认识这个问题并在自己的写作中努力修正就是了。有时我还欣慰，他们的短处恰是我可以发挥的地方。我的存在，因此有了前行的价值，有了先锋性。你说呢？

纳博科夫的这句话我也曾反复引用。不过，它当然是片面深刻的，它针对的是批评家们普遍对技艺的漠视，他们只愿意在作品中寻找所谓的“深刻思想”，而不顾及这种思想是如何呈现的，它内里包含的丰富和汁液。我认为纳博科夫矫枉过正，他用这种方式提示，风格和结构是我们必须要注意的。至于说“伟大的思想不过是一腔废话”，如果离开这一情境，我是绝不认同的。事实上，我个人对纳博科夫轻视思考力也有微词。

布罗茨基说过包含丰富的一句话。他说，“我们是这个二流时代的忠实臣子！”唉。如果愿意，请你再读一遍，并咀嚼它。把它，和奥尼尔那句“不和上帝发生关系的戏剧是无趣的戏剧”对照着读。

某种意义上，文学是对生活的包装，也是去除世界伪装的过程，我们幸运地站在真伪之间，信仰真，抵抗伪。不过，当无数小说被扔进记忆的垃圾桶，是否想过那些混入现实生活的精神杂质，其实也投射了我们自身的某种局限？

“在所有小说的心脏里都燃烧着抗议的火苗。虚构小说的人之所以这样做，是因为他过不上小说里的那种生活；阅读小说的人（他相信书里的那种生活），通过书中的幽灵找到了为改善自己生活所需要的面孔和历险的事情。这就是小说的谎言所表达的真情：谎言是我们自己，谎言给我们安慰，谎言为我们的乡愁和失意做出补偿。”——这是马里奥·巴尔加斯·略萨的话，我部分地认可，我想它可以和你的这段话相对映照。

无数的小说被扔进记忆的垃圾桶……这是命运，也是我们作为写作者必须面对的现实。它真实得有些惨烈。说实话我对“你们的”文学史也有强烈的轻视，它把五分之四的垃圾放置于神龛上，有着太多弱智的举动……，真正的好的小说，会让我们认知这个世界，当下生活的杂质和它的根源，进而针对性地提出问题，你会感觉有种光的透入……而我们的小说，自切过的小说，室内剧式的小说，其缺陷更为惨不忍睹。

它，当然是我们的。是我们不思忖，不追问，满足于媚俗，跟随在流行思想后面保持习惯性正确的结果。我，也在其中。虽然我一直试图修正自己，但它还是严重地影响着我。

问个比较敏感的问题，你可以拒绝回答。上半年，我们曾经以“小说的色情学”为主题做了一场研讨。研究生同学最初都以为你想谈谈小说中的欲望叙事。叔本华认为，生命本身意味着欲望。你的小说文本里很少强化情欲冲突，你是选择把人物精神、情感、欲望禁闭到历史和生活深处，还是自作主张放逐了本来无法克服的这一切？

我当然可以谈欲望叙事，我也愿意从中外的欲望叙事中梳理……下一次，如果你不怕“课堂纪律”和影响的话，我专门去讲这一课。欲望，对于人类来说是个大概念，甚至是伟大的概念。

我不写，很少写，其实不是出于“道德”规束，虽然它也多少有点儿——我接受的旧文化里它是被鄙视、敌视和厌弃的（但后来我发现，在底下，其实它又有着特别的汹涌，只是我有时候感觉不到而已）。这不是核心原因。更重要的原因是，我找不到我可以赋予的“新意”。譬如，在米兰·昆德拉那里，性代表着权力，是强力、契入、侵略和拥有，这一代表性被中国作家反反复复写，其新意已经耗尽；在王小波那里，欲望则更多的是“无权者的权利”，它是生机和自我还可掌控的游戏……如果我不能赋予它更新的含义，我宁愿不写。我不写欲望，同样可以完成表达，那就暂时省略吧。

我在一篇文章中，说起你和张楚，“同样喜欢卡夫卡，李浩更喜欢《变形记》，而张楚更喜欢《城堡》，两个人是有不同的。李浩喜欢做一个魔法师，擅长把同样的人和事物，变幻形态，安放在不同装置之中；而张楚的兴趣在于那些装置的构成，以及被魔法师囚禁在城堡中的那些孤独灵魂。”不知道你是否认同这个说法？

认同，太认同了。对于同一篇作品，不同的作家看到的是不同的，当然批评家也是如此。我愿意发现这些不同，进而追问：为什么？为什么这是他的兴奋点而不是我的？我的又在哪，它为什么是？感谢你的梳理，让我更清晰些。

说说你的长篇童话吧，你内心特别清澈澄明的那部分和复杂缠绕的文本，构成了巨大的反差，你是如何统一起来的？尤其是你生活在雾霾重灾区，写童话算不算是一种精神逃逸？在漫长的前半生中，你有没有想过逃避现实？

我一直在逃避现实。那么多的现实主义作品，那么多写现实的作家，我还是不扎堆了，反正也不少我一个，我就做反方向的钟吧。

在我的长篇童话《父亲的七十二变》里，我尝试一种新变化或者说更多的变化，但其中还有一个不变的“父亲”，他的变化和不变是一体的。而童话，对我来说变与不变也是一体的。在这里，我克制住语言的繁复、多意，但同时保留了我想要说出的；为了孩子，我当然要强化故事，强化故事的波澜和生动，但我想言说的“问题的核心”还在这里，它，相当坚固。对了，你也注意到我引用略萨的那句话，“这就是小说的谎言所表达的真情：谎言是我们自己，谎言给我们安慰，谎言为我们的乡愁和失意做出补偿。”

真情，要在。一直在。我的所有虚构，都有这份真，所以，它从来没有逃避过，包括所谓的现实。

谢谢李浩。感谢你愿意接受我的各种追问，你总是让我深为感动。其实我还有一万个问题没有问，好在我们余生也长，夜正长，路也正长。

设问人：张艳梅 评论家，山东理工大学教授、文学院院长

李骏虎

李骏虎，1975年生，山西洪洞人，山西省作家协会副主席，山西省青年联合会副主席。著作有长篇小说《奋斗期的爱情》《公司春秋》《婚姻之痒》《母系氏家》《中国战场之共赴国难》，中短篇小说集《前面就是麦季》《此案无关风月》《李骏虎小说选》（上、下卷），随笔集《比南方更南》，散文集《受伤的文明》，评论集《经典的背景》。曾获鲁迅文学奖、山西新世纪文学奖、庄重文文学奖、赵树理文学奖等。

无论身处何时都要去追问

李骏虎的创作分为四个阶段，第一阶段是个人体验式的创作，第二阶段为寻根文学，第三阶段为历史写作，如今他正处于第四阶段的写作。对这个阶段的创作他寄予很高期望，希望能把托尔斯泰的终极追问、巴尔扎克的时代逼近和福克纳浓郁的地气结合起来，写出一部对社会生活能产生重要影响，同时对当下时代的发展能有反观、借鉴或者推动作用的作品。

你的写作顺利吗？是否从一开始写作就发表作品？是怎样走上写作之路的？

我的写作是受到父亲的熏陶。在我童年时，父亲是20世纪80年代狂热的文学青年之一，因此可以说在我根本不懂什么是文学时，它就成为了我潜在的理想。我少年时，把文学当理想来喊口号，喊着喊着，它真成了我的理想。在理想的推动下，我从小学时就尝试像大人一样写小说，有些东西就在潜意识中积累了下来。

于是，1994年当我完成第一部短篇小说《清早的阳光》时，无意识地调动了所有的积累，包括乡村生活经验、民间故事、刊物阅读等等。那部小说让当时的《山西文学》编辑祝大同老师很是吃惊，他不相信一个十九岁的年轻人能写出那么诡异的小说来，很激动地写了编稿手记。在那篇手记中，他同时忧心地指出，如果缺乏生活积累，李骏虎很可能昙花一现。不幸被他言中，之后很多年，我几乎没写出什么像样的东西。

直到1997年，我上中文系的弟弟给我带回一套王小波的《时代三部曲》，我才被真正打开，并且一发不可收。感谢当时《大家》的主编李巍老师，慷慨地同一期给我发表了两个中篇、两个短篇，还有一张整页的照片，那是2000年的初冬，我第一次在文坛浮出水面。

从起步到现在，你经历了怎样的写作变化？

我的创作经历了和正经历着这四个阶段：

第一个阶段是写个人体验，是一个年轻人从农村来到城市后对爱情、人性、社会的感知书写，这个阶段有很多作品，短篇小说如《流氓兔》《局外人》《解决》，长篇小说如《奋斗期的爱情》《公司春秋》《婚姻之痒》，当然更多的文字谈不上是作品，只能说是练了笔，回报是当了一回畅销书作家并获得了庄重文文学奖。

第二个阶段是寻根写作，回归到自己最熟悉的农村，以故乡的风土人情和人物为对象，书写他们的精神和生存方式，这是最得心应手的一个阶段，作品不多，但带给我的荣誉最多，比如中篇小说《前面就是麦季》获得鲁迅文学奖，长篇小说《母系氏家》获得赵树理文学奖。

第三个阶段在我的计划中原本是要写当下，写时代、写城市和社会，但我发现我没这个能力，我把握不住时代脉搏，也看不清时代方向，更不知道这个时代人们恒定的价值观念是什么。于是为了锻炼自己的眼光和思考，我决定先选取一个历史阶段来做个深入研究，也就是说通过对历史的认知和历史小说写作，来锻炼自己的历史眼光，然后再用历史眼光来观察当下。于是乎，第三个阶段就变成了历史小说写作，我选取了红军长征到达陕北后，通过东征山西促成抗日民族统一战线形成的那段历史，在中国作家协会的帮助下我到晋西南定点深入生活，采访并搜集各种资料，写出了一个中篇《弃城》，和长篇小说《中国战场之共赴国难》。

我的终极目的是第四个阶段，能够像巴尔扎克一样书写当下，我正在慢慢找感觉。

在创作上，你有过怎样的探索？是否也有状态不好的时候？你觉得自己最大的瓶颈是什么？

我走过很多弯路，但现在看来都没有白走，大量的废品生产过程中也获得了很多的宝贵经验。我自我感觉模仿能力很强，从王小波到雨果，都执着地模仿过很多年，写过很多作品，后来渐渐摆脱，但当摆脱后，他们的一些东西其实已经深入骨髓，所有作品中都浮现着不可磨灭的影子。

我最苦恼的是，自己是一个理念先行的作家，说得比写得好，能想到但做不到，总是觉得写出来的东西没有想象中的好。但问题还得慢慢解决，经验还得慢慢积累，比如长篇小说的大历史背景问题、命运感的问题、人物塑造的问题，要达到自己理想中的样子，不是一日之功啊。

在外界看来，我的转型似乎是刻意的，但我知道是遵循了自身的创作规律的，我在最有激情的年龄写个人体验，在走向成熟的年龄写自己最熟悉的乡村，在有一定阅历之后写历史，以后再在把握一段历史规律之后写当代，这都是有点“随波逐流”的感觉的。

你希望自己成为怎样的作家？

写小说写了这么多年，原来没有形成过自己的写作理想。从刚开始的激情式的写作，到后来跟上的玩什么主义，到后来慢慢回归，实际上有了自己的写作理想也就是近一两年的事情。一个什么样的理想？就是想写出一部对社会生活能产生重要影响，同时对当下时代的发展能有反观、借鉴或者推动作用的作品。随着年龄的增长，阅历的加深，我自己感觉这个方向越来越坚定了。托尔斯泰的终极追问，巴尔扎克的时代逼视，未必不能和福克纳浓郁的地气结合起来，试试总是好事情。

70后作家好像很少有人挂职吧？我只知道鲁敏有过挂职。你去山西洪洞县挂职，具体担任什么职务，只是挂个虚名还是真枪实战？

鲁敏挂过职吗？我们是“鲁七”的同学，好朋友，但没听她说过啊。倒是我经常向她吹嘘我挂职时的政绩斐然。我挂的是县长助理，其实是副县长的角色，分管过文化、体育、新闻、广电、教育、保险、石油，协管过林业、旅游、科技。

从2005年到2009年整整干了快满一届，建设了洪洞县文化活动中心、重修了飞虹影剧院，把洪洞县失去的全国文化模范县的称号又夺了回来；并且创造了一项至今全国县城无人能破的纪录，那就是同一个年份成功申报三项国家级非物质文化遗产项目。我分管教育的时候，完成了省属、市属三家国企的学校的数百名教师和数千学生的移交地方工作，还当选为洪洞县的第十三届人大代表。

至于上山下乡、走村入户那是家常便饭，想方设法帮助老百姓解决饮水困难等事情就更多了。至今洪洞人都喊我李县长，对我这个当年的文化县长，那是“到处逢人说项斯”啊。有一度我总觉得自己在政府工作方面比写作上有才气。

能谈谈挂职对自己创作的影响吗？作品和挂职之前发生了怎样的变化？

挂职体验生活，得以近距离地直面社会现实，亲身体验老百姓的生存环境，深刻体会到生活远比想象要精彩，它就是作家取之不尽、用之不竭的创作源泉。四年的挂职体验生活，同样改变和形成了我的文学观念，使我从各种探索主义和先锋流派渐渐回归到现实主义的创作道路上来。

通过对古今中外经典的阅读，我发现，其实现实主义才是最先锋的，走现实主义道路的作家，是最具有探索精神的，他们直面现实、直面矛盾、直面人的生存困境，同样直面人的精神困境，他们是时代的代言人，也是历史的记录者。

放眼世界文坛，托尔斯泰、巴尔扎克、狄更斯等等，伟大的现实主义大师灿若星辰，那些引领着人类永不停歇的精神脚步的大师，那些烛照我们心灵的伟大作品，莫不是源于现实主义道路上的实践者和探索者。他们为人类留下不朽的精神财富，他们对芸芸众生的悲悯情怀，他们对人类博爱精神的讴歌，永远激励着我们前行的脚步，也成为后辈作家仰望的灯塔和精神导师。

作为山西省作家协会驻会副主席，你如何评价山西文学界的最高奖项——赵树理文学奖。

从赵奖恢复评奖以来，我每届都是评委，后来工作调入省作家协会，又成为了组织方成员。我认为赵奖最大的贡献就是发现和推出了很多山西的优秀作家作品，它经历了文学界喧嚣浮华、好大喜功的那个漫长阶段的考验，始终坚持关注本土文学发展，没有为了赚取眼球和浮名而把评奖范围扩大到全国，形成了自己独有的风格特色和坚实的文坛地位。但它在创作风格的接纳上又是开放和兼容并蓄的。

最近你公开声明你的长篇小说《中国战场之共赴国难》退出赵树理奖的终评，令许多人不理解，议论纷纷，你自己是怎么想的？

这是我作品第二次退出赵奖终评。上届我的中篇《弃城》入围终评，我就选择了退出，当时的原因是我刚当选省作家协会副主席，我觉得既然已经是副主席了，就要有个姿态，把更多的获奖机会让给比我更需要这个奖的作家。

本届再次退出并公开声明，有两个原因：一个是出于健全赵树理文学奖评奖机制的考虑。我是评奖办公室的副主任，属于组织方，应该出于避嫌而退出评奖，我希望能通过努力使赵奖形成严格的回避制度，只要是组织方人员，或者是其他奖项的评委，或者是参评作品的编辑、出版者，都应该退出参评或者退出评委；二是上届我的长篇小说《母系氏家》已经获过赵奖长篇小说奖了，本次申报也是出版方的意愿，觉得《中国战场之共赴国难》算是去年比较重要的作品，不申报太可惜了。入围终评后我一直心里不安，觉得应该退出，把机会让给没获过这个奖项的作家。经过与出版方负责人的沟通，意见达成一致后就公开声明退出终评了。

你对山西新锐“晋军崛起”，有着怎样的看法，或者说，对山西文坛的现状怎么看？有哪些期待和展望？

其实山西中青年作家梯队的建设也像很多兄弟说山西省份一样，经历过青黄不接的时代，比如说在“山药蛋派”的辉煌和“晋军崛起”之后，一度形不成整齐的创作队伍。难能可贵的是历任的省作家协会领导及时地发现了这个苗头，把培养和发现中青年作家工作作为重中之重。

经过十几年坚持不懈的努力，山西60后、70后、80后三个年龄段都涌现出了很多优秀作家、新锐作家群体。这期间山西有一位作家获得了茅盾文学奖，一位作家获得了雨果奖，六位作家获得了鲁迅文学奖，五位作家获得了庄重文文学奖，这在全国文坛也是不多见的繁荣景象。虽然60后以降的山西作家里还没有出现陈忠实、贾平凹那样的文学大师，但创作势头欣欣向荣，精品力作迭出，已经具备了出现大作家的土壤和条件，让我们拭目以待吧。

你曾相继在晋中市、祁县两地为基层作者进行多场文学讲座，你认为其最大的意义是什么？

只有一个目的，那就是希望分享我的心得，提醒作家们要加强自身的修养。我讲小说艺术，技术层面的东西要少一些，主要讲一些理念层面的东西。这也是我自己从19岁开始写小说以来的经验和教训。

我个人认为，如果想要把小说创作好，仅仅通过阅读小说作品去学习，会走很多弯路，每个人都有自己喜欢的小说家和作品，可能要花很多年去学，但往往学到的只是些皮毛。可能短期内觉得进步很大，也很快，越学越像，但过一段时间或者过上很多年才会发现，他的语言方式不是你的，他认知世界的方式也不是你的，你甚至不知道他为什么这样写，学得越像，丢失的自我越多。因为每个作家特质不一样，包括他的先天性格、生活环境、受教育背景，甚至是自身命运、经历、家人等等，这些都有会影响到作者性质的养成。世界上没有两片相同的树叶，也没有两个相同经历的人，更不可能有两个价值观完全相同的人。

文学作品的伟大首先是作家本身的伟大、他思想的伟大，是作家跟这块土地、这个民族的历史和思想的融合与升华。有时候我们可能会凭天分出点小名，然后就沾沾自喜，渐渐发现打不开自己了，于是疯狂阅读经典作品想获得秘笈。现在看来，这是一个误区。因为作家不是单一的人，他是一个庞杂的人，你无法仅仅通过他成型的作品去学习到他真正伟大的东西。

能不能介绍一下你的新作《中国战场之共赴国难》？

这部作品获得了第四届汉语文学女评委奖最佳叙事奖，评委认为：李骏虎的长篇小说《中国战场之共赴国难》具有文学与历史的双重价值，作品围绕中国工农红军长征到达陕北后组成抗日先锋军东征山西的这段历史，以当代立场和视野，首次呈现了这段鲜为人知的救亡史及其复杂性，史诗般再现了中国共产党推动全面抗战的历史功绩，以及在世界反法西斯战争中中国战场形成的伟大意义。在救亡图存的主题下，作品成功刻画了不同立场的历史人物的精神发展轨迹，形象地再现了他们在重要历史关头做出抉择的过程。

你认为作家能够培养出来吗？可以谈谈鲁院学习对自己的影响。

写作除了艺术感觉外，还是讲究方法的。在美国，作家培训班跟厨师和汽修工培训班一样，是个技术活儿，怎样开头，怎样结构，怎样设置悬念，怎样高潮，怎样结尾，那都是有很多方法的。我们是个矜持的国家，习惯把一切东西形而上，只重艺术不重技术，不知道怎样培养天才的成长，放任自流恐怕会毁灭很多天才，《伤仲永》就是个典型案例。

所以说，要想写好小说，它是有方法的。作家只顾闷头写作，不知道站起来审视自己的写作，不知道总结艺术方法，终究是成不了大器的。从这个意义上来说，鲁院对作家的意义就是当头一棒，喝醒你对文学的迷途，引导你的艺术感觉。毫不夸张地说，我就是在鲁院听到胡平老师讲文学要“照亮”灵魂，才猛醒的。写那篇获鲁奖的中篇《前面就是麦季》时，我时时在想着怎样“照亮”。而这个题目，也是在鲁院课堂上听韩作荣老师讲诗歌美学时，听到他念了一句诗“前面就是夏天”，我变通过来的。

读《母系氏家》觉得很亲切，连主人公的名字都散发着泥土的芬芳。包括你其他的作品，地域色彩也比较浓郁，你觉得这是山西作家的特长吗?

我从小就从我父亲订阅的《汾水》（《山西文学》前身）上阅读“山药蛋派”老一辈作家的作品，受到的影响可谓深入血脉。但后来受西方文学经典影响很大，比如哈代的小说，因此《母系氏家》里的主要人物和前辈山西作家笔下的是有区别的。

秀娟这个姑娘，终生未嫁，“质本洁来还洁去”，对她的世界里的人们给予了博大的爱和无限的包容，她是乡村精神世界里淳朴和美好的高度凝结体，她的灵魂是纯净和高贵的。要塑造这样一个菩萨和圣女般的人物，用中国话本小说的技法是无法完成的，只能借鉴西方名著的方法去刻画她的精神世界。

好在，我阅读过许多大师们的杰作，他们能够像上帝一样指引迷途的羔羊，使它回到丰美的草地，也能使我的精神回到我笔下的故乡。还有一个不同是，《老井》《厚土》里面的乡村是苦的，而《母系氏家》是暖的。

你如何评价当下文坛?你认为当前文学创作有什么问题吗?

我觉得当下的作家存在一个最大的问题就是精神的矮化，是白话小说史以来的一个最大低谷。

纵向来比较，从中国新文学的发端开始说起，实际上是1917年到1949年之间，这个时候是国难重重，作家们在作品当中表现了强烈的爱国情绪，忧国忧民，同时鲁迅这些人的作品对国民的精神、人性与尊严给予了好多反观与思考、批判。当时的中国作家的理想是建设一个富强、民主、文明的新中国，这就是1919到1949年之间作家的理想，而当时西方文明已经很发达了，横向比较，西方的作家在做什么样的研究？他们对当时发达的文明，已经开始反思了，甚至开始对宗教信仰也进行一种追问、反思、批判。无论纵向还是横向比较，作家要写什么，写这个东西要干什么，他们都有精神向度。

从20世纪80年代到现在这30年，反过头来看，实际上很可能是一种副本写作，欧美文学的一个副本写作，除了咀嚼人家的精神剩饭以外我觉得是没有什么精神向度的。到了现在文学之所以被大众边缘化，实际上也是作家精神矮化的结果，出现了很多伪现实的作品，尤其是21世纪以来作家又沦为枪手，文学作品沦为影视的仆佣。

我感觉新世纪以来小说家最缺乏的是怎样把握时代的脉搏的问题。这之前有许多作家，他们是非常敏感的，比如柯云路写《新星》，比如贾平凹的《浮躁》，写一个社会转型期人们的那种精神失落，后来又到《废都》，写计划经济向商品经济转型的过程当中人的信仰缺失，我觉得作为作家来说都是非常敏感的。

但是现在咱们这个时代的脉搏是什么？我们已经把握不住脉搏，但是能看到一些表层现象，时代已经从一个多元化的价值观发展到一个很单一的价值观的时代，就好像卡尔维诺对19世纪作家们表现的那个时代有一个说法，我们现在也正是处在一个以经济观点来思考的社会。为什么经济学家能够看到社会运行规律和本质，文学家看不透，正是因为咱们正处在一个以经济观点来思考的社会，我们能否看到现实，能否去判断它，去把握它，去表现它，恐怕是我们面临的一个理解难题，更是一个写作难题。

希望了解你的阅读状况。在你成长的过程中，谁对你影响比较大?

对我影响最大的当代作家是王小波先生。我1997年到2007年十年间所有的小说，都是模仿王小波先生风格的，有8篇30万字，后来专门结集了一本《向王小波致敬》。我认为，评论界把王小波的小说界定为“黑色幽默”是浅显的，实际上，王小波的创作已经达到了艺术的最高境界：荒诞。小说中的讽刺意味与苦涩的幽默结合在一起，通过不确定的时空和人物来表现作品思想内容，将现实中的具体人物抽象化。他的小说已经达到了“在故作平淡无奇的日常形式中表达出反常的内容”，使不受制于现实的事件，显得“比真正的生活真实还要现实”。在当代中国作家里，无出其右。

我阅读的第一本名著是小仲马的《茶花女》，第二本就是马尔克斯的《百年孤独》，第三本是陀思妥耶夫斯基的《被侮辱与被损害的》，无论是现实主义、魔幻现实主义还是现代主义，都给予过我精神的陶冶和视野的开拓。后来我多年着迷于阅读雨果，搜集购买到他所有版本的全集和作品，凡我有房子的地方，都有一套雨果文集。他是公认的浪漫主义大师，但他笔下的芳汀的悲惨命运，主教影响下冉阿让人性的转变，以及他对宗教的长篇累牍的评述，还有他笔下拿破仑的滑铁卢之败都是那样直击人的精神归宿和人类社会的本质以及人生的苦难。和陀思妥耶夫斯基一样，雨果对我的影响是巨大的，我所有的作品都摆脱不了他们的巨大阴影。

现在，我打心眼里喜欢托尔斯泰，一遍又一遍地阅读《战争与和平》《安娜·卡列妮娜》。而且我已经理解，现实是文学上一切主义的起飞点和落脚点。我说最先锋的就是现实主义，正是因为现实的“超验性”。而我坚定现实主义的创作道路，也正是看到了它的包罗万象涵盖一切，在我的所有作品中，即使是最“现实”的作品，也总是不自觉地运用着“超验”，它仿佛神性的东西，赋予作品以灵性。我不认为现实主义的创作束缚了我以前作品里明显的超验性，相反，我觉得是现实赋予了超验更大的艺术表现力，超验之于现实主义，就像闪电在乌云和大地之间蹿动。

你对目前的生活状况满意吗？

我很高兴自己能从事自己最感兴趣的职业，兴趣和谋生成了一回事会让人感觉幸福，其他的苦恼皆可视为创作财富，比如说无论我们身处什么时代什么社会，对于一个作家来说正常和不正常都是需要你批判和追问的。不能说和平时代就不是大时代，就像不能说风云变幻的革命时代是理想社会一样。生活有时候很有意思，比如说我是个作家，但因为公务员身份而不能评职称，所以我现在连三级作家也不是，但这都不重要，对于一个有理想的作家来说，现实状况如何都不重要，都是财富。

设问人：舒晋瑜 作家，《中华读书报》总编辑助理

周俊芳 《三晋都市报》记者

肖江虹

肖江虹，1976年生，贵州修文人。代表作有长篇小说《向日葵》，中篇小说《百鸟朝凤》《蛊镇》《悬棺》《傩面》等。曾获鲁迅文学奖、《人民文学》奖、《小说选刊》年度奖、贵州省政府文艺奖等。根据其小说改编并担任编剧的同名电影《百鸟朝凤》曾获中国电影金鸡奖评委会特别奖、中国大学生电影节评委会大奖、华表奖、全国“五个一工程”奖等。

文学最终目的不是对抗

小学语文老师曾问肖江虹，你的理想是什么？肖江虹几乎没有思考，说要当个作家。老师立刻就笑了，又问他，为什么要当作家呢？他说当作家有面子。老师很真诚地对他说，其实，当个村支书更有面子。那些小时候豪言要做科学家或者飞行员的同学，最后都做了农民，谁也没有想到，肖江虹的理想实现了。肖江虹表示，在农村有一个词叫“怕惧”，就是基本的敬畏，没有这种敬畏，就什么都敢干，我们中国当代文学丢掉的最了不起的传统，就是文学本身的庄严性。

《傩面》是你在2016年第9期《人民文学》发表的作品，是一部民俗味很浓的作品。你的书写从2009年的《百鸟朝凤》和《家谱》，到2010年的《喊魂》和2011年的《当大事》，到最近几年的《蛊镇》《悬棺》和《傩面》，可以看出民俗书写在你的创作过程中是一条很明显的线索。你写的这些民俗离我们生活是非常非常近的，可能就在我们的生活中，在我们的周围发生过，可能当时是熟视无睹的，但今天我们通过小说，再一次来看自己身边的民俗的时候，会有很多新的发现，比如说丧葬礼仪、悬棺、喊魂等等。

我写家乡是有好处的，我老家是贵阳修文县的，县政府有一个奖励，你在《人民文学》发一篇作品，县政府给你两万块钱或三万块钱，发一篇散文又是多少钱。你这个作品里面只要有这片土地的，只要是这个地域的，不管你现在在哪个地方，或者你在哪个地方工作，你是哪个地方的人，不管。县政府每年都会拿一笔钱出来奖励出现“修文”这块土地作为主要场景发生故事的作品。修文的宣传部长跟我开玩笑，说我们县财政不行，“明年你把地方换一下吧，不要再写修文了”。

2013年你有一篇发表在《文艺报》上的文章，叫《当梦想照进现实》，谈到你小说中的场景、人物几乎都和那片土地有关，估计也都是修文县吧？

对。我的小说里面很多的人名都是我老家亲戚的名字。我有一个小说叫《犯罪嫌疑人》，里面有个生产队长叫“肖明亮”，就是用我爷爷的名字。我每次写小说时一开始用的名字都是我舅、我叔、我姑妈，写完之后才找另外的名字把这个名字给替换掉。因为你和这个人物有感情，要是一个陌生名字的话，你要和这个名字在写作的过程中建立感情，建立感情的过程是非常漫长的，如果拿性情、性格类似的亲人来作为小说人物的名字，你写起来就特别对他有感情，不管是好的还是坏的。我爸有一次还成了我小说中的坏人，我拿草稿给他看，他看完后说，“反正我也不懂，麻烦把那个名字给我改了。”

我能够体会你说的这些，用熟悉的人的名字才更容易贴近他们，展开自己的文学创作。

其实你写一篇作品，你要先和人物建立感情，我们说文学创作是关乎精神的这么一种劳动，不管这个人是坏的还是好的，首先你要熟悉他，然后你要和他有感情，有感情你才会把他写得打动人心。

我个人认为你的作品写了一个很大的世界。我不赞同有的批评者将你的作品定位为“底层叙事”、描写“被侮辱与被损害”的小人物之类的。

第一，我觉得“底层叙事”这个概念本来有问题，是模糊不清的；第二，“被侮辱与被损害”这个词带有强烈的伦理色彩，不太适合用来作文学批评。另外，这样的界定把你所写的东西给缩小了。我为什么觉得你所写的是一个大的世界，因为你写的是民俗世界，民俗来自于巫术，巫术是连通天地人的一个途径。小说中的民俗世界就是一个天地人连通的世界。你把这个世界写活了，活在这个民俗里面的人，和他们生活的那个天地世界是融为一体的。还有，阅读你的小说时，刚进去的话，似乎是古老的乡村传统和现代性的一个对立，但是细读就会发现，不是城乡之间这种传统和现代的二元冲突，而是在大背景下写乡村这一维的生存困境。你以一维带出了多维的问题。当我们读一个作家的作品的时候，我们不仅要看到他写了什么，我们还更应该看到他隐藏了什么，有可能他背后没有说的才是更重要的问题。你的小说呈现了一个鲜活的民俗世界，但是在读的过程中，我脑袋里不断冒出的一个问题是，那些已经不习惯、已经走出这个民俗世界的年轻人如何解决他们精神上的困惑和孤独？这是我们当下面临的更显著、更重要的问题。你的作品没有突显这一面，但是在小说里，如《蛊镇》中的蛊镇，随着细崽脸上红斑的消失而消失，让我们感到，在天地人连通的圆融世界的背后，潜藏着一股惘惘的威胁。

文学书写的说和不说、显与隐这是一个很有意思的话题。一个是作家文字故事所呈现的世界，另一个是背后没有说的世界，可能没说的东西才是作家想说的，才是作家着力最多的。

你讲得特别对，我始终有一个观点：一部小说是从最后一个标点符号开始的，真正的小说、真正的故事是从这个故事结束的地方开始的。前边所有的文本是冰山一角，其实最后告诉你，寻着这条线你会发现水面下更庞大的部分。我们作家经常说的一句话就是“结束的地方，小说开始”。

你的作品我读的有四部，《百鸟朝凤》《蛊镇》《乡关》《傩面》，我发现后面三部作品，它们在题材、主题、书写形式上有很多相似的地方，是不是可以把它们看成一个三部曲？

出版社就是这样做的，他们用《傩面》为名将三个中篇合在一起作为一个长篇。这是《人民文学》的提议，他们说三个小说在情感上、书写的方式上，还有里面有许多人名、地名相互都是缠绕在一起的。

你是不是有意把它们写成一个系列的？

我在鲁迅文学院学习时，评论家施战军是我老师，当年鲁迅文学院招生的时候，在贵州招的不是我，施战军曾看过我几篇小说，就给省作家协会打电话说，你们贵州要不就增加一个人，我们再给你们一个名额，我才去上了鲁迅文学院。我从鲁迅文学院回来的第二年，他就调到《人民文学》做主编去了，就问我要稿子。其实我当时特别迷茫，因为上鲁迅文学院是很痛苦的事，上完回来很多作家就不敢写了，因为今天莫言来给你说小说应该这样写，明天刘庆邦来给你说小说应该这样写，后天陈思和来给你说小说应该这样写，最后你不知道小说应该怎样写了。如果你的文学观还没有到足够强大的时候，千万不要去，因为你很羸弱，你在那些大师面前一下子给敲打得粉碎，要花很长的时间来重新构建你的文学观。一个好作家，一个成熟的作家，他一定有一个自己的文学观，而且这个文学观将指导他一辈子的写作，所以很多作家去了鲁迅文学院回来以后，有的干脆就不写了，有的观念被打碎，要重组这些观念，过程很漫长。所以我回来以后，差不多有一年没写，后来施战军说，你给我写个小说吧。我就咬着牙，把《蛊镇》写出来发给他，他说你就照着这个样子再写一个，第二年我就写了《悬棺》。他说你再写一个，我说我不写了，你拿刀架在我脖子上我都不写了，我痛苦得很，他说你想啊，什么都讲三个，什么三部曲啊，你再写一个圆满了，我说那我写出来差了，你不要怪我。《傩面》我写了两年，前面那两个都只写了一年，只有《傩面》写了两年，因为它的难度太大。你在这个领域要有新的掘进，新的精神领域里的掘进，把民俗写作的维度拓宽，比如说以前是两面的，现在你要做到三面，做成三维的、四维的，这个难度特别大。还好，我们前面的许多写民俗的小说家，比如韩少功老师，民俗在他们小说里面有一个特点，就是它只是符号，它是符号化的出现，很少对民俗精神层面的东西进行挖掘，所以我写《傩面》，有意用寻根文学的那种调调，在这条道有点新的贡献，当然最后有没有贡献不是我说了算的，但是我觉得我尽力了。

我觉得20世纪80年代中期那批寻根文学除了极少的，比如像阿城的《棋王》，其他寻根小说多数写得不好，关键在于他们还是概念性的，带着一个潜在的目的来写的，所以你说你学寻根文学那个调，我倒是觉得你这三部比当时的许多寻根小说写得好。

我说老实话，在《傩面》里，我有意借鉴了西方小说的一些写作观念，就是西文的写作观念，我还有意在民俗里面用相对先锋的表现手法，当然是表现上的那种先锋，不是结构、语言上的先锋。

你自我感觉《傩面》是系列里面写得比较好的，你自己也下了很大功夫，但是《悬棺》《蛊镇》和《傩面》相比，我在蛊镇里看到的人物和那个世界要比另外两个大，我觉得《蛊镇》是写得最好的。

你也说过《百鸟朝凤》是写得最好的吧？

没有，没有，我没有这么说，现在说老实话，谁提那个小说我就跟谁急。那个小说始终太单一了，就是一个很简单的故事，而且杨老师讲的二元对立的意图太明显，它是一种很单薄的东西，更多是一个故事，一个简单的故事。

当然，《百鸟朝凤》在你的写作生涯中也是一个标杆式的、界碑式的作品。我看你有一个说法就是，这部作品让你真正走上了文学之路。

对，可以这样说，像我们搞文学的很多人，有一个问题就是他无法再前进，比如说他的语言完成了，叙事完成了，结构什么都完成了，但你永远感觉他趴在那个墙上，他往那边翻就是一个好作家，但他可能永远也翻不过去。我觉得还是在文学的哲学层面无法完成超越，所以他还是得讲故事，不断地讲故事。我们区别好的作家，比如说我前几天看陀思妥耶夫斯基的《罪与罚》，我以前看了大概有三分之一，实在读不懂，枯燥得不行，但我拼着命咬着牙把它读完后发现，平时你阅读的东西都是那种取巧的、轻盈的，就像我们武侠小说放暗器的都是那种鬼鬼祟祟的门派，但你看他那个东西，是少林寺的，正宗的，走的是正道，那种拳拳到肉的、没有任何花招的东西，带给你的冲击和震撼真是很厉害。所以，比如说陀思妥耶夫斯基当年那批俄罗斯作家，他有一个特别好的文学传统，不是他的叙事传统，也不是他的故事传统，而是他的精神哲学的这种传统，才是他们最厉害的。为什么中国作家会断代，俄罗斯当年伟大的作家一个接着一个、一波接一波地出来，全是在世界享有极高声誉的，就是因为他们的那种文学传统特别好，我们现在好像谁把故事编得好，谁就厉害。

你认为你的创作方法是属于哪一种？是现实主义还是现代主义？

我认为是这样的，其实所有关乎人类精神苦痛、困境的文学都是现实主义的，它没有一个明确的界定，或要求一定要写我们当下发生的。

我觉得我们被以前的文学教育误导了很多年，没有教给我们一种更大的或者更宽阔的看法，所以我认为只要是关乎人类精神困境的作品，都是现实主义的。现实主义的概念也是个特别复杂的概念，如果它和浪漫主义直接并举的时候，它的意思是比较明确的，但不和浪漫主义并举时，这个概念的范围、内涵有犹疑的地方，就看个人是怎么理解的。

按照你的说法，考察一部作品时，应该将它放在一个文学传统中来理解。关于文学传统，有两种较有代表性的观念：一个是艾略特，他认为任何伟大的作家都是在传统的基础上来展开他的创作的，没有继承，就不会有伟大的创作；另一个是加拿大的文学评论家加布鲁姆，他在《影响的焦虑》里面谈到这个问题，即当我们过多注重传统的时候，我们如何从传统里面走出来，我们如何在传统中创作出属于自己的东西。从这个角度，我们可以将你的作品放在中国现代乡土文学书写的大语境中来讨论，缩小到贵州，我们可以放在蹇先艾、何士光等贵州前辈作家一系列的乡土文学中来考察，这样对你的乡土书写和民俗书写的认识，可能会比较清楚一些。

中国现代文学中的乡土小说总体来说有两个传统：一是以鲁迅为代表的启蒙色彩较浓的写实批判传统，我们贵州的蹇先艾走的就是这一路；二是以废名、沈从文、汪曾祺为代表的田园抒情传统。我觉得废名和汪曾祺写乡村是在写一个梦，将人性那种极致的美好寄托在一个梦想的世界里，与现实的丑恶隔离开来。沈从文的不太一样，他小说里宁静和美好的世界中隐现着不安和残酷，从残酷中同时见出生命的渺小和庄严。在这一点上，你的作品跟沈从文的非常像。

我觉得你也做出了许多超越，鲁迅的那个传统和沈从文的这个传统，可能有对立。一个是启蒙主义的现代化的立场，一个可能是保守主义的守护传统的立场。这两种立场在你的作品中都没有很鲜明地体现出来，反而可能走向一个更加宽阔的场域。

在写的时候，我们不会想这个，开始内心的对立情绪还是挺强的，包括早期写现实主义题材的东西，现在可能年纪大了，我觉得文学最终的目的可能是和解，绝不是对抗，和解才是人类最终的一个途径，包括我们的城乡，在不断的对立中，最终走向的也是和解，比如现在的乡村消失了，下一步城镇可能又作为一种原始的乡村存在。

在你的乡村书写中，我看到不管是无双镇也好，蛊镇也好，古村也好，都是相对闭锁的，带有一点乌托邦的性质，里面都有非常温暖的安抚人心的东西，似乎寄托了你对乡村的某种想象，或是对生活的某种期望。那种传统的生活样态可以安抚我们的生，甚至也可以安抚我们的死。你的多部作品都涉及到死亡的话题。现代性带来的一个问题就是人怎么去处理他的死。《傩面》中很重要的情节就是傩面师秦安顺对死亡的处理。他戴上傩面以后看见他父母相亲的场景、入洞房的场景，最后还看见母亲生下他的场景，里面有一个很有意思的细节，他母亲当年生下他的时候，朝他现在的位置看了一眼，似乎发现了他，这有点穿越的味道。一个人看见了他自己的出生入死，这种生命的轮回打破了现代性的线性时间，时间出现了循环，出现了眩晕的状态，使我们对生命和死亡产生不同的理解。

我特别想补充几句。我写《傩面》的时候，为什么要设定傩面师戴上面具以后能够看见以前的事情，甚至未来的事情？现在我们人类已经放弃了一个最基本的东西，我们农村叫“怕惧”，就是基本的敬畏。我们没有这种敬畏，什么都敢干。“傩”这种东西产生的时候，它不光体现了祖先对天、地、神和自然最基本的畏惧心，还带给人类一种伟大的想象力，比如打雷他解决不了，暴雨他解决不了，他可以虚构一个神出来管这个事情，我们现在说这是迷信，但是你用文学的眼光去看它，想象力是非凡的，它真的是人类在自然、宇宙面前伟大的想象，用这种想象来让自己对生命、对宇宙万物有最基本的一种惧怕，这是一个特别了不起的传统。在小说里面，那种幻像只有秦安顺一个人可以看到，因为中国古老的循环时间概念还在他心里留存，他戴上那个面具后看到的可能是他想象的，但他相信这个东西是存在的，就是因为他有怕惧。

这就是一种敬畏之心。只有你心里面有敬畏之心，你才能看到神。如何去恢复这个世界神性的维度，从这个角度去看你的作品，也可以看出一些很有意思的东西。

我觉得我们中国当代文学，丢掉了一个最了不起的传统：宗教性。其实就是文学本身的庄严性。我们老在强调一个词语就是“作家的叙事伦理”，这是很重要的，就是你是站在哪个维度来描述这个世界，你的眼睛看到这个世界是怎么样的，然后你把你眼睛看到的这个世界告诉给别人。文学有个基本的伦理，一个好的作家，一个敦厚的作家，是可以站在全人类的立场上来写作的，他一定具有文学伟大的传统，就是文学的庄严性，我们把这个东西弄丢了很久。

设问人：颜军 尤作勇 杨波 杨飞 杜国景

周李立

周李立，1984年生，四川达州人。代表作有《八道门》《火山》《去宽窄巷跑步》等。出版小说集《八道门》《透视》《欢喜腾》，纪实文学《久别的人》。曾获《芳草》汉语文学女评委大奖、储吉旺文学奖、《小说月报》百花文学奖、《小说选刊》新人奖及双年奖、《朔方》文学奖、《广州文艺》都市小说双年奖、《长江丛刊》小说奖等。

关注人就好不用强调是男是女

周李立说，前辈作家让她明白，文学是可以做一辈子的事情。她不吃“青春饭”，也不规定退休年龄，让一生都不会太无聊。这么老少皆宜的事情，事实上也并不简单，因为写一时不容易，写一世更不容易，写出名留青史的作品更是自己的追求，“不希望作品留世的写作者，他的写作态度非常值得怀疑。”

最近几年你的创作可以用风生水起来概括，每年都有十几篇中短篇小说发表，且有较高转载率。如此成绩，你认为是自己勤奋所致，还是已经进入创作的成熟期？还请你介绍下目前的创作状态。

我写小说起步晚，又走得慢，并不勤奋，从2008年发表第一篇小说到2013年，一共只写了不到七八篇小说。中间停了两年没写小说，去读研究生了。这是个失败的决定，因为写完毕业论文后，整整一年也找不到小说的语感，就是找不到，死活找不到。后来很缓慢地恢复状态，逐渐越写越顺，这样的时候还是很有乐趣的。真正被说成“高产”是2014年才开始的。到2018年这三四年，平均每年20万字，十几个中短篇。我也没想明白这是为什么，可能因为那时候我30岁了，突然有了紧迫感，觉得我不得不找到自己这一生应该做的事情了。我没什么特长，就好像还能写，就这样写下来。因为要上班，写作的时间很少，又不熬夜，能写的时候只是不上班的白天。零碎时间可以读点书，只写不读是很可怕的。

你是新闻专业出身，新闻写作的真谛在于“用事实说话”，小说却是虚构的。你笔下的人和事，是虚构的多，还是源于真实的多？

都有，有时很难区分哪部分源于真实，哪部分是虚构——写小说的人对此都会感同身受。我不喜欢两类小说，一是过于虚幻，天马行空，云山雾罩地玩玄虚，那样的小说跟我没一点关系，那我为什么还要读它？另一种是过于现实，只是就事写事，就算这故事再离奇，我也还不如直接去看新闻，何况现在的新闻中也根本不缺惊悚事件。所以，小说是虚构的，但它并非不是真实的。它有时可以比真实更真实。

说到新闻写作，新闻要求5个“W”和1个“H”，你的小说中这些要素经常不齐全，另外你的小说也不追求故事的起承转合。福斯特认为，小说的基本职能就是讲故事，讲故事的话语可以折射出讲者的态度。而你的态度是不追求故事完整性，小说有碎片化的感觉，时常有断裂穿插。不以写故事为主，更多围绕三两人物写意，更注重的是人物的心理、情绪、状态、行为、语言以及氛围。这对于热衷故事且善于从因到果阅读的读者是个不小的考验。从叙事艺术来看，确是造成了一种错落凹凸的立体美感。你能否结合具体作品，给我们分享下这种叙述艺术？

如果所有小说都严格按照“起承转合”写出来，无疑是会被诟病的——不是说起承转合的结构方式写不出来好作品，而是它不是小说结构的唯一方式。小说的好玩好看在于它的多种可能性。

新闻写作与小说写作区别巨大。新闻写作更像一种流水线生产，程序、尺寸、步骤都有一定之规。而新闻写作本就产生于工业时代，为适应批量印刷的报纸业，它与生俱来就是框架间的不容逾矩的产品。而小说艺术既然是以虚构与其他文体相区别的，5个“W”就更不是必须要素了，曹雪芹在《红楼梦》里写时间更是说年份朝代都不可考。

说我更在意写人物，更注重人物的状态、行为、情绪，这也许是因为我是个对外部世界缺乏探究欲的人，我的好奇心更多是对内部世界的，是对人心与意识的。人无疑是最有意思也最复杂的所在，也是我的小说关注的所在。但有的作家就不同，他们对世界充满好奇，对不熟悉的一切都有去探求一番的愿望，也正是这种愿望推动着他们的写作与阅读。因为尊重内部世界，较多采用“内视角”的方式，所以我的结构方式有时并不按时间流动进行，但这种“碎片化”并不是没有线索，而是以情绪变化、气氛推动为线索，以人物的心理变化为分配素材的标准。比如《力学原则》中推婴儿车回家的罗霄在路上对自己生活的一系列反思与回顾也与他的情绪波动有关。如果按照时间叙事，罗霄的故事就好像没什么好说的，只是一个山区的“凤凰男”考大学又当了公务员，买了辆婴儿车因为他马上要当爸爸的算不上故事的故事。

写小说给你带来的最大收获和乐趣是什么？

如果我不写小说，可能早就得抑郁症了——这是最大的收获。选择写小说而不是写散文写新闻，大概因为小说可以虚构。我怀疑散文是不能多写的文体。散文太真实，真诚的散文写作需要极大勇气，对自我也是一种迅速的消耗。只是，之前我还天真以为虚构是作家手上一种极大的权力。这很有诱惑力，你可以虚构一个世界。但写小说之后我知道了，虚构的权力仍得被装进现实的笼子里。不着边儿的虚构，其实是很无聊的，没什么意思。被约束的虚构，是小说存在的基础，也是小说最有魅力的地方。

正所谓一切都是虚构，一切都不是虚构。当下的文学创作格局是多元的，作为80后，你觉得自己从前辈们身上继承了什么？对90后作家有哪些经验传授？

勤奋的前辈作家让我明白，文学是可以做一辈子的事情，它不吃“青春饭”，也不规定退休年龄，它让你一生都不会太无聊。这么老少皆宜的事情，事实上也并不简单，因为写一时不容易，写一世更不容易。

如果说人一辈子做的所有事，都是在对抗苍老对抗空虚，都是在解决垂死那段时期如何面对自我的问题，那么文学还真算得上是最贴近这一终极目标的事业。文学的本源就是对抗时间。人们渴望延续自身生命，这是所有艺术创作的本能推动力。青史留名，说来是俗了些，但希望作品在自己身后有所回响，对写作者而言，应是起码的野心。不希望作品留世的写作者，他的写作态度非常值得怀疑。这样一想，很多问题便不值得计较了。写作真是要做一辈子的事的话，持续性的在场远比短暂的喧哗重要——这对80后、90后乃至00后，都一样。青春时写作不困难，18岁的少女都是诗人，因为有少女心，80岁的诗人就难得了，因为他把诗心保鲜了80年。

大浪淘沙，似乎是文学的定律。有人将文学当成商品，有人将其提升为寻找精神家园的道路，这涉及到人们对文学的价值或意义的判定问题。你以八大山人的一句“墨痕无多泪痕多”来概括自己的写作愿望（也可说目标），那你思考中的文学的意义是什么呢？

提出“墨痕无多泪痕多”的八大山人是我喜欢的画家，这句话关乎“以少胜多”的美学风格。借鉴到文学上，大概是我喜欢的一种不累赘、不庸俗、不繁复，但事实上也并不简单的文字。这是个人趣味。但换个角度理解，也许这句话也说明着文学的某种意义，至少它表明，作品不应只有“墨痕”，它从墨痕出发，抵达泪痕。泪痕不一定都是悲伤的，但流泪总是在人的内心肿胀的时刻。文学不就是一种消除肿胀或者让内心更肿胀的东西吗？

你的小说还有个颇有意味的现象，用你的话说，你好像总是在写一个人与另一个人之间，一代人与另一代人之间，一个生活场景与另一个生活场景之间，一种处境与另一种处境之间，一种欲望与另一种欲望之间的隔膜与屏蔽。从写作的角度来看，这是一种结构，造就一种对立（或者说对比、映照、互补）的艺术效果。在我看来，设置这种结构模型，已经成为你自觉的写作行为。尤其是，它与碎片化故事近乎完美融合，确实见出你驾驭故事情节游刃有余的功力。这种有意识的对立已溢出结构美的范围。你能结合具体作品，给我们分析一下吗？

其实我没有有意去设置对立关系。我认为交流都是无效的，现代人在无效的交流中消耗了太多时间精力。理解其实是不可能的，最多感同身受而已。你不是鱼，不知鱼的快乐，你只能想象鱼有多快乐。就是这样。你以为自己理解对方。这种理解，很多时候仔细一想就会发现，其实是自以为是的，因为有你的主观成分在里面。而每个人都是不一样的。这种内在的区别如今大多被隐藏在相似的生活节奏里。现代大部分人的人生节奏都过于雷同，上学上班，结婚生子，儿女再上学上班，再结婚生子。人生路线好像都是既定的。按部就班、没有悬念，这让人们很容易忽略个体内在的差别。隔膜无处不在，甚至交流越充分，隔膜越厉害。语言本就是不可靠的、充满多种可能性的，何况依赖语言进行的交流。我一直在写这种失效的交流、现代人的隔膜，可能难免造成两厢对立的感觉。要说具体哪篇作品，我想到的是《如何通过四元桥》，它有点像我很多小说的母本。“新新人类”贾小西和教授刘一南，在如何通过四元桥的问题的交流上，都是自说自话的，效果南辕北辙、大相径庭。他们都委屈，也都不能理解对方，不是他们不愿去理解，而是他们根本无法理解。四元桥让他们看似浑然天成的交流暴露出分道扬镳的本质。这篇小说很短，时空都有局限，但我的其他一些小说，在结构、矛盾和人物关系精简之后，都可以看出是《如何通过四元桥》的影子。

《刺桐》表面看是个婆媳关系的故事。“我”的交警丈夫去世了，婆媳空间上走到一起，但较量与磨合仍未停止。从结尾看，应是“我”对婆婆有了更深理解。其实，婆婆背后却隐藏着一个巨大而辛酸的知青苦难史，丈夫身后也隐藏着一个惊悚的破案故事，你都将之消隐，仅在对话中简单透露。你写作时是怎样考虑的？“刺桐”有隐喻功能，是不是想使小说有种寓言性？

你说得很对。开始写《刺桐》只是对“刺桐”这个名字感兴趣，因为好听，且谐音是“刺痛”。我单纯想写一个关于“刺痛”的故事。小说中的三个人物都是“刺痛”的：明写的“我”和婆婆，暗写的丈夫。小说中被我消隐掉的部分似乎仍有可生发的余地，但那应是另一篇小说了。在《刺桐》中，我只想用我的方式写“刺痛”。什么是“刺痛”？刺痛是看上去没事，只是吃饭聊天，但心上正扎着个锥子。最终“我”和婆婆在小说中达成了谅解并相互扶持，但无论是和解还是相扶，其实都不能消除“刺痛”。

《东海，东海》是一篇关于旅行的小说，写现实与目的无法达成一致，路途会走向幻灭，是不是有些颓废无望？

《东海，东海》中，其实我没有做出判断，因为无法判断，只是

"两难"，都很难。表姐有表姐的不容易，为光鲜亮丽付出的代价不言而喻。"我"的难处更容易理解。母亲的去世让我处于一种自暴自弃的封闭状态，当然这种自暴自弃也可以理解为无欲无求。在小说最后，"我"似乎是快要走出自己的心理困境了，因为"我"偷偷买了水晶，还想好了如何向同学炫耀——其实是"我"正在习得表姐身上某部分特质。而表姐也同样，她说，"原来都是玻璃，想来好没意思"，其实是她不知不觉感染了"我"身上消极与空虚的部分。我希望这种无意识的影响与感染，让她们走上有希望的人生路径，但我仍然不想做出判断。一次出行并不足以改变她们的人生命运，但一些事又确实发生了，你真要说发生了什么大事也谈不上。我喜欢这样的短篇，就是能"从什么也没发生中写出好像又发生了什么"的感觉。

《爱情的头发》中，许小言从拔方卓的白发到拔自己的头发，从他虐到自虐，她怎么会产生这种偏执和荒诞行为呢？在小说中，有一句针对女人的发言："女人是一种缺乏逻辑的生物，她们的生活，必须依靠一个一个现实又短浅的目标，才能连续在一起，不然，她们会让自己像断线的珠子，蹦蹦啪啪四处散落，在身边男人的生活里，砸出一些毫无意义的无谓的空洞。"许小言本来指望方卓的爱情能够拯救她的，结果是方卓不仅救不了她，连自救也无能力。最终，方卓选择了逃避。你这是要告诫女性同胞么？

谈不上告诫，小说不是用来告诫的。《爱情的头发》简单说是写护士许小言与已婚商人方卓的爱情。许小言是护士，她的工作就是处理身体问题，所以许小言的行为方式也应该是面对身体的，因此她会给方卓拔白头发，这是他们之间的亲密方式。许小言本是洒脱的，不需要承诺，也不要责任，但进入爱情之后，她陷入茫然，不知道怎么办——婚外恋这种没有结果的事自然又加剧了她对爱的茫然，她也不知道自己怎么了。她的爆发，也只能从身体下手、从头发下手。这种自虐行为更像是在唤醒痛感，但无效，因为头发没有痛感，所以很荒唐。方卓基本已经是那种麻木的、没有痛感的中年男性，他开始这段关系很大程度是因为期待痛感的刺激，他怀念的是补牙时护士许小言怎么让他疼，他的痛感与快感都在这里。爱情的头发，其实就是爱情的痛感。不痛的时候想痛，痛了又无法承受无能为力，是个悖论。

《火山》涉及一个很新颖的也是比较敏感的题材，就是海外移民。依据创作谈《小张的幸福生活》可知，这是有原型的故事。但你做了几处重要处理：一是将小张父母没有离婚改成文亮父母离婚了；二是将小张的积极乐观改成了文亮的孱弱与消极；三是小张有明确的返乡愿望，文亮这里隐晦得多。你能告诉我为何这么处理？“火山”在小说中既是一个事件性存在，更是一个内涵丰富的喻体，你想借助“火山”表达什么？家族移民史，足可以“补史之阙”啊，你写作的时候有意识地将其虚化，转而走向一个现实与哲理层面的“此岸”与“彼岸”的主题，请介绍下你创作时的思考？

《火山》中文亮的人物原型是积极乐观的导游小张。除了父母离异的部分，其他我不认为我做了改动。小张是一个结局，而文亮是如何抵达这个结局的过程。我试图想象小张如何成为小张，他如何独自应付自己的成长，如何度过敏感的青春期。文亮的孱弱消极并不代表他日后不会成为一个积极有为的人，我有这样的愿望，我只是没有写下这样的结局，因为《火山》的故事已经有了结局，那就是文亮的成长。我一直认为《火山》是写成长的小说，文亮的孤独也是少年维特的孤独，他们是一样的。《火山》的背景是抗战后遗问题，这是现实问题，但对文亮来说，这个问题太大了，他的问题就是此岸与彼岸的问题，是自己的人生问题。大时代中的小人物，都这样。历史再波诡云谲，小人物们操心的也是在与自己攸关的事情上如何选择。

《力学原则》里，罗霄离开茶山是因为“卑微苍白”的处境和重复单调的生活。进入城市工作后的他，以为所有的事情都能够按照规则清晰明确地运行，但婚姻和工作让他措手不及无所适从，连一辆可折叠的婴儿车都摆弄不了。

《力学原则》的罗霄有点像我自己，人生轨迹在一种可以看穿的轨道运行。少年罗霄有愿望，但此刻罗霄没有了愿望，他的生活看似没什么问题，但他又觉得处处都有问题，他不知道哪一步出了差错，也可能哪一步都没错。说到底，还是日常与重复——这是特别强大的力量，消解生活的本质，只剩下生活的表层现状。不只我，大多数人也都是罗霄，在这种力量中无法自处，就这样看似正确地了结一生。这时候，无法折叠婴儿车的问题成为罗霄认识自我的一个契机，他在由此生发的自我意识里，快要被一击而溃。但没有，他让自己相信那个骑士雕塑符合力学原则，相信一切都是真的，而且永远不变。这是罗霄与生活的和解。普通人在这种时候的选择，基本都是和解，而不是爆发。我在小说中也多数让他们与生活和解，很少爆发。

阅读《他们家的暖气》，我想到几组关键词：南方与北方、日常与重复、过去与现在。南方与北方，或许可以理解成地域与习俗的差别；过去与现在，涉及到父辈和我辈对生活对幸福的不同理解；日常与重复，实际上是我们世俗生活或精神生活的境遇。不晓得我的这种提炼是否准确?

很有意思，你从《他们家的暖气》中读出了“日常与重复”，读出了父辈与我辈的人生观分野。这样一个故事，有人说写南北差异，也有人说写恋爱的紧张或微妙情绪，还有人说写中国人的文化心理，还有说写成长，更有说是写小城市的衰落与变化。我想都是有道理的。毕竟从一篇小说中读出什么来，是读者的权力。不过我确实在这篇小说中表达了我对“日常与重复”的认识，父辈与我辈在看似大相径庭的境遇中殊途同归，不过是与日常生活和解，与世俗和解。

有评论者认为你是中性主义叙事，中性主义叙事评价的是你的作品，不过有意思的是，你的名字其实也比较中性化，见不出性别。

我确实不喜欢在作品里强调性别意识。当然，我们的社会其实是男性占话语权的，在文学领域也是——我这样说的时候，就已经构成了一种强调。我只是不喜欢某些女性文学对这种现状过分在意的姿态，然后让文本过于自怜或过于自大。但我也不想落入男性既成的话语体系，因为我终究不是男人，那样的话也会很造作。我觉得其实关注人就好了，而不是强调这个“人”是男是女。当然男女的差别无法忽略，也没必要忽略，我只是不喜欢过分强调。事实上，现在城市里男女的角色边界，正在变得越来越模糊，很难区分。有些新出现的明星，你都得先问问是男是女。中性风格正在盛行，这或许是城市化、消费社会，再加上个人主义，综合作用带来的副产品。我理解的中性主义叙事，对文本来说意味着“双重摆脱”，就好像是在两条现成的轨道间行进，需要抗拒舒服的现成轨道的诱惑。当然，这种摆脱，可以看作限制，但也可以看作自由。

艾特玛托夫认为，作家应该是他所在时代的良心，写作的目的是要“唤醒人们的良心，促使他们深刻地思考，必须让他们更好地理解自己的时代，自己的生活”。你如何看待文学与时代、文学与生活之间的关系？

文学无法脱离时代存在，也无法脱离作家的生活。这是常识。常识往往是不需要强调的。但这常识现在似乎被强调得过多，因为我们有过一阵脱离了常识。强调过多之后，好像有了些矫枉过正的效果。就是说，文学离时代太近了，离生活太近了，也不是好事。就像贴着水面飞行的虫子，很容易便被水浪裹挟去，这种虫子的下场就是被时代的洪流淹没，用不了多久，就沉入水底。时代和生活提供的素材，对作家来说，是很有吸引力的，尤其是我们所处的这个时代。但问题是，作家如何不被时代和生活淹没？

作家要从时代和生活中发现的，是文学性的东西。这种东西不会因为时代变局而过时，从屈原的时代到李白的时代到现在都会存在。可能这样的说法眼下很不合时宜，毕竟我们现在认为作家如果不反映时代现状就是创作有问题。事实上，作家想不反映时代和生活对自己的影响都是困难的，因为他回避不了，就像雾霾一样，你得呼吸你就回避不了，区别只是你吸入了多少。作家个人这种微小的个体存在，实在很难存活于时代的真空。如果你老老实实去写雾霾，现在拿出来可能会很轰动，但恐怕很多年后环境治理好，你的作品因为缺少文学性只能成为史料，如果是小说那就连史料也谈不上，因为是虚构的。我们有影像有新闻纪实，很多东西都比文学更适合做时代的记录者。这不是说不能写雾霾，而是经由这种现实我们要写的是属于文学的东西。屈原李白的作品都属于他们的时代，但他们经过洪流淘洗，留下来了。

“小说的一切都归因于生活”，你笔下的日常生活总让读者感到揪心，仿佛一篇沼泽地，水草丛生，以为有路，一旦进入，陷入进去，苦苦挣扎，弄得身心俱疲。你对世界持悲观态度？还是你意在揭示虚幻、浮华、喧嚣背后的困厄？

我本质是悲观的人，或说是虚无主义者，认为很多事都是没有意义的。但这并不意味着我们不必去经历，有时候我可能还会给人留下热爱生活的映像。我不认为这是矛盾的。困厄是不变的，有了这样的意识，反而是种更大的乐观，因为意识到本质虚空，就不必执念。所以，与其说我总是揭示虚幻、浮华、喧嚣背后的困厄，倒不如说，我写的都是困厄中偶然的虚幻、喧嚣和繁华。

设问人：汤天勇 评论家，黄冈师范学院副教授

郑小驴

郑小驴，原名郑朋，1986年生，湖南隆回人。著有小说集《1921年的童谣》《痒》《少儿不宜》《蚁王》，长篇小说《西洲曲》，随笔集《你知道的太多了》。曾获“紫金·人民文学之星”奖、湖南青年文学奖、华语文学传媒大奖最具潜力新人奖提名等。

真正有力量的东西在血液中

郑小驴十八岁上大学之前一直在乡村生活，所以他的写作基本可以分为基于乡村经验的写作和基于城市经验的写作，他总在两种经验中观察、对比，并在来来回回中拉出张力。郑小驴坦白地说，他烦那种动不动把乡愁挂嘴边的人，某种意义上说，第三次工业革命以后，乡愁就不复存在了，“乡村秩序和伦理道德暴露出的问题，比城市的问题要严重得多，那种还在发出旧文人似的感怀的人，是真正不了解乡村的人。”

你的论文研究对象是帕斯捷尔纳克，我们就从他开始吧，重读《日瓦戈医生》，你有什么新的收获和体验？

我的硕士论文是研究《日瓦戈医生》。这部书最打动我的地方，是帕斯捷尔纳克始终关注个体在时代涡漩中的命运走向和对生命的终极关怀。无论是帕斯捷尔纳克，还是他笔下的日瓦戈医生、拉拉、冬妮娅、戈尔丁、杜多罗夫，他们都是俄罗斯大地上流浪的精神孤儿，在动荡中流离失所，踟蹰不前，在压抑和封闭的环境中，各自的遭际就像台球一样相互碰撞，最后落入命运的网兜。

这部小说可贵之处在于，帕斯捷尔纳克和他互为镜像关系的日瓦戈医生，并没有屈服于时代的“球杆”，和当时的时代精神始终保持着距离，不为时局所左右，而是以清醒的头脑站在俄罗斯乃至全人类命运的高度上，聚焦人性良知与灵魂的剖析，来审视这场悲剧。从这一角度来分析，《日瓦戈医生》已不单是俄罗斯命运的象征写照，更像一个饱受折磨和苦难之人的控诉与呐喊。

谈你的作品必须关联到题材，你的题材往往在和现实的贴身肉搏中产生。有的作家会安坐在书房里精心打磨技艺，在我的感觉里，你好像总是和笔下的人物一样被裹挟到社会的漩涡、急流中。不过布罗茨基曾经表示过（大意），社会事件尤其是重大的社会事件很可能会限制艺术家的才能，昆德拉也批评奥威尔的《一九八四》只是“伪装成小说的政治思想”，无法照亮“社会学与政治学都无法进入的神秘之地”。

联系到你的小说实践，像《没伞的孩子跑得快》的内核其实关联着一个重大历史事件，不过小说中有轻盈而饱满的艺术细节。另外你小说中经常出现孤身漂泊到都市的青年人，他们会不会有点类型化，总是在一番奋斗、挣扎后伤痕累累，这当然来自现实，但是他们的性格、行为和下场，似乎建立在一种过于直接的联系上。你如何理解这个问题？

正好去年重新读了一遍《一九八四》。这次阅读的感受和第一次有些差别，思想上的战栗感已经消失殆尽，技法上稍显枯燥和乏味，至少乔治·奥威尔这部小说从艺术上，远没有《射象》《绞刑》打动我。这正好验证了米兰·昆德拉所言的“伪装成小说的政治思想”无法抵达艺术的核心。反乌托邦式的小说最初给了我们很大的幻想，但阅读《我们》《一九八四》《美丽新世界》的过程，远不及《日瓦戈医生》来得愉悦，“思想”没有丰满的血肉作为互补，没有饱满的艺术细节，在我看来就是空洞的政治宣言。

时至今日，小说的煽动和号召力，已经不可能再现18世纪、19世纪的光辉，它变得更为纯粹，退化为一种技艺，既然是技艺，但凡有天赋和经过一定训练的人，在叙述上都能按图索骥，找到属于自己的路子。但我并不完全认同布罗茨基的话，在我看来，重大的社会事件不仅不会限制艺术家的才能，反而是艺术家灵感的催化剂。

陀思妥耶夫斯基根据1869年发生在莫斯科的“涅恰耶夫案件”写就了《群魔》，托尔斯泰的《战争与和平》重现了1812卫国战争前后十几年的历史事件，米兰·昆德拉的《生命不能承受之轻》则以1968年苏联入侵捷克为背景……作家和自身所处的时代息息相关，很难真正脱离时代。对于外面发生的事物不闻不问，如米沃什说的“纯艺术化”写作，对于作家来说，便有失职之嫌。正如陀思妥耶夫斯基所言，“对于现在的年轻人来说，他们跟人民的隔膜更深，而且代代相传，彼此的鸿沟会越来越深，他们会怎样呢？”

好的小说是有思考的，但思想是一把双刃剑，搞不好就会对艺术性造成巨大的伤害。所以真正的思想，绝不是训话。它可以客观，也可以绝对主观，但不是单纯的说教和指令，如厄普代克所言，优秀的小说一定“有着任何一种真实存在物的不同形状、质地和神秘性”。

说到《没伞的孩子跑得快》，我很喜欢这篇小说，除了涉及很多大话题之外，为什么会选择从一个小女孩的视角去触碰一个时代？事实上，你很多篇与历史有关的小说都会选择一个孩子的视角，这样处理有一个便捷之处，就是人物因此不需要具备反思历史时所要求的思考的高度，而是只需要呈现出局部。

采用孩子的视角，的确给叙事带来便捷，但绝不是回避某些东西。宿离的童稚、天真刚好和时代之“重”形成反差。采用孩子的视角，其实也是很多电影的叙述策略，《穿条纹衫的男孩》就是一个成功的范例。在成年人眼中犯忌的雷区，在孩子纯真的目光和懵懂的追问下，反而会与成年人彼此心照不宣的“沉默”形成艺术的张力，达到反讽的效果。比方宿离问黑老太古币为什么在今天不能使用了，她的儿子为什么会饿死等问题，换成大人去问就大打折扣。我并不觉得这样的小说换成大人的视角，就能提高思考的高度，面对这样的题材，作家所要做的，其实是站在作品的背后，让读者主动去思考。福楼拜说，小说家是努力消失在自己作品之后的人。其实你说的那些阅读感受，正是我在小说中想要表达的。如果不是借用孩童的视角，这种力量反而传达不出来。借用孩童的视角还有一个重要的原因，我和宿离在小说中属于同一代人。

“都是以前的钱了，放在家里还能干吗！”所以小孩子偷去换话梅吃，你为什么要设置这样的情节？

权力左右着资本，权力一旦失去，所有的秩序都会打乱重新组建，资本也随即发生改变。不仅是货币，连律法、社会风貌、教育、人格、精神等等，都会发生巨大变化。但是恰恰这些东西，在几岁的小孩眼里都是不存在的，所以她才会天真地用失去了交换和流通价值的钱币去购买话梅。

18岁上大学之前，你一直在乡村生活，所以你的写作基本可以分为两大类：基于乡村经验的，如《鬼节》《少年与蛇》《等待掘井人》；基于城市经验的，如《和九月说再见》《赞美诗》。这样的生活经验给你的小说带来不一样的视角，你可以在两种经验中观察、对比，并在这之间的来来回回中拉出张力。但是乡村如今正被城市同化，你是否担心你笔下的乡村，也许跟真实的乡村已经没有关系，它成为虚构出的湖湘民俗文化载体，带着题材的稀缺性，承担猎奇的眼光？

坦白说，我顶烦那种动不动把“乡愁”挂嘴边的人。文字里也挺烦

“乡愁”这二字的。某种意义上说，第三次工业革命以后，乡愁就不复存在了。就像我回到故乡，童年的一些记忆在此能得以归位以外，真正的故乡已经死去。甚至它已经变得不宜怀旧。其实在第二次工业革命的时候，沈从文、鲁迅他们笔下的故乡也已经死去。我也很烦那种故意表现民俗猎奇的东西，全世界都在商业化，连西藏都不能幸免，再用民俗文化载体承担猎奇的眼光有矫揉造作之嫌。《鬼节》里我虽然表现了湘西南民俗风情，但那只是我借用的一个载体，我原意并不在此。乡村秩序和伦理道德暴露出的问题，比城市的问题要严重得多。那种还在发出旧文人似的感怀的人，是不了解乡村的。

所以《鬼节》的原意是什么呢？我看上次加拿大记者提的采访问题，是把这个故事作为一个很好读的农村全球性系列故事之一，觉得你强调了农村生活的魔幻和苦难，其实还是有猎奇的解读角度。

就怕他们把这个当猎奇小说来读。他们很多人是在把中国小说当社会学文本来解读的，试图通过小说家来了解中国当前的现实，对于小说的艺术性则索然无味。其实我觉得残雪老师说得对，这个小说体现出来的是“黑沉沉的力量”。《鬼节》我并不是仅仅提供一个猎奇的视角，里面有人道主义的精神，因为那天人和亡灵之间是可以生死相通的。

阅读你的小说，即使是写乡村生活的，我也总是有种感觉，这个作者很焦虑，有一种莫名的恐惧，这种焦虑和恐惧其实是非常道德化的，因为它们之所以产生，是由于小说营造出的世界缺失了人和人某种光明的伦理关系……

真正的艺术也许都是令人不安的，至少我喜欢的作家比如陀思妥耶夫斯基、加缪、三岛由纪夫等作家的作品都给我带来过不安。小说应不应该承担道德的职责和功能，给读者指明方向，带来光明？我想这是一个值得讨论的话题。卡夫卡说，我们应该阅读那些伤害我们和捅我们一刀的书。纳博科夫的《洛丽塔》问世的时候，就有过类似的道德伦理关系的讨论，有人指责这是一本伤风败俗之书。我的这些小说，呈现出的焦虑与痛苦，并不是特意的艺术渲染和强化，而是来自现实世界真实的反馈。

你笔下的很多人物都是处于青春期的少年，他们看起来全都怒气冲冲。和你同龄的许多80后写作者，文本气质相对温和、宁静，甚至有一种死水微澜的沉沉暮气。你的人物因为压抑总想爆发、总想像刀子一样把自己扎出去的劲儿来自什么？

痛的时候，人会不由自主地发出呻吟，反抗。因为痛和这些有一种直接对应的关系。像刀子一样扎自己，正是源于主人公他们和周遭的紧张对立关系。我的小说中，主人公们都是一群现实中灰头土脸的失败者，在社会规则面前碰了一鼻子灰的人，他们活在时代的夹缝之中，唯一能伤害的人就是自身。刀子扎得越深，意味着越痛，他们反抗的力度也越大。

我觉得他们是对既有的秩序不满，但另一方面，并不知道自己追求和需要的是什么。像《少儿不宜》中的堂哥，大学毕业却在城市里找不到工作，被逼跳楼后只能瘫坐轮椅。在这样的现实面前，小说主人公游离也只能继续无所事事。为什么你选择不去指出一个努力的方向？

我觉得这符合生活的逻辑，在日常生活中，我们也不清楚未来的路到底怎么走，都是在摸着石头过河，对于普通人来说更是如此。作家不是道德家，也不是人生规划师，他负责提出疑问，但不负责指出方向。我不喜欢虚假的温情，因为一个温暖的结尾，需要作家在现实面前撒谎，他为了一个看似光明的前景，向读者强颜欢笑，告诉他们去相信也许并不存在的光明。当然这个世界一定存在温暖，这是客观的事实，未来也许我也会成为那样的写作者。我的写作希望能呈现一部分事实，不赞美，不粉饰，也不刻意夸大人性之恶。我希望坚持一种怀疑的立场。

你的回答让我想起瓦尔特·本雅明的话，小说所要代表的人物，是“生活着的怀有深刻不确定性的人”。在你这里，文学不是逃离现实的手段，它是理解现实的手段，却不是和现实拉开距离的手段。那么你喜欢自己所处的这个时代吗？

说实话，关于这个时代我并不适应。我时刻在想着逃离，但是又不知道该何去何从。有时和朋友开玩笑，我是一个从不写诗的诗人。在复杂的现实生活中，我和它保持着一种紧张对立的关系，有时诅咒着自己，心里向往着美好，身却驶往万劫不复的黑夜深渊。我很不喜欢这种缠绕的现实关系。

在《你知道的太多了》自序部分，你提到自己在长跑。“每次跑十公里，或者更多。……这几年，社会在发生着巨大的变化。这种变化带给我不安、悸动，有时甚至惊魂动魄，不知所措。唯有在跑步的时候，我才能彻底沉静和专注，将那些繁芜杂念抛弃身后。”你以前也将写作比作马拉松，我一直觉得你的写作手法非常沉重，据说长跑过程中会达到某一个临界点，那之后人会有飞起来的感觉。希望有一天，你的沉重中会多出超越性的轻灵一笔。

你说得很对，我觉得一直在背负着十字架长跑，跑得特别笨拙，特别别扭，特别累。聪明的人都选择回避某些话题，轻装上阵。这就是我和你说的，我为什么写《蚁王》这类故事性的小说时，非常轻松愉悦，而写《天鹅绒监狱》等中短篇时，总感觉在推一座山向前走。很多作家总爱将人性摆出来替自己开脱，我想说，人性才是最好写的，往阴暗里写，或往温情里写就是。人性就像水蜜桃，谁都可以上去咬一口，而我崇拜的是在啃光的桃核上再用力咬一口的人，鼓着腮帮子嚼出它的涩和苦，紧锁着眉头，却一言不发。

一方面，有很多作家宣布“强攻现实”，但他们提供的作品往往没有现实感。尤其在现在的时代里，我们反而在一些微信公号、APP上读到扑面而来的现实。另一方面，人人都把“现实超越艺术”挂在嘴边，言下之意是艺术只要“如实”摹写现实就已足够，其实“越是缺少创造力的作家越是经常性地满足于不加转换地描绘自己的个人经验”（戈德曼：《文学史的发生学结构主义方法》）。你怎么看待这个难题？

究其原因，是在处理现实主题时，我们束手束脚，无法放开手脚，更多的是采取“平视”的角度来思考与现实的关系，靠得太近，缺少空间，行文所致，尽管有着对现实的人情、世故、冷暖、丑陋、悲欢、人伦、家国的关照，却始终无法超越这些。站在更高的灵魂视角来“俯视”现实，最后只能陷入庸俗市侩的陷阱，写私欲，写身体，写日常生活，文中弥散着一股烟火气，无法达到一个更高更纯净的境界。

中国作家并不缺乏才华，也不缺生活经验，无论从技法、语言、形式和叙述上，都有优秀之作，我们缺乏的是“疼痛”。作家阎连科认为疼痛是文学的救护，是写作者心里在滴血。“……我们的文学，尤其是长篇小说缺失的疼痛，还有对人的漠视，对人的权利与尊严的漠视，对人的生存的漠视。”观其原因，是我们缺乏对时代负有欠债感的作家，也缺少像俄罗斯知识分子那样的文化传统、深沉的思想和人文精神。正因为俄罗斯文学拥有这些强大的根基和抵抗能力，所以薪火相传，生生不息，短短几十年的时间，前后涌现出无数堪称文学经典之作，多得让人不能理解。而同样处境下的中国作家们，表现出来的结果却让人非常失望。

你希望在小说中寄托什么？你如何看待文学在今天这个时代里的意义？

我并不反对那些在书房里精心打磨技艺的作家，只要是优秀的艺术作品，都是这个时代艺术的组成部分。要让小说家成为时代的牺牲品、烈士，已经不大可能发生。如果文学在今天还有什么意义，我希望我们的文学能秉持艺术的良知，在复杂的现实面前保持一颗清醒的头脑；深入社会的肌理，用笔如实记录一些当前发生的现状；增加对现实的理解，使文化的土壤变得丰富多元，收获更多的可能性……忠实于自己的艺术原则，不要出现不可原谅的衰败和停滞。

你在长中短篇领域都有尝试，这几种样式对于你来说分别意味着什么？你还出版过散文集，其实我觉得更接近于鲁迅风格的杂文，似乎你特别想借助这种方式对社会现状发言。

长篇小说对我而言，不亚于一场长跑，需要非凡的体力和艺术敏感度，还需要对生活有很深的理解，虽然目前写了两个小长篇，严格意义来说，都不是长篇。我希望能在35岁前有一部真正意义的长篇小说。目前来说，个人最偏爱的还是短篇小说，它不需要投入太多的时间精力，抓住瞬间和某个细节，一蹴而就，它更像百米冲刺，需要力量、速度、激情和技巧。当然我钟爱的还是马拉松，漫长的距离，乏味的忍耐，疲惫的折磨，中间充满了变数，这像极了一部长篇小说的写作过程。我也尝试随笔，开过几家专栏，那种写作方式可能并不适合我这样的选手，因为我不是勤奋之人，完成一篇随笔意味着接下来几天都是假期，容易进入麻痹放松的状态。对于社会的感受，对于现实的思考，一直是我写作的动力之一，我更倾向用小说的方式来表达。相比杂文随笔，小说的包容性更强，空间更大，我觉得“润物无声”的小说比“匕首投枪”的随笔杂文更有力量。

看到过你的“故乡苍穹下”专栏。写你的祖母“在三年饥荒时期，用冬瓜救济过奄奄一息的邻居”；写她在1951年春，身怀六甲，膝下还有一个嗷嗷待哺的婴儿。“她在刑场目送了年轻的丈夫人生最后一段路程。清脆的枪声过后，一道影子栽倒于地，背上绑着的木板上面写着‘地主恶霸田某某’的字样。……不久，她两个哥哥也被五花大绑，以同样的方式押往了刑场。”祖母留下的诗歌藏在一只高筒雨靴里，被你读到，是不是这样的家族往事让你很早就意识到记忆、苦难与文学的关系？

我觉得真正有力量的东西会贯穿你的灵魂，融入你的血液中，所谓大悲无泪。我从未见过祖母，在我出生前十二年，她就已经去世。家人平时也很少言及她。但我后来偶然知道她的这些生平事迹的时候，仿佛我和祖母之间的精神一下子贯通了。如果不是因为这样那样的政治运动，也许这个家族的命运就完全不同。还有更多悲惨的故事，它们已经失去了言说的可能性，落入历史的尘埃中。我好几次读杨显惠先生的文字流了泪。我们重返现场，打捞历史的记忆，面对一大堆让你无语凝噎的资料时，要做的可能并不是站起来批评、谴责、控诉，而是保持冷静、悲悯，因为只需客观呈现，就有足够分量说明问题了。

能不能谈谈你艺术养成的资源？比如电影、戏剧、音乐之类。另外，你是不是受到东欧文学的影响较大？

要在戏剧、音乐、电影中做出选择的话，我最喜欢电影。博尔赫斯说，天堂就是图书馆的样子。博尔赫斯要是加上电影院该多好，可惜他失明了。我很喜欢电影，口味驳杂，文艺片、类型片、剧情片、悬疑片，来者不拒。我在家里弄了个小投影，晚上看一部电影是一天中最好的享受。

思想上来说，俄罗斯、东欧、法国文学对我的影响多一点。最近论文在做帕斯捷尔纳克，对俄罗斯文学的兴趣比较浓。东欧文学的启蒙源自米兰·昆德拉，后来又读了克利玛、赫拉巴尔、哈维尔、米沃什、克拉斯诺霍尔卡伊·拉斯洛、米克洛什·哈拉兹蒂等人的书，其中哈拉兹蒂的文论《天鹅绒监狱》，我用小说的形式向他致敬过。我也很喜欢美国文学。菲利普·罗斯、菲茨杰拉德、福克纳、海明威、厄普代克、高特罗、卡佛都给过我启发，我不知道为什么有人对美国文学报以偏见。20世纪文学殿堂肯定有美国文学一席之地。

每一个时代都有它特定的符号，你怎么看待所处的这个时代？

是的，每代人都有每代人的书写主题和方式，每代人应拥有属于他们那代人独一无二的记忆。从这个方面说，“寻根文学”“伤痕文学”“先锋文学”的出现并不是偶然的，他们都是特定时期的产物，时代是这一股股文学浪潮的催化剂。我们父辈这批作家，很多文学主题是对肌体记忆的反思、梳理，以及对饥饿、黑暗和人性的书写。优秀的作家永远不会在题材上进行跟风写作，他们往往选择主题时会显得慎重。

我很能理解他们为什么一辈子都在写知青，写饥荒，写荒诞，因为那是触及他们灵魂的记忆。而新的时代里，需要年轻作家出现，进行一种动态上的跟进和修复。打个比方，京漂、蜗居、沙发客、独生子女等等。年轻一代人对这些会有更多的切身体验。在孤独、虚幻、漂泊、无产、无望、无为、无尊严而前，这些符号和特征正是我们这代人的真实写照，是我们必须要面对的生活和书写主题。这是摆在我们眼前的现实，和当年“垮掉的一代”相比，残酷的现实让我们这代人早早地向现实妥协，和梦想告别。这也是我笔下的现实世界，既然它真实地存在，那我也不会假装视而不见，因为它是我必须面对的。

你怎么看待精英主义？

我所理解的精英，其实就是古代的“士”阶层以及现在的精英知识分子。孟子曾说：“盖士愈多，则世愈盛，而国愈治。”晚清到民国，精英阶层在风起云涌的关头扮演了各种重要的角色。徐贲对知识分子有过精辟的分析，“……知识分子关注时代的重大政治和社会问题，努力坚持普遍的道德价值，而同时对自身的限制保持清醒的意识……”他的定义比较符合我对文化精英的期望，前提则是他们能在需要时有说“不”的勇气。

设问人：金理 评论家，复旦大学副教授

走走 小说家，《收获》编辑

徐则臣

徐则臣，1978年生，江苏东海人。主要作品有长篇小说《耶路撒冷》《王城如海》《跑步穿过中关村》《青云谷童话》《北上》等。曾获鲁迅文学奖、老舍文学奖、冯牧文学奖、庄重文文学奖、华语文学传媒大奖、红楼梦·世界华文长篇小说奖评审团奖、腾讯书院文学奖，短篇小说集《如果大雪封门》获CCTV中国好书奖、长篇小说《耶路撒冷》被评为《亚洲周刊》年度十大小说第一名。

我愿意把女性写得很善良

顺着《如果大雪封门》《耶路撒冷》的草蛇灰线，回望徐则臣从《花街》出发的文学世界，他笔下每个人的命运都没有出奇到大开大合的程度，每个人都没能逃脱命运之手的摆弄，到世界去的人，揣着未完成的现代化回到了起点，而没能去成世界的人，似乎在原点成了到世界去的人的精神救赎寄托。能够在心灵意义上，体察到一代人的离散，并且将之淋漓尽致地呈现出来，徐则臣这样的书写少之又少。所以，无论对于哪一代，徐则臣都是唯一的。

《跑步穿过中关村》（后简称《跑步》）出版之后，我最近在系统地重读你的作品，《跑步》《天上人间》《如果大雪封门》……重新把握下对你文学世界的理解，现在还没到重读《耶路撒冷》的时候，当年陈晓明有一个评价说《耶路撒冷》是“20世纪70年代人生的小史诗或后传奇”。现在你回头来看，有没有一些新的感慨？

对我来说《耶路撒冷》基本上是一个清理，因为写它并不是一个偶然，的确是蓄谋已久。可能前期的准备工作也比较充分，很多东西都会提前想到，所以写完之后有一种把这个问题彻底清空的感觉。也可能是因为这个原因，所以写完之后我基本上就没有再回头去认认真真想这个问题。但你提到了“小史诗”，什么是史诗，史诗在今天会是一个什么样子？如果说史诗真是像过去一样全是宏大的风云际会，无论时间还是空间都浩浩荡荡，人也是浩浩荡荡，如果史诗只能是一种集体主义式的东西，那么今天有没有一个写史诗的环境？或者说今天这种生活是否能够成为史诗的素材？我觉得这可能是个问题。我们的确是从集体主义开始慢慢走向个人主义，从一种宏大的“登高一呼而应者云集”的生活变成“每个人认真过自己的日子”的生活。其实这才是一个比较合理的社会形态。那么这种社会形态里会不会有那种整齐划一、宏大叙事的史诗？在这个社会形态中，每个人的生活都由宏大叙事转变成为个人的小叙事，在小叙事里会不会有史诗？这种史诗或者“小史诗”到底是一种什么状态？这是我很感兴趣的。我也进行了一些思考：如果我们那种史诗的观念不改变，在欧洲市民社会比较发达、中产阶级社会比较成熟的一些国家，它们是否还存在一种史诗叙述的可能？写完《耶路撒冷》，我更多地可能会思考这样一个问题：如何把个人的生命轨迹跟我们的历史联系在一起；或者说所谓宏大的历史、巨大的社会变革，它如何一点一点渗透到个人的生命里。对作家来说，即如何通过个体的生命轨迹与大历史之间产生某种张力，而不是说因为大的历史结构是这样的，整个人的生命轨迹就应该跟它同构。对个人来说，只有跟他的生命发生关系的历史才是真正有意义的历史，否则再大它其实对个人来说也是没有意义的。

从1997年到今天，在你近20年的写作时间里，应该也会遇到过“浩浩荡荡的大题材”，或者即使是写小人物，也会遭遇小人物所处的大时代。假设你碰到所谓史诗元素的话，会如何处理？

文学发展到今天，我们对文学的认识、对个人和历史之间关系的认识已经发生了变化。现在即使处理同样的题材，比如说我去写革命、写战国、写春秋、写汉唐这些大的题材，我会如何处理，是不是跟过去一样，完全按照过去那种史诗观来处理？肯定不是。作家需要寻找新的路径。为什么历史需要一代代人来重构？我们看起来是一个故事，其实肯定不是一个故事，因为我们处于不同的时代，我们携带着不同的时代背景，同时这个时代里人和历史之间的关系、文学和历史之间的关系，所有这些都在变化。就像你刚才说的，如果我们遇到过去意义上的史诗的题材，我们可能也不能按照过去的方式去书写，而是应该用今天的史诗的概念和路径来处理。

你刚才提到了“路径”这个词，一代人有一代人的路径，在处理生活与写作之间关系的时候，作家肯定也需要找到一个适合自己的路径。那我就想谈谈从《花街》到《跑步》再到《耶路撒冷》，这中间的几个时间段，或者说是你自己命名的几个重要的时期，心态上会有怎样的变化？

从《花街》到《跑步》到《耶路撒冷》，一直到我刚写完的这个长篇，我觉得基本上是一个从古典到现代的过程。无论是从书写的方式、题材，还是对文学的认识，甚至作品的形式、形式感，都有一种从古典到现代的转变，也可以说是一种循序渐进。写《花街》的时候，很多想法其实还停留在传奇故事那个层面上，这个故事我一定要写得好玩，它要有传奇性。它的语言、叙述看起来都有一种古典的美。而到了《跑步》，开始有一些大城市的现代生活，那种光怪陆离的生活。

我觉得到了《跑步》，就有一种个人内在的宣泄式表达，整个就是一气呵成。

对。《跑步》已经跟《花街》很不一样，《花街》里的人你看起来生活在那个时代，其实完全看不到时代的背景，可以抽离了时代背景，可以像过去几千年来我们一样地生活，不管你是不是“不知有汉，无论魏晋”，这个生活放在汉，放在魏晋，放在唐宋，它是一样的，外面的世界对他们没有任何影响，过的是一种小国寡民的桃花源式生活。当然桃花源里也有桃花源的痛苦，但外面的大历史跟他们的生活没有关系，你完全可以把他们从那种生活里剥离出来，这样的生活在“花街”上很普遍。到了北京不一样了，你能感受到时代的变化，这个世界的变化，你的一言一行、一举一动，你看到的每一个东西其实都是现代化的结果。

开个玩笑，我觉得好像跟《新闻联播》离得更近了。

离《国际新闻》也更近了。在这样一个环境里，一个人肯定要思考自身在这个世界的位置，在《花街》里面你根本不用思考，你会狭隘地觉得你就生活在世界的中心，你不会想自己跟世界是什么关系，我在这个世界上坐标是什么。周围的生活变化极小，几千年几百年几十年都是一个样子，外面不变，你就很难产生明确的自我意识。要有“他者”来做参照的，没有“他者”你自己是不存在的。到了《跑步》，整个世界都是流动的，身边的人走马灯似的，不停地换，日新月异，纷繁复杂。从外地来到北京，你个人的心理认同、身份认同这些问题都突显出来了。一旦该类问题出现，你就会考虑你跟他人的关系，跟世界的关系，你就要考虑你的坐标。《跑步》阶段，人物开始懵懵懂懂地意识到了这个问题。到了《耶路撒冷》，他们开始清楚地去寻找个人的生命轨迹。你看《耶路撒冷》里面的人物最后都是很清醒的，知道自己要干什么。在《跑步》里他只是觉得自己跟别人不一样，为什么不一样，从哪里来到哪里去，不明确，不清晰。到了《耶路撒冷》，清晰了，他把自己打开来，认真地去看，要把自己看清楚。

你刚才说到了《花街》跟《跑步》的这些变化，它绝对是不一样的。

我觉得如果这两个时空叠加在一块，荒诞的效果可能会更明显。

对，不是一个世界的。当然，确切地说，是世界的两个部分。人物本身在经历一个现代化。《耶路撒冷》已经充分现代化了。到我最新的长篇小说《王城如海》，人物出现了新动向，他有意识地不仅要搞清楚自己是谁，他还要反作用于这个世界，他希望力所能及地对这个世界做一点事，好坏不论，他希望他能影响这世界，去认真地提出问题、分析问题、解决问题。所以，这人物是一直往前走的。

如果咱们这么来梳理的话，到了《耶路撒冷》里，这些人不管是“洗白”，还是靠自己奋斗，总之都成了点事，但是心灵归属就成了巨大的问题。结局，这几个人最后是在火车站里，火车站可以从远方来，也可以到远方去，多了不确定性。你当时在这个结局设置上是怎么考虑的？

这个结尾是写到最后一章的时候才想到的，之前一直很焦虑，不知道怎么结尾。对于一个大长篇来说结尾非常重要，你必须要有力量，而且这个结尾还不能是封闭的，要充分地敞开，那么我就一直在想怎么办。我肯定是希望给这个结尾更多的可能性，给结尾可能性其实就要给人物各种可能性，那种可能性其实就是出发的地方，或者既是出发的地方也是到站的地方，有人到有人出发，到的人可能还会出发，出发的人可能到了。所以火车站其实是适合结尾的，它意味着很多的可能性。如果说是卧室、会议室，可能进来就只能干一件事，但是火车站它本身就是一个流动的、双向的空间。而且当时写的时候我想可以留一个尾巴，当时是2009年，十年以后他们这帮人会是什么样，我想十年以后我再写一个小说，题目叫《2019》，那是他们出发的地方。他们肯定还是从火车站开始走，那个时候可能一般就不是火车，可能是高铁了。

对，好像到时候又成高铁了。

那个地方肯定就是高铁了，那你看这个两头又衔接上了。

对，那这个故事就是重新再出发。

对的。

我记得以前聊的时候你说过，写作的时候会不知不觉跟这些人来对话，自我创造这种场景。那现在这几年过来了，你跟《耶路撒冷》这些人还会有这种心灵上的沟通吗?

我肯定是想另外一个问题，他们关于天赐的人生困扰到目前为止其实已经解决了。

另一个问题就是再出来?

他们面临的是一个往外的问题，就是这一帮人面对一个外面的世界，面对一个未来的世界，具有无限可能敞开的世界，他们会有什么样的想法。如果说我下一部小说就是那个《2019》的话，未必会让他们再回来聚，他们的聚是在外面世界的某一个点上，如果是因为某一件事，也可能聚了也可能没聚，但是肯定这个点这个地方让他们之间产生一个交集，那个时候他们考虑的问题到底是什么？我觉得这几个人现在其实已经稍微放下了内心里面的一个十字架，那个折磨他们前半生的东西。到了十年以后他们可能是面临着后半生的一些基本问题。

也可能真的就让他们到耶路撒冷去了。

我觉得这些都有可能，就是他们面临的可能不会再是那些问题了，如果再是那个小说就重复了，我就没必要再写了。

接下来想跟你聊聊《如果大雪封门》，这应该是这几年你下功夫最多也是最重要的短篇之一吧？但是我越看越感觉奇怪，它本身应该是个中长篇的架构。

它是我系列短篇里的一个。我一直想对我住的北京西郊海淀那一块儿写一个系列短篇，做一个主题小说集。有点像《都柏林人》《米格尔街》和《小城畸人》那样。跟它们不一样的是，小说里的几个人物是贯穿所有小说的，主人公都是这三四个人。这三四个人来来回回出现在每个故事里面。《如果大雪封门》是其中的一个。当时挺乐观，写12个或15个，两三年出一个主题小说集。现在都四年了才写出8个。越写限制越多，越写难度越大，相互之间都要勾连，人物在前面的小说里是什么状态，到后头不能随便给他变，时间、地点、事件，相互间必须连成一块，彼此不能矛盾，任何一个信息都不能矛盾，写得越多越麻烦，我把自己赶上了单行道，导致到现在才写了8个。

这8个当中发表了几个?

8个应该全发了，最近的第8个短篇在《收获》今年一期上发的，《狗叫了一天》。我一定要把这个集子写完，出版后就不再动了，永远就是这几篇。

其实它本身就应该是一个长篇的故事。

可以当作长篇看，但难度比一个完整的长篇更大。

就像漫威电影一样，每个主人公都有不同的故事，最终连起来就是一个世界，这是你的小说世界。这个我很奇怪的就是像《如果大雪封门》里边出现的那个女性角色，特别像《花街》里的女性角色。

有点像。

就是隐形的女性角色。

嗯。

而且我觉得这地方小说里延展的空间太大了，比如开头就是宝来被打回家，然后那个南方人林慧聪也是突然之间就闯进来了，见着雪了又疯疯癫癫的。留白很多，每个人前面的故事和后边的走向都一直能抓着人继续读下去。

对，宝来是在前一个小说里出现的，在短篇《屋顶上》里，他被人打成了一个傻子。我接《屋顶上》往下写的。

这么说我就明白了。其中塑造的几个人物跟之前《跑步》《天上人间》《居延》相关的小人物相比，我觉得共性倒并不是很多。你对他们心理的设置我觉得也是有过深思熟虑的。

小说里面有所涉及的人物基本上都不是常驻北京的，他们的情感和想法就会表现得更加浓郁和尖锐，再往下写可能还会出现这帮人因为各种原因聚在北京，当然只能是昙花一现。恰恰因为时间短，他们的很多情绪、情感和想法，相对来说更集中、更极端。《居延》中的那些人物，也是聚集在北京，但他们待的时间比较长，一个相对较长的过程对人的情感、想法会起到舒缓，甚至稀释的作用，所以你就会觉得他们没那么锋利和尖锐。

提到《居延》了，系统地谈谈你的女性观吧，先说这个然后再说人物。

过去我真没有认真考虑过。开始我对女性的描写相对来说是比较古典。很多人偏狭地认为，只要把女性描写得美好、贤淑，你就是传统、腐朽的大男子主义，搞得我轻易不敢跟别人谈。女性的确有相当的复杂性，但女性的复杂性摇摆的幅度有时候没那么大，不会是像男性那样大开大合、大起大落。正因为她的动作和情感幅度小，稍微距离远一点，好像你看她就没什么变化了。说很多男人完全不懂女性，这个意义上来说也有道理，我们可能是外在地看一个女性。如果你真钻到女人的内心去，在具体而微的地方、在很小的尺度内，她也可以大开大合。我在做这种努力，希望能够看到女性更多的复杂性，既从宏观的意义上，也从微观的意义上。

先生个女儿吧。

养不起哈。

那写了这么多了，比如说典型的这几本书里，就拿《跑步》跟《居延》，还有《耶路撒冷》来做个对比。当然它们容量不一样。我来说说我最喜欢的居延这个角色，我觉得你赋予了她一种女性本身内在的觉醒，无论是横向地跟其他女性角色比较，还是纵向地跟男性角色比较，她应该就像你前边所说的自我的现代化完成得最容易也最彻底的一个人。

好像还真是，其他的女性稍微有点被动，只有居延是主动的。尤其在结尾部分她觉醒以后，她拥有了选择的能力。其他女性相对来说还是有点被动，这个被动有社会现实的原因，也有自身的原因，比如情感的原因。我愿意在小说里把女性角色写得很善良。

是，哪怕七宝这样大大咧咧的也很善良。

所以我想，以后要写《2019》，我打算从女性视角来写，用福小的眼睛看世界，让她看这一群人最后是什么样子。

对，那就期待《2019》。

不知道什么时候能写出来。会比较困难，《耶路撒冷》里把这群人前面的生活全交代出来了。再写轻易不能回头，只能写他们以后的生活，要避开的东西太多了。

设问人：李旭光 专栏作家，知名媒体人

黄咏梅

黄咏梅，1974年生，广西梧州人。主要作品有《隐身登录》《少爷威威》《后视镜》《走甜》等。曾获鲁迅文学奖、林斤澜优秀短篇小说家奖、汪曾祺文学奖、《人民文学》新人奖、《十月》文学奖、《钟山》文学奖等。

我喜欢写小人物高出地面的理想追求

黄咏梅是漂泊者，从家乡梧州出发，到十年的广州生活，如今在杭州定居，写作的“根据地”总在变化，但是她总能挖开表层的土，把被现实挤压得无处藏身的精神状态，表现得非常深刻。她跳脱了同时代作家的都市时尚怪圈以及女性私密体验写作的窠臼，以一种纯真而温和的目光，一种质朴又老道的手笔，书写我们这个时代的异质者、城市的边缘人，讲述小人物的凡俗人生、命运遭际，从而开启了复杂又微妙的人性人情世界。

获鲁迅文学奖的短篇小说《父亲的后视镜》我读过，印象很深，是一篇既有烟火气又隐含深意的佳作。可以谈谈你怎么会想到去写这个“父亲”，又怎么会用“后视镜”作为隐喻的吗?

这小说是我从广州迁居杭州第一年写的。那段时间住在运河边一个公寓，开始适应新的生活难免焦虑，好在运河就在身边，它使我平静。运河两岸的绿道一年内不知道被我走了多少遍。某个夏天的午后，我坐在树荫下的长椅上，见一个老人仰躺在河面，有时手脚并用划水前行，有时一动不动随波漂浮。他悠闲、享受的样子吸引了我，我一路跟着他，用手机拍下他一半没入水中的身体，在镜头里甚至感觉到他在朝我微笑。老人快游进拱宸桥的桥洞时，一艘运沙的货船也朝桥洞驶近，但他却好像看不见，自顾自在河中央慢游。货船发出刺耳的鸣笛，他也不理会，反而引来了更多人的围观。岸上的人都替他着急，以为他是个聋子，拼命喊叫、打手势，直到船逼得更近了，他才侧身游到岸边给船让路，仿佛在做一个恶作剧。船主人因为虚惊而生气地大骂，老人在岸边踩着水，笑着朝船上的人挥手。老人乐观有趣的形象深植我心。在运河中游泳的“父亲”，就像是时代河流中的一滴水，而“父亲”人生的几十年时间，相对于运河两千五百多年的历史，只占百分之几，没入小数点之后，几乎可以忽略不计，一如他没有传奇的平凡的人生。作家就像在人生的后视镜中，通过参照获得更多的认识，就像月亮参照太阳，河水参照岸，火车参照风景，对参照错……时代朝前飞奔，只有不断参照过去，才能领悟其变迁的意义。

相识多年，你给大家的印象始终是安静而温暖的。我感觉你从广东到浙江之后，小说创作也有了不少变化。你的小说在柔韧的质感之外，多了内敛的锋芒，是不是你宽柔的性格里也有着不合作、不妥协的那一面？无论普通读者，还是研究者，读你的小说，不难感受到你对世界的善意，不过我常常觉得在你的文字背后，有一道冷峻的目光，你会把主人公驱赶到无法拐弯的人生墙角，也会毫不留情地戳破自欺欺人的中年假象，那么，是不是可以说你其实是一个颇为理性的写作者？

我们两个真的认识很多年了。算一下，我离开广州已经六年了，很多人和事想起来好像还在昨天。你感到我的小说创作有了变化，首先我想，对于一个坚持写作的人，六年不是一个短的时间，六年前写的东西跟六年后写的东西肯定存在区别，不一定说是进步，但变化是肯定的，而这个变化，除了受到生活环境、经历的影响之外，更重要还是年龄的影响吧。我在广州度过了青年期，在杭州开启了中年期，从年龄上来说，内敛是必须的啊，哈哈。在广州写小说10年，那时的确比较感性，或者说任性，不拘什么，觉得有感触和想法的题材就写，驱动力来自于对外部世界的好奇心吧，恰好广州活色生香，故事多多，这些特点满足了我的感受。在杭州写小说6年，杭州安静些，处处有留白，生活节奏也相对慢些。写到现在，相比外部世界，对探究自我的好奇心更重了些——我何以成为这样的我？这种内省，也算是你说的理性成分吧。当然生活环境的变化也会影响到写作，整个人的状态、心态会随着环境、际遇的改变而改变。写作从来就是一种对抗和不妥协，由此产生精神的紧张让作家时刻保持敏感，保持与一切温情脉脉拉开距离，写出自己的思考和见解。

多年前，我读到你的短篇《负一层》，让我对你创作时的心态有了诸多想象，你怎么会写出这么“硬冷”的笔触？大龄、轻度弱智、卑微的阿甘，生活中迷恋张国荣。你居然还写到阿甘用微波炉“叮一叮”父亲的骨灰，骨灰散发出一种“特殊的香”，真佩服你的想象力。你是否会在小说背后做出道德判断？

我写小说很少做道德判断，当然，最基本的真善美假恶丑，还是自然分开的。阿甘在负一层，却要把关于人生的各种疑惑挂到天上去，那是她理想高度的一种隐喻。最终她以跳楼这种“硬冷”的方式，完成了她的天问。她的跳楼，并不代表我就做出了道德判断，实际上，我在写她的时候，更主要在于她身处负一层，却对高空迷恋，这距离，是现实与理想的距离。她最终失望的一跳，不是批判，不是对现实的一种决裂的、极端的抵抗，而是她跳到了高空以外的另一个世界。这个世界，一定能好好地安置她的梦想。我不是一个现实主义写作型的作家，我觉得在被各种秩序焊接得越来越密不透风的生活里，人应该有寻找乌托邦的愿望，就算是寻找生活中的诗性所在吧。我喜欢写小人物，喜欢写他们在摆脱无望的现实纠缠时存有的高出地面一点的理想追求，这是他们进行自我攀升的重要精神支撑。

你偏爱写短篇？赵毅衡在他的《短篇小说正在死亡吗》一文中说，短篇小说是叙述艺术的顶峰。你如何看？

是的，我喜欢写短篇。倒不是刻意地去挑战难度，而是，写短篇的时候，需要一种节制，情绪、叙事、语言等都需要节制，节制是为了留给读者更多回味的地方。多年前，我看过一张碟，是世界上十个大导演做的同题短片，名字叫《十分钟，年华老去》，这些短片要求每个导演，用十分钟时间，选取不同题材和角度，来表现年华老去。太绝了！正如从一朵花开到一朵花败的表现。这就好比短篇小说的质感。短篇小说的节制之美，也体现了一个作家笔力、智力的高度整合能力。著名作家林斤澜先生曾经用运动员练平衡木来比喻短篇写作，在有限的时间、空间里，能完成一系列流畅、优美、有难度的动作，是很不容易的。短篇小说在那么有限的文本里，从容地表现作家丰富的审美韵味和意境，就好像一片被压制得薄薄的透明的金箔，需要许多打磨的工夫。一个精彩的短篇，就像一首被拉长的小诗，起承转合，很精妙的。

的确，你的小说感觉很精微，语言的光彩，想象的深度，有瞬间强化，也有整体呈现。表现为日常叙事沉溺而又通透，细节隐喻寻常而又出人意表，这一点并不容易处理。有些人的写作因之流于面目模糊，有的人失之支离破碎，而你却能够游刃有余地在生活和隐喻之间达成精准的平衡，《病鱼》《带你飞》《小姨》《翻墙》《骑楼》等作品，都很有代表性。这种兼容性是如何控制得如此出色的？

出色远谈不上，但这是我写作的一个惯性，或者说是努力达到的效果吧。我特别看重小说人物和故事背后的那些难以言说又意味深长的部分。故事是小说的基础，但一个能引人掩卷慨叹甚至自我对照的小说，不光是讲好故事就能达到的，还需要上升一些东西，需要作者的精神制造。大概跟我过去写诗有关吧，我喜欢用比喻和象征，即使再密实的叙事里也希望留出一些虚的部分，就像一个人，生活在众生喧哗中，要学会对自己沉默的那些部分进行反复思量。

说到疾病隐喻，《病鱼》中的两个满崽，病态的鱼与病态的时代、畸零的人生中隐含着太多质疑和反省；《走甜》中的那两杯咖啡，几次出现的风油精……这些小细节都意味深长，衰老来得缓慢又势不可挡，中年心态的抗拒挣扎看得人无比心酸；《带你飞》也很有意思，于惯性的解说和无意义的闲聊中，大麻突兀而至，延长了有限视觉，得以触摸更美好的世界，麻木的是生活本身，复苏的是敏感的灵魂；《暖死亡》中由颓废带来的肥胖，缓慢的心如死灰，以及突然的死亡与解脱等等，都大大突破了现实主义的边界。最近，大家都在重新讨论现实主义，那么你觉得直接的现实书写更有力量，还是隐喻表达更有力量？

不能说哪种书写更有力量，甚至不能绝对地把现实书写和隐喻表达割裂来看。优秀的现实主义小说，整部作品就是一个隐喻，对时代、人生的隐喻。从手法上来看，现实书写直接，隐喻表达含蓄，现实书写以精准的描写还原、扩充公众经验，隐喻表达则以超常的想象力带来意想不到的精神漫游，二者共同创造出小说的魅力。当然，不同作家有不同的侧重点，或者说长处。相对于接受者而言，可能直接的书写更具冲击力，而间接的隐喻，则需要读者投入更多的心智去体会，就像有的酒，喝下去时感觉平和，但后劲十足，逐渐会在人的神经系统产生奇妙的反应。

《病鱼》我读过很多遍，非常喜欢的一篇小说。有空间的放大，也有时间的浓缩，鱼缸、故乡，以至中国；两代人的命运，一个人的半生，以至刀在颈部的瞬间。历史，现实，婚姻；过客，偷窃，抢劫，人生的无限期许，记忆里美好的故乡。如今都已变成眼前惊心动魄的损坏。读这篇小说，不由得想起鲁迅笔下的水生，属于他们的故乡并没有实现鲁迅期望的乌托邦，闰土把碗碟埋在灰里，而满仔当街行窃了。我们要如何面对，如何书写百年乡土中国？

跟前几代作家不一样，我们处于一个城乡转换的阶段，在我们所生活的故乡，土地的概念很少，至少没有上辈作家那么亲近土地，大家所认为的那种传统的“乡土概念”有了很大的改变。我觉得我们这一代以及以后的若干代，倒是可以共同书写“百年城镇中国”。有着同一面目、面临相似问题的城镇生活，网络、手机、游戏这些东西，都是我们这一代人“默认的链接”，我们聆听并参与到现代性的节奏中，个体感受既复杂又相似，这大概是我们这一代作家的主要书写。我在很多地方推荐评论家张柠在写我的一篇评论文章里提到的一个观点：“怀乡病已经成为当下都市的一种集中症候，这种病症甚至出现在许多未曾经历过乡村生活的年轻人身上，他们的临床症状当然不是对庄稼和大家族的思恋怀念，而是表现为对时代生活的莫名焦虑，甚至对作为都市文化雕刻品的‘自我’的拒斥、厌弃。”所以说，所谓的“乡土”书写，在我们这里，很大程度上已经成为一种审美化的书写。《病鱼》里的“满崽”就是在时代中无所适从的人，游荡在小城的边缘人。

有人说你是生活型作家，不知道你怎么看？你的小说大多是低声部，抒情小夜曲的节奏，你也曾多次提及自己喜欢门罗。对生活抱有同情，但并不苟同；孤独，但不凛冽；低温的燃烧里流动着智性的焰火，对生活低处暗藏的一切抱有好奇心，又在这个熙熙攘攘的时代里，发现了很多非日常性的东西。你觉得自己从始至今的写作，哪些方面受到过其他作家的影响，还有哪些来自生活本身？

“孤独，但不凛冽”，我很喜欢你这句话，这基本上就是现代人的生活状态。事实上，哪个作家不是生活型的？只是在写作上，作家写的东西生活气息程度有别而已。我的多数经验来自于生活，自身的、他人的。我的笔下没有多少传奇，更多的是日常性。对于擅长写日常生活的作家来说，日常生活和写作之间的重要关联在于，怎样从日常生活的蛛丝马迹中看见、认识，并且呈现出难以言说的时代和历史意义，而不是为我们已经审美化的商业景观锦上添花。日常经常与“俗世”这个词挂钩，所以，我觉得写日常最危险的地方就在于——容易将俗世写俗。没有情感、没有思考、没有对这个时代的认知，就很容易将日常生活记为流水账。我之所以喜欢门罗的小说，就是因为她写俗世却不俗，她的作品就是从日常里提纯出一些有价值的困惑，这些困惑是我们会遇到的，会被困扰到的，当然也是尖锐的。打个不太恰当的比方，日常是一面平静的湖水，门罗就是会从肉眼看不到的水底一点点地拖出一只湖怪来，你眯着眼睛辨认，等你终于看清楚这个东西的时候，你的第一反应不是害怕，而是确认——啊，竟然是这种东西，之后，才开始感到后怕。我觉得这种写作是很厉害的，它不是瞬间将你击中，而是缓缓地将你裹住。

喜欢的作家有不少，我从一长串优秀的作品里得到过启发。

我一直感觉你所关注的是你所缺少的，你真正关注的不是你已经拥有的。你对生活、对作品有一种若即若离的状态。这是所谓的“旁观者清”

吗?

作家艾伟曾经在一篇文章里谈到，我笔下的女主人公多半“迷迷瞪瞪”。评论家李敬泽也说过类似的话，他认为我的小说“有着纯真的惊奇”。我理解，这说的意思基本一样。因为“迷瞪”，所以遇事会“惊奇”。我总是觉得自己对这个世界知之甚少，似乎永远都不够，这导致了我遇见或者听闻一些人和事，会有触动，会有一种恍然大悟的感觉。我的口头禅是——啊，是这样的啊！对于有触动的东西，总是想了解和更深入地领会，从这个意义上说，写小说就是我用虚构去深入一个人或一件事的方式。在小说里，我试图将我所感受到的这些“惊奇”慢慢地按照我自己的理解去打开，去呈现。相对于你的这个问题，我可不可以这样理解——不少作家，尤其是女作家，离开了自己的经验，几乎就写不好旁人的生活了。相反，我其实不太愿意写自己。我的经验乏善可陈，我的简历就那么几行，而目前我的日常生活，更是普通得难以想象。在这种波澜不惊的生活状态下，却要去写小说，写冲突，写悲欢离合，我觉得，这就是虚构的魅力。

脱离自身经验去虚构小说，是否会导致人物的“隔”、不贴?

当然会！毕竟，那些对准自己直抒胸臆的写作，只要不缺少真诚，往往都会好把握，都会“不隔”。但是，对于我笔下的那些人物来说，我这个作者，虽然是个“旁观者”，我跟他们有着距离，然而，这些人物却是我“彻夜长谈”“处心积虑”“动心动肺”过后诞生的，她们最终更合体。陈晓明老师曾经在一篇评论我小说的文章里说过：“以她略微显得‘无知’的单纯与天真去讲述小人物的命运遭际，这就是她有意去主体化的叙述。”我觉得他说得就是我想实现的。的确，在小说里我是隐匿的，我借用了小说人物的肉身、命运、语言，书写了我对这个世界、人生的看法。我的姿态、眼神、心性、情感时刻跟她们保持着一致，我想，我不是一个一般的“旁观者”吧。

作家是不是和哲学家一样，好多悲观主义者？不是看不到活着的意趣，是因为写过太多生死悲欢？你的部分作品中，也有死亡与现实短兵相接，不回避问题，也不会迎合，与生活不合作的那些主人公，他们的遭遇里，是你观察时代的横截面切口，还是你对这个时代病态生活给出的诊断？

我的确是个悲观主义者。我甚至认为大部分作家都是悲观主义者，即使那些洋溢着勃勃生机的作品，背后都有可能睁着一双冷眼。几乎没有一个作家笔下不会写到死亡。“死亡”这个文学母题，在我的写作中，也是有阶段性的。过去写小说，为了体现“惨烈”和“冲突”，动不动就把人写死。现在回想起来，真的太草率了。如同人不能两次踏入同一条河流一样，小说中写到的每一次死亡也不可能相同。随意地用“死亡”作为一种解决问题的手段，或者结束故事的方法，是很不负责任的，也是缺乏敬畏的。所以，我现在很谨慎。死亡是上帝交给每个人的答案，而作家就是猜题的那个人。

正如我前面所说，从岭南到杭州，生活环境不同了，你的写作风格也有所改变，那么这种改变是有意为之吗？你的部分作品表达的是乡村与城市的徘徊，同情边缘人，有着超出个人主义和女性主义的普遍意义上的人道主义，这是你的写作理念吗？

应该说写作上的改变刚开始是下意识的。比如说，方言写作的改变。我的母语是粤语方言，在广州那些年写的小说里，多多少少有粤语方言的运用，辨识度还比较高，比如早年的《多宝路的风》《负一层》

《草暖》等一批作品，这些作品写的都是岭南生活，自然会用到粤语，一些地名、岭南生活习俗只有配合粤语腔调表述才更贴合。到杭州以后，完全没有粤语的语境，置身江南，是置身跟岭南很不一样的语言、生活氛围。语言是会影响一个人的思维的，你是用粤语想问题，还是杭州话或者普通话，无形中都有着差异。或许等到我真正成为这个城市中的一分子，我写这个城市就会带有更多的责任感。但无论怎么变化，我偏向于从人道主义角度写边缘人，这一点是不会变的，这跟我的世界观有关。我几乎没考虑过自己是女性就该写关于女性的东西。在我的创作中，女性只是一个写作的角度、视角，我的写作题材很驳杂，我希望自己的写作能一直具备生长性。

70后作家对城市叙事的态度是矛盾游移的，是吧？乡愁，漂泊感，逃离感，这当然不是典型的城市话语和城市表情，但也是现代人城市感密不可分的一部分。在空间建构意义上，是主观化的现实。虽然置身于同一个时代，城乡从来没有成为价值共同体，你的日常性叙事中，诗意克制而自然，与敏锐的现代意识相得益彰，鲁敏笔下也有类似特点，你觉得这一代人有哪些精神共性？

我们这一代人，是在和平年代中成长起来的，物质和精神都相对富足，但由于我们处于一个转型期中，承前启下，不断地接受各种外部变化，所以虽然生活得很安全，但精神上却是动荡的。正如你说的，我们的漂泊感不仅是来自离乡背井，更多的是面对变化的一种无处安放、无所适从的忐忑，表现为孤独、患得患失、被现实挤压得无处藏身的精神状态，我们看似拥有很多，实则什么都没有。在城市我们回望故乡，哼出的是一首首挽歌，而在城市仰望星空，每每心里又在酝酿一个个乌托邦式的“逃跑计划”。就是这种无处不在的焦灼，让我对身处的这个时代和城市，有一种难以言说的不安，我觉得我们这一代作家的写作中，总是能找到这些含混的不安。

想听听你对内行的读者、对文学批评家的态度。

其实，你这个问题已经包含了我的答案，我把文学批评家当作一个内行的读者。对于读者，不管内行外行，我们都是无法左右他们的阅读喜好的，所以，在写作的时候，我也从来没想到要去迎合这些读者。作家只管写，批评家只管评，二者其实就是那么简单，没什么复杂的。一切的复杂，都是人心的复杂，一部分人创作目的和评论目的的复杂。从某个角度来看，写作者在初期阶段，的确得益于批评家的关注，如同获得发表一样，获得批评家哪怕寥寥数语的点评，也会成为他写作的某种刺激。然而，跟批评家评价作品需要判断力一样，作家对于批评文章同样也需要有判断力。但是，拥有准确的判断力谈何容易？思想深度、理解力、胸怀、勇气等等，都是构成判断力缺一不可的品质，正如法国作家约翰·拉布吕耶尔所说："在这世上至为稀有的东西，除了辨别力，接下来就是钻石和珍珠了。"也正因为如此，这个世界上才会出现那些"高于他的世纪的人"，即他的作品生前并没有得到重视，甚至一点反响也没有，直到他死去的一百年两百年甚至更久之后，他的作品才得到认可并被奉为经典。莎士比亚、梵·高、培根……不胜枚举。从某个角度来说，时间才是最公正的批评家。总而言之，作家和批评家的关系从来就不能达到皆大欢喜。基于文学的多义性、复杂性，审美体验的个体化、多元化，作家与批评家即使就同一段落的阐释都难以高度一致，正是这些歧义、纷争，构成了文学深邃的魅力。

我觉得你有特别睿智的洞察力，知道轻重，是一个智慧的女人。我们大家在一起，你话不多时，却似乎洞悉人心，话多时，却也不触及根本。

你是一个很挑人的人。你的小说，对人心人性的表现常让人悚然一惊，你是喜欢，还是擅长从个人的处境出发，去触及一个更宏大的存在？其实你也写到了，个人对命运的反抗，对现实的解构，最终常常遭遇时间的嘲讽，在漫长的时间之流，有太多时刻生命如临深渊，你的小说给了我很多从日常伦理延伸出去的生命哲学况味，这一点不知道有没有其他人和你聊到过？说实话，特别打动我的，还有你小说故事内部那种漫漶的情绪，你的叙述语调，人物心理或停顿或跳跃的那种节奏，都令我着迷，阅读你的小说，真的是很美好的体验，最后，能不能聊聊你近期的创作计划？

你这么评价我都觉得不好意思了。我了解自己的短板比了解自己的优点多得多，所以谢谢你告诉我这些优点，尽管这只代表你的感受。情绪奠定一个作品的主要基调，它决定了叙述的语调，以及你提到的一连串的人物心理、故事走向等等问题，但情绪又是最难找准的。所以，写作其实真的蛮折磨人的。说起创作计划，我真的很惭愧，因为主要都是写中短篇，所以计划性就显得不强，我也试图学一些短篇小说作家那样计划写一些系列，但总是会被突然遇到的题材所打乱，所以那些计划中的“人到中年系列”“马王街系列”等等，都只是在断断续续写。我刚刚签下一个长篇合同，出版社有交稿日期，我目前正全力在写，题材关于城市现代女性的生存和精神状态，我努力使这个长篇里有你、有我、有他、有我们睁眼所看到的这个世界。

设问人：张鸿　作家，《广州文艺》副主编、副社长

鲁　敏

鲁敏，1973年生，江苏东台人，江苏省作家协会副主席，中国作家协会书记处书记。著有长篇小说《博情书》《方向盘》等，另有《九种忧伤》《伴宴》《白围脖》《镜中姐妹》《思无邪》《风月剪》《逝者的恩泽》等，《六人晚餐》被改编成电影。曾获鲁迅文学奖、庄重文文学奖、《人民文学》奖、中国青年作家批评家论坛年度青年小说家奖等。

我负责把暗疾撕开不负责解说

近年来，鲁敏对现代主义的写作理念有自己的勇敢探索。在即将上市的短篇小说集《荷尔蒙夜谈》中，她以一种既野蛮又天真的文学姿态，将笔触直指妄动的原始本能，就“荷尔蒙”或“力比多”对人物行为的影响，进行了深入的探讨和较为集中的写作实践。人物命运在最原始的本能中起承转合，荒诞与悲凉中成就肉身的大自在。鲁敏的创作大致可分为“东坝”“暗疾”和“荷尔蒙”这三个群组写作，从对乡土经典的致敬，到成年之后的切肤之痛，再到对人各个方面的深刻解剖，鲁敏不曾逃离对虚妄的表达。她把虚妄定作这一生的写作基调，表示这样才有力气，也感到踏实。

写作其实是一个以无数人做分母的事业，你现在是分子了吧？一个作家要能够被读者记住而且要在文学长廊里留名，是要有成名作和持续不断的代表作的，这些作品有的是通过文学制度，像选刊选本、文学评论、文学史写作和评奖等遴选出来的，有的是作家自己暗自心许的，这两者之间肯定不会完全重叠，我想听你说说这些重叠不重叠的部分。

“分母”一词让人哀伤又激动，每个行业都是如此残酷，炮灰弥天纷飞，写作没有理由例外。但写作的留名，或者通俗地讲，成功，常有多重、混乱的交叉标准，五花大绑：民间与官方，现世报与历史眼光，全球和本土，商业与艺术等。可能此时是瞩目得志的分子，彼处则是庞大黯然的分母。尤其说到暗自心许，即一己化的标准，那就更富有万能的弹性了——写作及一应的艺术行为，其特殊的地方，是其既具有一切外在的分野、标准、竞赛、成败，同时又可以不负责任、无比傲慢地，当然也可以是安慰性地，只回归于缥缈悠游的个体心灵。因此在这个行当里，三六九等成王败寇的世故看法大可以假装忽略，每个写作者都能够自在成立、独自高潮，在个体心灵史的标准下，大家全是一分之一——我这是在有意搅拌浑水，我一边是在考虑着如何回答你真正的问题：关于重叠。

大致看来，外界与自我的重叠概率还算是高的。这有点像按摩和点穴，108块骨头，12条经络，702个穴位，这个管放得开，那个管刹得住，这个主暖胃，那个主和肝。选本、奖项、评论，这一套千锤百炼的评判体系是熟谙的、精分的，而且也是在不断破坏、建立、有效更迭着的，其对当代文学的软肋与强悍，揪得是比较准的。

但对写作者自身而言，过分的重叠，并不一定是好现象。这起码会说明，写作者的审美意趣，显示出稳定、顺畅、漂亮动作的危险了，这一般不是有意的，正因为无意更值得警惕。审美的趋同、对文学史的渴望、对现世肯定诸如获奖的期待，已经融进写作者的手势与血液，甚至入到膏肓，失去生猛天性了。有时候，我就会有这种拐弯的心理。对选上的那些篇目，并不多么欢喜雀跃。我反倒会去倚重、偏爱未被评价体系青眼投射到的作品，并且认为，那可能正是我的一点个性化的贡献。

我早期的作品，重叠度是较高的。我最近给《小说选刊》写回忆文章，点数了一下，最高峰时期，十六个月里，我被《小说选刊》选用过六篇小说，其中三期都是头条，有两期配发批评家点评，有一期配发作者自述。我早期获奖、上排行榜，包括我的第一批固定读者，也大致是由这批作品产生的。

但这个阶段之后，我开始对异质的审美有了莫大的劲头，有种走小路走野路的鲁莽欲望，我开始写《不食》《谢伯茂之死》……与此同时，不重叠开始了。包括近两年发的《万有引力》《幼齿摇落》《徐记鸭往事》等。只是入了一些选刊，不太进入年选，更不要讲学会排行榜。但我还是比较固执地珍爱着它们；这一批作品在外译推介中的反馈倒比早期作品好，像《谢伯茂之死》《暗疾》《铁血信鸽》都有好几种文字译本。当然，这不说明什么，中国小说目下的输出，非文学性的因素远远大过文学性的因素。

总之，重叠是令人欣然的明亮，不重叠则是幽暗中的独自微笑。

你有本散文集叫《我以虚妄为业》，从我平时和你的交往看，你是能够随时从写作跌落到世俗烟火的日常生活中的，你的“虚妄”从何而来？

嘿嘿，约摸可谓是：大虚妄正在烟火中吧。这样讲像是有点参空道悟，我可是远远没到那个层面或境界。我有一两个同行好友，他们对宗教有自己的接触和体验。我是完全不敢碰。我性格里火气很重，既有如你所说的烟火气，还有愤怒气、不服气、志气等，说来有些惭愧的成分。从生活样貌上讲，我完全不是“空”或“虚妄”的人。比方说，我莫名其妙的，就很喜欢一大早去挤地铁，混在人群里匆促奔跑，那种使劲儿活着、朝气勃勃的滋味，总是让我感慨地捕捉、反复咀嚼。

可我从来又都是服从和崇拜“虚妄”的。虚妄，在我这里的理解，不是否定或悲观之词。它是挺实在的一个中性词。它就是我所理解的人生的一个常恒之态。各个阶段，各个方向上，我们都在含糊地占有与失去，追索又重建，虚处生实，实极又念虚。活着即是如此，写作更为典型，妙手空空，空生万物，万物归尘。

承认虚妄、倚靠虚妄，把虚妄定作这一生的基调，我才有力气，也感到踏实，甚至时不时还有点儿高兴呢。

你的小说集《九种忧伤》，这种数数方式很容易让人联想到美国作家耶茨的《十一种孤独》。其实《九种忧伤》包括小说“八篇”，你也意识到我们的世界“忧伤”无法穷尽，或者如你小说中所写的那些卑微者，每个人都有着无尽的忧伤。“忧伤”又和世界的暗疾隐痛纠缠着，我们每一个人的生活就像星光下流淌的河流，你能看到的只是隐约闪动的水纹。《九种忧伤》封面上说“解读忧伤”。说老实话，我很讨厌“解读”这个词。别人的“忧伤”，你如何能“解”？作家至多是看者，想者，以己度人者，借别人之忧伤说自己之忧伤者。甚至，我可以说，“忧伤”从来就是你小说暗藏的气息，就像我们的基础体温。

小说集我原来想叫《暗疾九种》，各种原因，后来妥协成这个书名。我不是很中意“忧伤”这个词，在豆瓣等介质上的过度使用后变得有点甜了。许多词语的当下指向都在癌细胞般的疯狂扩散中被扭曲、丢失、重新定义，热闹变凉淡，滚烫变反讽。弄得我们这些在字词里打滚的人，有时不免为之气闷。包括“解读”，包括一应的书腰语、封面推荐语等等。

话说回这本小集子。你讲得对，究其实这都是我的块垒或“基础体温”所在。当然我写得比较夸张一些。正如美国南方女作家奥康纳所说，对视线不好的人，我必须放大图案，对听力不足的人，我必须粗声叫嚷。

这一批小说里有不少失真、折叠、奇想的部分。但不管怎么说，这背后的根本都是我本人。我跟小说里诸位歪七扭八、摇摇晃晃的主人公同体共生，他们就是我的不同变身与寄托，一样魔怔，黏黏糊糊，毫无办法，困境根本解决不了，或者本来也没打算解决，宁可变成只鸽子一跃而飞。《铁血信鸽》里的那一对夫妻，女的重肉身不老世俗快活，男的则有灵魂上的妄念与空渺，互相讲不通、不可调和。实际上，这两人都是我，我想不出他们的下一步来。我只负责撕开来，夸张地变异地呈现给大家看，但不负责“解说”或“解决”。我并没这个企图，或也没这个必要。

“东坝”“暗疾”和“荷尔蒙”是你各成群组的写作，某种意义上也是你个人写作史上的几个重要标识。你怎么会形成这三个系列的？

我的写作，感性占着强硬的绝对优势，饱受灵感奴役，常常是靠着无畏的热情在泥地里打滚。因此所谓的这些系列，并非，也不可能去有意识地谋求，而是作品分布之后的一种粗略的主题性归纳，为着一种解说的方便吧。

我有若干作品远在这些系列之外，长中短都有，因此这种概括有时也是一种遮蔽。但无可否认，这三个群组有时间上的递进，并且确实跟我各个时期的旨趣有着强烈关联，是无可避免的自我折射。写作这事情，最值得期待的正是这种自我变幻。时间老卤的浸泡、阅读所带来的响亮耳光、身体能力的衰减、更专注于内部的骄傲等，都在改变和驱使着写作的我，带来不同的作品。

我们假定这三个系列的合理区分，我们来让它们排排队。你自己最看重哪个系列或者阶段的写作？或者这几个系列各自承担了你对文学怎样的思考？

好吧，假定，然后谈论。

“东坝”为场域的写作，我觉得很像是我少年经验的第一桶金，那与生俱来的胎记、童贞式的热切，我后来再没有过了。我很怀念那个阶段。像怀念死去的部分的我。但这个怀念是平静的，并不伤感。当时其实还有不少与东坝有关的记忆，孰料惊如阵风，这个兴奋点一下子就退潮了。可能跟当时各种获奖也有一些关系，我有强迫式的逆反和自我批判，我怕我迷失于这稳妥便捷的审美。但无论如何，我肯定会要写出东坝，然后才能走出东坝，这是一条必经之途，是对成长期的断乳与挖掘，更是对乡土经典写作的一个本能致敬。

“暗疾系列”则更加关乎我成年后的切肤之痛，关乎我对人间和人性的一个阶段性认识。粗暴一点说，我理解的生而为人，是若无暗疾，则不成立。那一阵子，我爱死这种熟视无睹、普遍，又多样性的暗疾预设了。我不断地翻看福柯的《疯癫与文明》《精神疾病与心理学》以及台版的福柯传记，他是我当时的强大支撑。他跟弗洛伊德完全不同，他对疯癫、疾病、神经质加以筑沟引渠，引申到社会隔绝、阶层压迫、教育误区、文明进程的戕害、平权与特权的诡变等，对我很有影响。他像语言不通的教练，从遥远处吹着口哨，鼓励着我在这个圆形跑道上一圈一圈地跑，拧着脖子变换角度打量同一道风景，盯梢沿途偶遇的人们，研究他们抛掉的垃圾与病历。我一边跑一边直挥拳头，小说不就要写这些吗。我很喜欢的作家谷崎润一郎、太宰治、三岛由纪夫、斯特林堡、普拉斯，对“病”“变态”“变形”的酷爱、辩护、自戗，是有着很大共同点的。但我的暗疾系列，对社会性的勾连，伸张得可能有点过头，这是残存的“中心思想”论在作怪，说明我对“人”、对“病”的尊重还不够。

再说到“荷尔蒙”。相对暗疾系列二十年弹荡经验的折射弧度，荷尔蒙的培育与生成期很短，不知打哪里突然就冒出来了。当然这终究还是跟文学观有关联。我在一则短文《为荷尔蒙背书》里谈过。

很年轻的时候，我对构成一个人的几个方面，曾有个一本正经的排序，降序：精神、智性、天赋、情感、肉体。那时候肉体是用来垫底的，觉得肉体是可以受苦的、可控制和可践踏的。排在前面的那几样东西，则都是要好好追求、保护和声张的，因为正是它们，在改变、推动并决定着人类以及个体的命运……但一年年地过着，上述这一方阵的排序在不断地发生着变化。

真像是有着所谓“人生跑道”那样一个东西似的，我总会眼睁睁地看到，学问、情谊、天赋、信仰，常会在具体的情境中遭遇困难，气喘吁吁地相互妨碍、纷自沦落，最终恰恰是肉体，以一种野蛮到近乎天真的姿态，笔直地撞向红线，拿下最终的赛局——大人物、小人物，男人物、女人物，或许都是以肉身为介质，为渡桥，为隘口，从个体走向他人，从群族走向代际，最终构成世相与文明，自然也包括着动荡的艺术创造。

写作这一批作品时，我对肉体的暴动有种特别热衷的欢呼，故事、见识等都退居其后，连所谓批判性、社会时代性，也被有意抑制与删减了。我觉得我有一点反深刻、反理性、反智的倾向，这当然也是一种偏见与局限。但从我个人的写作来看，我认为是我的一个小微进步：我终于扔掉了“中心思想”的包袱。

你对“荷尔蒙”这个系列用力很多，记得我和你交流过其中《西天寺》这篇我喜欢的小说。你的这个系列小说集《荷尔蒙夜谈》即将出版了，那天你在朋友圈征集大家对封面的意见，我当时就说，“荷尔蒙”不够。类似的话题在我读《三人二足》之后与你也有过很长的微信交流，当时我就觉得小说中的“恋足”写得不过瘾。当然就像你和我辩解的，你写“荷尔蒙”是王顾左右而言他，但即使如此，既然是“荷尔蒙夜谈”，“荷尔蒙”的料还是要够足。我想，你的节制可能和你害怕写得太狠、自毁形象有关。再有“荷尔蒙”写充分了，别人以为是“小黄书”，恐怕发表出版都会有麻烦。但小说固然是虚构想象的艺术，是肉身在场的经验，其有和无的差别还是很大的，所以你的“荷尔蒙”只能是“夜谈”，当然“夜谈”“夜话”也是可以谈出暧昧妖娆鬼魅的东西的。

谢谢你喜欢《西天寺》。这篇小说，正是我们前面所谈到过的，不在重叠之列，但我确实大用心思的小说。《三人二足》的反响则大一些。程永新主编后来跟我说，他发这个小说，当时编辑部各方面是有不同意见的，他是承受着压力发出来的。随后我记得《文学报》很快就有了表示不满意的评论，认为我怎么一下子写得这么等而下之，又是恋足又是毒品又是坠楼，俗气得简直一点起码的手腕都没有，写东坝的那个淳朴唯美的鲁敏怎么堕落如斯了？不仅是批评家，确实很多半专业的读者都最大限度地接受了其中“俗”的部分，加上《北京文学·中篇小说月报》的选用，几家影视公司立即来买，最终还以一个穷作家完全没想到的价格成交。我一方面为金钱的回报感到一阵爽利，同时也有种被如此简单误读的不解。性有高深莫测之力，我这次是单独把“性”拎出来拔河了，那一头是大生意、是诺言与理法、是世俗评价、是随波逐流、是性命交关，最终我让“性”赢了，肤浅而俗气地赢了。于是，沉重、宏大的人们果真感到了冒犯，无法接受，乃至感到对小说对文学的一种亵渎。

话又说回来，由《荷尔蒙夜谈》的书名而期望着更多的肉身在场、多重暧昧，虽是正当的望文生义，但荷尔蒙或力比多并不是性欲的宛转语，性，也确实不是我的追求和擅长。写爱情，写性，都是非常难的事情。村上春树写性就不大好，马尔克斯也是堆砌过分，令人发笑。而我所闯入的这个地带，并举起这面标签似的小小旗帜，是因为我根本不是在写性啊，我是写生命力、身体的“纯粹性”与“独立意志”，这是与智性、思想、社会性等因素完全背道而驰的部分。这代表着一种认识论或灵肉观。未必是正确的。但哪里又有一种观点是一劳永逸、所向无敌的？

“父亲”是你一个心灵问题，也是你的一个写作问题，同时，你有文体意义上“散文”的父亲，也有“小说”的父亲，其实这里涉及你的个人隐痛和写作的关系，我不知道我这样揭开你的伤口是不是太残酷？

应该不存在，我经常主动自己揭呢。在我若干的虚构小说里，反复地书写不存在、不在场的父亲，算是多次脱敏了。再加上2009年的《以父之名》，距父亲去世20年，再以这篇冷酷的非虚构来自我排查，就是想要自己来“搞掂”这个问题，来一次心灵和写作上的双重清算。可能有些效果，但并不彻底。最近刚刚完稿的一部长篇里，父亲仍然是其中一个引擎式的阴影。当时我曾经想把这个动力角色设计成母亲，但发现我自己都说服不了自己。

实际上，我有一个倒推的假设，假如生活中我与父亲的关系并不是这样，但是极有可能，我仍然会以父性作为一个穷极追索的母题。因为这不是对具体一位父亲的渴望，而是对父性的一种悬空指认，这种指认是无血亲的，是一个精神上的抽象父性，其强悍又慈悲，懂得灰色，懂得绝望，足以构成备案式的源泉——归根结底，是我在智性上自给自足的程度不够，故而对外部力量产生了沉湎式的长期幻想。

时至今日，我已经不打算再做任何摘除或撇清了。我打算认认真真地接受这种情理与心理上的命定。裂纹，正是一种花纹，不失其美。

如果我是你的一个有窥视癖的粉丝读者，我一定会跟读你日常读的书。你是有大阅读量的作家，而且你的阅读有着“极端”的私人趣味，你也喜欢在朋友圈裸露你对所读之书的好恶，能不能给出你近一两年的阅读书单，说出你的好恶？

我对自己的阅读不满意，只能算很一般，广度和深度很不够，并且趣味上有点走偏。我并不期待读到什么，而是要意外读到什么。我会有意选择那些小众化、异质感的写作者。通常不是很瞩目，不是很经典的，由此我会有一种“发现”的喜悦，因为那是我自己在阅读中“嗅”出来的，像黑毛猪在清晨欢快而辛苦地拱出泥土下那外形粗粝的松露，芳香得直冲鼻子的大快乐啊！

有时候我在微信上力荐某书，也是有情境的。美国已故作家约翰·威廉斯的小说《斯通纳》去年底被中国引进，并被视作被忽略的经典，各种书单排行榜一致推崇。《斯通纳》的好处是显见的，用料精细，骨肉调停，价值观上也有它的树立。相比而言，同期引进的西班牙作家哈维尔·马里亚斯的《如此苍白的心》并不完美，但他有他的独特贡献，对人心的幽僻极为深入，有大悲哀。我觉得有一种义务要让更多的人看到这样并非经典但依然富有独特光泽的写作。在通往经典化的终极大路上，有些作品只是两侧的林荫，但他们所贡献的那种姿态与养分，某种意义上，更为尊贵，饱含文学经典之路的沧桑与艰辛。

我的书单对他人没什么借鉴的。阅读正在变得越来越艰难，选择的难，契合的难，吸收的难。我会有一些复习，重新握手拥抱、重新彻夜长谈。比如《五号屠场》《法兰西组曲》《天真的人类学家》。我会读没有看过的旧书，比如废名的《桥·桃园》，很多人推崇，这种阅读有时充满失望。废名的写作浸满爱、哀伤，但文风我认为不大自然，是有姿态的、过头的文人感。

我新书读得更多一些，这几天在看德语剧作家彼得·汉德克的《无欲的悲歌》，他以创意剧本《骂观众》等闻名，但后者我没那么喜欢。我看过的最好的剧本是桑顿·怀尔德的《我们的小镇》，看了两遍，依然有为之哭泣的冲动。可是，就算多次复习，我还是没法喜欢契诃夫的剧本。

这两年我特别喜欢的书还有里尔克的《马尔特手记》，薇依的《重负与神恩》，列维·斯特劳斯的《忧郁的热带》，英国女飞行员卡尔姆女士的回忆录《夜航西飞》等。小说因为看得比较快，狗熊掰棒子，边看边丢，这里讲的几本都不是小说。

批评界有一个好玩的现象，一边质疑代际归类，一边又不得不承认代际有时候还是很管用的描述角度。观察当代文学的代际命名其实和期刊运作有很大关系。我在2010年的一篇文章，相对于丁天、卫慧、棉棉、朱文颖、魏微等1990年代即走红成名的几个70后，把你和徐则臣等几个21世纪后登场的70后作家称为“晚熟的70后”，后来随着阿乙、苗炜等70后再出场，你们又成了“早熟”。你怎么看待你们这批70后作家？

还是来了。70后70后，哈哈这真是一个有点老态龙钟的话题。就我的认识，我们这一代的写作，跟前一辈同行相比较，确实有一些变化，比如，对城市经验和审美的建构要大过对乡村传统的继承；对“沉沦小个体”的深切关注远远胜过对“宏大格局”的崇拜；对意识形态既不正面介入，也不有意识地投机式背反……可能这会被认为很不知识分子、不够社会担当、不够了不起。但我还是觉得，这是符合文学规律与时势推进的一种演变，我们在勉力试验和坚持着“小”的审美，并希望有朝一日它可以达到与“大”一样的高度。

我们一直约好了好好谈下文学，没想到真的谈起文学却是以这么认真严肃的方式。平常我们太多的见面反而都是谈些和文学无关的一地鸡毛。我看到最多的你的文学活动是到先锋书店给各地作家站台，撑场子。生活中的鲁敏，文学中的鲁敏，我的脑子里这会儿晃动着无数的画面。

是啊见面时，大家总是嬉皮笑脸，笔谈很容易就一本正经、心事重重了。写作者和批评者，是欢喜冤家，互相都顶着莫名其妙的劲儿，谁缺少了对方那一阵营，大概都会觉得对手难寻的寂寞。先锋书店是我们双方共同的大本营，我是很怕聚会和出门的人，还有轻微的吃饭恐惧症，但为外地来宁的作家站台，不管有用无用，我总是尽量地“抛头露面”。写作者都是孤独又自爱的人，经年累月、枯灯一盏，捧出一本集子、拿出一本新书，实乃呕心沥血、冷暖自知之事，若能够站在他（她）的身边，帮衬着吆喝几句、呼哨几声，对我而言，也同样能感受到一种兄弟姐妹般的暖意。

设问人：何平 评论家，南京师范大学文学院教授

《对话百家》系列丛书作家名录

弋　舟　马金莲　双雪涛　文　珍　王十月　王威廉
付秀莹　田　耳　石一枫　乔　叶　孙　频　朱山坡
张悦然　张　楚　李　浩　李骏虎　肖江虹　周李立
郑小驴　徐则臣　黄咏梅　鲁　敏

二月河　凡一平　王　蒙　王跃文　王　刚　王祥夫
尹学芸　方　方　邓一光　东　西　冯　唐　冯骥才
艾　伟　叶　弥　关仁山　吕　新　孙惠芬　朱　辉
次仁罗布　衣向东　红　柯　刘　庆

刘醒龙　刘庆邦　刘慈欣　李敬泽　李佩甫　迟子建
余　华　吴克敬　张　炜　张　平　杨少衡　杨争光
肖克凡　邱华栋　邵　丽　阿　来　阿　乙　陈忠实
陈　彦　陈应松　麦　家

宗　璞　周大新　周梅森　范小青　范　稳　金仁顺
柳建伟　残　雪　胡学文　赵本夫　赵　玫　海　飞
莫　言　贾平凹　陶　纯　盛可以　笛　安　葛水平
蒋　韵　韩少功　熊召政　魏　微

王安忆　马　原　叶　辛　孙　颙　血　红　吴　亮
张　翎　甫跃辉　陈思和　金宇澄　赵丽宏　姚鄂梅
唐　颖　殷健灵　秦文君　钱谷融　葛　亮　路　内
蔡　骏　潘向黎　滕肖澜

大　解　王　干　叶　舟　宁　肯　龙仁青　吉狄马加
刘亮程　西　川　何建明　李元胜　李鸣生　李修文
李春雷　周晓枫　欧阳江河　荣　荣　海　男　商　震
梁　鸿　裘山山　鲍尔吉•原野　熊育群
